NIENASYCONY

ROBERT LEWANDOWSKI

PAWEŁ WILKOWICZ

NIENASYCONY

ROBERT LEWANDOWSKI

WSTĘP
Gol między brwiami
7

ROZDZIAŁ 1
Blizny
19

ROZDZIAŁ 2
Co to jest talent?
31

ROZDZIAŁ 3
Kontuzja
47

ROZDZIAŁ 4
The Body
59

ROZDZIAŁ 5
Misjonarze diety
73

ROZDZIAŁ 6
Zatrzymaj w sobie Pruszków
89

ROZDZIAŁ 7
Menedżer, czyli projekt Robert
101

ROZDZIAŁ 8
Lech, czyli na budowie
119

ROZDZIAŁ 9
Zakład z Kloppem
133

ROZDZIAŁ 10
Już nigdy nie będzie takiego lata
155

ROZDZIAŁ 11
Kuszenie, czyli cztery razy z Realem
169

ROZDZIAŁ 12
Lepiej mądrze stać, niż głupio biegać
183

ROZDZIAŁ 13
Republika piłkarska Bayernu Monachium
199

ROZDZIAŁ 14
Ile poety jest w Guardioli
215

ROZDZIAŁ 15
Pięć w dziewięć, czyli jak zostać kosmitą
233

ROZDZIAŁ 16
Zabij idola
247

ROZDZIAŁ 17
Ludzie widzą tylko niedziele
259

ROZDZIAŁ 18
Od Gdańska do Gdańska
273

ROZDZIAŁ 19
Wodzirej
293

ZAKOŃCZENIE
Meta
307

Kalendarium
316

WSTĘP

Gol między brwiami

– A ja ciebie, Robert, nie mogę zrozumieć.
– I nigdy nie zrozumiesz.
– Wiem. Z Messim też tak miałem. Wy jesteście jacyś inni.

Znali się już od kilkunastu miesięcy. Był styczeń 2016 roku, już drugi raz byli razem w Katarze, na zimowym zgrupowaniu Bayernu Monachium. Zdobyli już wspólnie jedno mistrzostwo Niemiec, przegrali jedną Ligę Mistrzów. Mieli za sobą czas nieufności, kiedy się poznawali, mieli za sobą czas, gdy trener poddawał swojego napastnika próbom, a napastnik próbował im sprostać. I ten czas, gdy się z tego próbowania urodziła prawdziwa więź. Spędzili razem setki godzin na treningach, w podróżach, na kolacjach drużyny, na bankietach, które Bayern wydaje po meczach wyjazdowych dla przyjaciół i sponsorów klubu. Nawet ich żony, sąsiadki z trybun Allianz Areny, zdążyły się już dobrze poznać.

– A ja ciebie ciągle nie mogę zrozumieć – powiedział Pep Guardiola do Roberta Lewandowskiego.

– I nigdy go nie zrozumiesz – wtrącił się Manel Estiarte. Cień Guardioli, jego przyjaciel, anioł stróż. Człowiek, który jest przy nim zawsze: w szatni, na ławce, w drodze przez strefę wywiadów, który go eskortuje przez żółty korytarz w podziemiach Allianz Areny do windy, a potem na górę, aż do chwili, gdy Pep po meczu siada z rodziną przy swoim stoliku w klubowej restauracji. Estiarte jest asystentem trenera. Ale nie asystentem, który wtrąca się w ustalanie taktyki, w rozliczanie, kto, jak i gdzie kopnął, ile przebiegł. On jest trochę jak przewodnik duchowy. Ma się odezwać, gdy widzi, że Guardiola się w czymś zatraca. Albo gdy widzi, że któryś z piłkarzy potrzebuje porozmawiać. O sporcie, o życiu. Jak sportowiec ze sportowcem. Wybitny sportowiec z byłym wybitnym sportowcem. Manel zdobył półtora tysiąca goli dla reprezentacji Hiszpanii. Nie w piłce nożnej. W piłce wodnej. W Hiszpanii to bardzo ważny sport, a on był jego legendą. Sześciokrotnym olimpijczykiem, chorążym Hiszpanii na igrzyskach w Sydney, Leo Messim basenu. Dlatego zabrał głos.

– Nigdy go nie zrozumiesz, bo nie byłeś napastnikiem. Nawet gdy na igrzyskach wygrywaliśmy, a ja nie zdobyłem tylu bramek, ile trzeba, nie byłem do końca spełniony – wyjaśnił Estiarte.

– Wiem – odpowiedział Guardiola. – Z Messim w Barcelonie miałem to samo. Wygrywamy mecz. Graliście świetnie. Ale oczywiście wiecie swoje. Nie było waszego gola, to chodzicie ze spuszczonymi głowami.

•••

Środkowy napastnik miał zginąć mniej więcej w połowie 2006 roku. Trwały właśnie mistrzostwa świata w Niemczech, młody Leo Messi siedział jeszcze na ławce rezerwowych Argentyny, młody Cristiano Ronaldo nie był wtedy nawet najlepszym strzelcem swojej drużyny, a Ronaldo, brazylijski geniusz ataku, schodził właśnie ze sceny.

Przedstawienie kradł obrońca Fabio Cannavaro, maestro przeszkadzania. To on zostanie wybrany na piłkarza roku 2006.

Niemiecki mundial w relacjach komentatorów to było epitafium dla środkowego napastnika: ten gatunek ginie, trenerom żal miejsca w drużynie na wystawianie kogoś, kto jedynie poluje na okazje w polu karnym. Coraz trudniej dziś o gole.

W tym samym czasie w Warszawie lekarze Legii pisali dla swoich szefów opinię, w której uzasadniali pozbycie się z klubu młodego napastnika. Tego, który szybko rósł, ale miał nogi jak patyki. I kulał po kontuzji. Jeden lekarz orzekł, drugi potwierdził: nic z niego nie będzie. Robert Lewandowski ma problemy ze zdrowiem, które uniemożliwią mu grę w piłkę na wysokim poziomie.

•••

Napastnik to tajemnica. Jego najtrudniej jest wytrenować. Na wybitnego napastnika trzeba czekać. Może się taki objawi, może nie. Trzeba dać mu się poboksować z życiem, trzeba w nim podtrzymywać głód. Arsène Wenger, trener Arsenalu, mówi nawet, że Europa już przestała produkować napastników. Zrzuciła to zadanie na Amerykę Południową. Bo, jak twierdzi Wenger, społeczeństwo się zmieniło. Europa uciekła w strefę komfortu, wszyscy jesteśmy bardziej mięczakami niż kiedyś. Nie ma gdzie zahartować napastnika. Dać mu pograć na ulicy, w parku, z kolegami na byle czym. Tak jak się jeszcze gra w Ameryce Południowej, choć i tam coraz rzadziej.

Napastnik to łowca. Akademie piłkarskie, w których wszystko jest podane na tacy, mogą przytępić jego instynkt. Wenger sugeruje, że być może trzeba przemyśleć sposób, w jaki się tam z napastnikami pracuje. Dwie potęgi szkolenia młodzieży, Niemcy i Hiszpania, wychowały w ostatnich latach dziesiątki fantastycznych pomocników, dobrych obrońców, bramkarzy. Nie mogą wychować wybitnego środkowego napastnika. A taki się wychował w Polsce, kraju, który szkolenie zaniedbał na lata.

Piłka nożna bywa niepojęta.

Futbol to dziś obsesja kontroli. Czujniki GPS na treningach, kamery filmujące każdy detal. Ale pole karne, ostatnie 16 metrów do bramki, pozostało dżunglą. „W szesnastce jest inaczej". „W szesnastce musisz

– Wiedziałem, że po przejściu do Bayernu stanę się lepszym piłkarzem – mówi Robert. W dwa lata gry w Monachium zdobył dwa tytuły mistrza Niemiec i dwa razy docierał do półfinału Ligi Mistrzów. Żaden piłkarz w Bundeslidze nie strzelił przez te dwa lata więcej bramek niż on.

to". „W szesnastce musisz tamto" – wyłapuję co chwila z opowieści Roberta Lewandowskiego o jego miejscu pracy. Czy, jak kto woli, o jego miejscu polowań. Lewandowski pracował przez ostatnie lata z dwoma najbardziej rozchwytywanymi trenerami. W Borussii Dortmund z Jürgenem Kloppem, w Bayernie z Pepem Guardiolą. W Borussii szedł w górę razem z całym klubem, w Bayernie został wrzucony na szczyt i musiał walczyć o swoje. Praca z Kloppem i Guardiolą to było jak terminowanie u dwóch wielkich wynalazców. Jak szansa pracy w Apple'u w czasach garażowych, a potem przeskoczenie od razu do Apple'a korporacji z czasów iPhone'a. Ale i w Borussii, i w Bayernie słyszał od swoich trenerów: w szesnastce wynalazcami jesteście wy, a nie ja.

– Guardiola ufa naszym instynktom. Mówi: ja zawsze byłem piłkarzem defensywnym. Nie grałem jako napastnik, więc to wy powiedzcie mi, co powinniśmy zrobić. Klopp mówił to samo: nie wiem, jak napastnik na tym poziomie powinien się zachowywać. Obaj dawali swobodę. Bo możesz wypracować sobie jakiś ruch na treningach, ale potem w meczu w polu karnym to już będzie co innego – mówi Robert.

Guardiola powtarza, że dobra gra obronna jest efektem pracy. Atak to kwestia talentu. Drużyna ma wprowadzić napastnika w pole karne, dać mu tam piłkę w jak najdogodniejszym miejscu, ale nie może dla niego zrobić już nic więcej. Można coś zaplanować i zbudować na dwóch trzecich boiska, ale ta ostatnia część to zawsze żywioł.

– Mogę wam powiedzieć, jak macie bronić, jak atakować. Ale gdy jesteście w szesnastce, to zdaję się już tylko na waszą finezję i waszą fantazję. Nie powiem: idźcie w lewo, bo tak strzelicie bramkę – mówi Guardiola piłkarzom Bayernu.

– Guardiola wymaga tylko jednego, jeśli chodzi o grę pod samą bramką. Żeby w każdej akcji, czy na treningu, czy w meczu, być w stu procentach skoncentrowanym. I żebym zawsze próbował strzelić bramkę, niezależnie od tego, ile już strzeliłem – opowiada Robert.

•••

W hiszpańskojęzycznym świecie o napastnikach mówi się, że pachną golem. Że mają gola między brwiami. Że mają jakiś szósty zmysł do strzelania. Że ten instynkt to nie wymysł. Ale trudno go nazwać.

– To jest jakiś specjalny rodzaj inteligencji. Bywali przecież piłkarze tak po ludzku prości, że aż zęby bolały. Ale futbol rozumieli znakomicie – mówi prezes Polskiego Związku Piłki Nożnej Zbigniew Boniek, jedyny Polak, który strzelał gole i na mundialach (1978 i 1982), i w finale któregoś z europejskich pucharów (Puchar Zdobywców Pucharów 1984).

Robert przekonuje, że 70 procent goli bierze się z głowy. Romelu Lukaku, belgijski napastnik, że to nawet 90 procent.

– Głowa. Głowa. Głowa. Nie ma dla napastnika ważniejszej części ciała. Strzelasz bramki tylko wtedy, jeśli jesteś pewny siebie. Masz na boisku ułamek sekundy. I w tym ułamku sekundy albo zostaniesz bohaterem, albo winowajcą. Gdy jest kryzys, pracujesz na to, żeby ta pewność siebie wróciła. Ja oglądałem powtórki swoich dobrych akcji, żeby się podnieść na duchu. Robiłem sobie wizualizacje przed zaśnięciem – opowiada Cezary Kucharski. Napastnik, który grał z Legią w Lidze Mistrzów, z kadrą na mundialu i od lat jest menedżerem Roberta. Gdy Lewandowski miał w Borussii kryzys, Kucharski przysyłał mu płyty z nagraniami jego bramek jeszcze z Lecha Poznań. Gdy Lewandowski miał mecze bez gola jeszcze w Lechu, Kucharski dzwonił i prosił, żeby nie chodził jak struty, żeby się nie obrażał na futbol i cały świat.

– Mówiłem mu: gdybyś nie miał sytuacji, tobym się na twoim miejscu martwił. A tak się nie martw. Nie było jeszcze takiego napastnika, który by wykorzystał wszystkie sytuacje.

Nie było jeszcze napastnika, który by strzelił wszystkie gole. Ale nie było też napastnika, który by tego nie chciał.

– Napastnikowi gol i brak gola ustawiają cały następny tydzień – uważa Kucharski. Urugwajczyk Luis Suárez mimo powracających ataków agresji, gryzienia rywali, długo nie chciał iść do psychologa, bo bał się, że przy okazji stępi on u niego głód goli.

– Dla napastnika gol jest jak dla alkoholika piwo przed snem. Napastnik nie zaśnie spokojnie bez gola – twierdzi Zbigniew Boniek, który typowym napastnikiem nie był. Bywał przekwalifikowany na napastnika. Mówi, że jego najmilsze wspomnienie z kariery to nie własny gol, tylko ten, przy którym podawał: bramka Andrzeja Buncola w meczu z Peru na mundialu 1982.

– Roberta też asysty cieszą, zwłaszcza w ważnych meczach. Gole kolegów go cieszą, nawet jeśli nie miał przy nich udziału. Ale póki sam nie strzeli, to nie czuje się rozliczony. Ma poczucie, że on swojego zadania nie wypełnił – opowiada Iwona Lewandowska. Już się oduczyła dzwonić do syna w dniu meczu albo zagadywać, gdy jest u niego z wizytą. Wie, że to nie ma sensu. – Będzie rozmowa o wszystkim i o niczym, bo on już jest pochłonięty zadaniem. Ale jak wraca i strzelił bramki, od razu jest inna rozmowa.

Siedzimy z Robertem w kawiarni jednego z monachijskich hoteli. Wybieramy jego najlepsze albo najbardziej pamiętne mecze do dokładniejszego opisania. Początek listy to samograj: cztery gole z Realem w półfinale Ligi Mistrzów, pięć goli z Wolfsburgiem w Bundeslidze, trzy gole z Bayernem w finale Pucharu Niemiec. Polska – Grecja, mecz trauma na otwarcie Euro 2012: gol, ale i rozczarowanie.

– A potem może ten z Niemcami? 2:0 na Narodowym? – rzucam. I już widzę jego spojrzenie. „Z Niemcami? Mecz bez mojego gola?".

Miał w tym meczu asystę. Zaorał boisko, pracował, by jego koledzy mieli na murawie więcej miejsca. Polacy wygrali z Niemcami pierwszy raz w historii, w jeden wieczór zmienili sposób, w jaki przez kilka ostatnich lat się na nich patrzyło. Ale on uznał, że skoro bramki nie zdobył, to nie ma prawa tego meczu dopisać do listy swoich wielkich. Niech dopiszą ci, którzy strzelali.

– On właściwie nigdy nie jest z siebie zadowolony. Nieważne, czy strzelił jednego gola, czy pięć. Pamiętam, jak było po czterech golach z Realem. W domu w Dortmundzie impreza jak w sylwestra, bailando, bailando. Druga w nocy, a on siada i mówi do mnie: kurczę, szkoda, że nie było tej piątej – wspomina Tomek Zawiślak, najbliższy przyjaciel

Roberta, który jeszcze w ich dziecięcych czasach w Varsovii, klubiku z siedzibą na granicy warszawskiego Nowego Miasta i Muranowa, asystował przy niejednym golu Lewandowskiego. – Szkoda, że nie było piątej... Taki jest. Tłumaczę mu: przestań, zrobiłeś wielką rzecz. Ale jemu zawsze jest mało.

– Tak, ja nie mogę żyć bez goli – mówi Robert. – Gole to jest pełnia szczęścia.

•••

Gole, wbrew obawom z lata 2006, nie stały się dobrem rzadkim. Przeciwnie, można mieć wrażenie, że nas zalewają z każdej strony, że jest ich więcej niż kiedykolwiek. Tyle że uniezależniły się od typowego środkowego napastnika. Wielcy łowcy goli, Leo Messi i Cristiano Ronaldo, zostali do strzelania oddelegowani z innego miejsca na boisku, z innych specjalności. I przenieśli to strzelanie w inny wymiar. Fabio Cannavaro pozostał ostatnim specjalistą od przeszkadzania, którego wybrano na piłkarza roku. Po nim Złotą Piłkę zdobył jeszcze ofensywny pomocnik Kakà, a potem na lata futbol podzielili między siebie Messi i Cristiano Ronaldo. Aberrację, czyli strzelanie kilkudziesięciu goli w sezonie, zamienili w normę. Messi doszedł do 91 goli w jeden rok, w 2012 roku, bijąc wieloletni rekord Gerda Müllera. Gole stały się miarą wszystkiego. Łowcy bramek nigdy nie mieli się lepiej.

– Gra jest szybsza. Dobre kluby stwarzają mnóstwo sytuacji. Kadry drużyn są bardzo wyrównane, najlepsi napastnicy na treningach w klubach mają przeciw sobie znakomitych obrońców. Potem w meczu jest im łatwiej – uważa Andrzej Juskowiak, król strzelców igrzysk olimpijskich w Barcelonie w 1992 roku, ostatni przed Robertem Polak, który był tak skuteczny w Bundeslidze (jesienią 1998 roku prowadził w klasyfikacji strzelców z 11 golami dla Wolfsburga, ale rundę rewanżową miał nieudaną), w Lechu Poznań indywidualny trener Lewandowskiego.

– Dziś wszystko sprzyja strzelcom. Nasza piłka była trzy razy wolniejsza, inne było przygotowanie, było indywidualne krycie, a nikt nie lubi grać z „plastrem" na plecach. Kiedyś faule to było prawdziwe polowanie na kości, dziś piłkarze są pod większą ochroną sędziego. Kiedyś rykoszet był z reguły bramką samobójczą, dziś z reguły jest zapisywany strzelcowi. W Lidze Mistrzów w rundzie grupowej mocny klub zawsze ma okazję, żeby postrzelać jakiemuś słabemu, a w dawnych czasach grup nie było, tylko nokaut od pierwszej rundy. Nic, tylko strzelać – śmieje się Zbigniew Boniek.

O gole łatwiej, to prawda. Ale konkurencja do tytułu tego najskuteczniejszego jest mordercza jak nigdy. Mierzysz się z maszynami, na które pracują całe drużyny. Z piłkarzami, którzy wszystko podporządkowali futbolowi. Messi i Cristiano nawet po poważnych kontuzjach błyskawicznie wracają do formy, zawsze chcą grać. Argentyński dziennikarz Juan Pablo Varsky mawia, że Messi ciągle żyje w czerwcu 1986 roku. Czyli jest ciągle w stanie takiego natchnienia, w jakim Diego Maradona był na mundialu 1986. A Cristiano nakręca się, by dotrzymać mu kroku. Messi to lekko zaspany geniusz, któremu wszystko przychodzi łatwiej „na tych krótkich nóżkach", jak kiedyś powiedział Robert w wywiadzie dla „Playboya". Na krótkich nóżkach, czyli z niskim środkiem ciężkości, tak zawsze łatwiej dryblować. Na drugim biegunie czeka wysoki Cristiano, wyżyłowany jak komandos, polujący na ten moment, gdy jego mała zmora zwolni tempo. Za nimi Neymar, którego gra u boku Messiego przeniosła na inny poziom. Obok Luis Suárez, też jak Lewandowski środkowy napastnik. Piłkarz instynkt i piłkarz z misją: zamazania golami tego wszystkiego, co mu się zdarzyło nawyrabiać na boisku, gdy puszczały nerwy.

I wśród tych najlepszych chłopak z podwarszawskiego Leszna, który zawziął się, że też taki będzie, i zaczął utrzymywać tempo kilkudziesięciu goli na sezon. Chłopak, którego od zawsze pociągały dwie rzeczy – strzelanie goli i ryk silników. Piłkarz nie z żadnej akademii, tylko z małego międzyszkolnego klubu ze Śródmieścia. Wychowany tam przez trenerów, którzy sami w biegu uczyli się nowoczesnego futbolu, gdy granice zaczęły się dla Polaków otwierać. Największy mikrus w dziecięcych drużynach, a dziś gladiator. Środkowy napastnik w czasach, gdy takich środkowych miało już nie być. Napastnik z czołówki strzelców Ligi Mistrzów, choć z kraju bez Ligi Mistrzów. Piłkarz, który przez całą karierę ma z tyłu głowy: ja już dość czasu straciłem, nie mogę więcej. Nie mogę teraz zwolnić.

– On jest w ciągłym biegu. Rozmawia ze mną i w tym czasie ma trzy telefony. Czasem tak się zakręci, że potrafi mnie zaprosić na mecz w Monachium, zapominając, że właśnie grają na wyjeździe – śmieje się Iwona Lewandowska.

Jak mówi Tomek Zawiślak: – Robert zawsze, gdy gdzieś szedł, to biegł. On nienawidzi chodzić.

•••

Dopisał się do tego wyścigu w zbieraniu goli, wiedząc, jakie to jest wyzwanie.

– Żeby być tak powtarzalnym, musisz się przenieść w inny świat. Musisz udźwignąć ten moment, gdy sensacją jest, że nie strzeliłeś gola, a nie, że strzeliłeś. Musisz mieć ileś cech wybitnych, które zbierzesz w całość. I wtedy możesz ogrywać tych, którzy cały tydzień czekają, by cię zatrzymać – mówi Andrzej Juskowiak.

To wymaga życia jak w transie, szukania każdej przewagi. A jednocześnie pilnowania, żeby się w tym nie zatracić. Żeby to pozostało na poziomie: mogę i chcę. A nie: muszę. Bo przymus paraliżuje potem na boisku. Szukanie równowagi oznacza, że wszystko, co cię oddala od gola, musisz przecierpieć w taki sposób, żeby drużyna nie ucierpiała. A Robert musi przecierpieć. Jürgen Klopp wystawiał go przez jakiś czas za napastnikiem – Lewandowski cierpiał. Już w Varsovii, gdy tak czasem musiał grać – cierpiał. Gdy Guardiola go testował, rzucał na boki boiska – cierpiał. Nawet gdy go Pep zdejmował kilkanaście minut przed końcem ostatniego meczu w sezonie 2014/2015, z Mainz, w dniu mistrzowskiej fety, też cierpiał, bo wierzył, że jeszcze mógł strzelić dwa gole i dogonić prowadzącego w tabeli strzelców Alexandra Meiera. Ale zagryzał zęby i brał z tego poddawania go próbom siłę, by znaleźć jakąś kolejną lukę, przez którą się przeciśnie na wyższy poziom. Zrobi kolejne postanowienie noworoczne, poszuka jeszcze czegoś do poprawy w diecie, w siłowni, w ćwiczeniach nad koncentracją. Będzie powtarzać wszystko tak często, aż na boisku zamieni się w automat.

– My, napastnicy – mówi mi Robert Lewandowski – żyjemy z automatyzmów.

Gdy słyszysz potem pod szatnią po meczu – a słyszysz często – że „na tym poziomie decydują szczegóły", myślisz: ale banał. Bla, bla, bla. A za tym „bla, bla, bla" kryje się czasem cały świat. Ta książka jest właśnie o tym świecie.

Gol na 4:1 dla Bayernu w meczu z Wolfsburgiem, 22 września 2015 roku. Jeden z pięciu goli strzelonych tego dnia przez Roberta, w niespełna dziewięć minut. „Meteoryt Lewandowski uderzył w Allianz Arenę" – napisało o tym wieczorze „Süddeutsche Zeitung".

ür die K

BAYERN
9
LEWANDOWSKI

Warszawa, 1990 rok.
Dwuletni Robert na spacerze
z rodzicami i siostrą Mileną.

ROZDZIAŁ 1

Blizny

– Bobek, gamoniu, jak ty zagrałeś?
– Jak coś było nie tak, to Bobek dostawał listę rzeczy do poprawy.

Blizna z prawej strony ust jest po szkle. Upadł na schodach, kiedy niósł szklankę z sokiem. Na górze bawiły się dzieci, na dole rodzice z przyjaciółmi zaczynali imieninową imprezę. Spieszył się do nich. Upadł. Dziś mówi: nic wielkiego. To znaczy: krew go zalała, płaszcz matki – Iwony – zrobił się czerwony, a tata Krzysztof pruł samochodem z podwarszawskiego Leszna do szpitala z taką prędkością, że wolał nie patrzeć na licznik. Dobrze zapowiadającą się imprezę trzeba było przerwać – i na ostry dyżur. Na Bielany, czyli w rodzinne okolice.

Tam urodził się Robert i jego starsza o trzy lata siostra Milena. Tam na pierwszym roku AWF-u poznali się rodzice. Tam mieli pierwsze mieszkanie – niedaleko szkoły i piekarni na Wrzecionie. Tam tata grał w piłkę w Hutniku Warszawa.

Robert nie pamięta, ile miał lat, gdy zdarzył się ten rajd do szpitala. Może trzy, może cztery. Nie może też pamiętać, że mniej więcej w tamtym czasie UEFA wymyślała Ligę Mistrzów, a Rupert Murdoch wpadł na pomysł sojuszu futbolu z płatną telewizją. Efektem była Premier League, fabryka pieniędzy i wzór dla innych lig.

Z rany po szklance została kreska przy ustach.

– Zostało też sporo blizn z innych okazji, głównie tutaj – Robert śmieje się i przejeżdża ręką po włosach. Zostało wspomnienie złamanej nogi, którą trzeba było łamać jeszcze raz pod narkozą. Wspomnienia tego wszystkiego, co zwykło się nazywać szczęśliwym dzieciństwem.

– Najbardziej się cieszę, że wychowywałem się w domu z ogrodem. Do tego miałem boisko pod nosem, bo mieszkaliśmy tuż obok szkoły. Biegałem za piłką całymi dniami, sam albo z sąsiadem. Obok był las. Czyli kolejny plac zabaw. Krążyłem po całej okolicy. To było takie dzieciństwo, jakie już odchodzi w przeszłość. Bo rodzice się coraz bardziej boją spuścić dzieci z oczu. Pamiętam, że kiedy wracałem po bójkach, tata wcale się nie martwił, czy coś mi nie jest, tylko pękał z dumy, że dałem radę. To mama była od martwienia się. Ale rodzice podchodzili do wszystkiego spokojnie. Rozciąłem głowę, więc się zakładało szwy i jedziemy dalej.

•••

Las ze wspomnień Roberta to Kampinoski Park Narodowy, który zaczyna się tuż przy domu w Lesznie. Szkoła to podstawówka i gimnazjum, gdzie obydwoje rodzice uczyli wuefu. Wcześniej Iwona Lewandowska była siatkarką, grała w I lidze w AWF-ie Warszawa. A Krzysztof Lewandowski – judoką, kiedyś juniorskim mistrzem Europy. Do Leszna trafili z Bielan w połowie lat 80. właśnie za sprawą tego domku z dużym ogrodem. Kończyli już kariery sportowców, urodziła się Milena. Leszno kusiło młodych nauczycieli pracą. Łatwiej było też kupić tu działkę.

– Były pegeery, była cukrownia. Dziś już ich nie ma. Po sąsiedzku mieszkały inne nauczycielskie rodziny. Ten kolega, który z Robertem

Krzysztof Lewandowski, judoka i piłkarz, chciał, żeby jego syn spróbował w dzieciństwie każdego sportu. Na zdjęciu czteroletni Robert w hali w Lesznie.

kopał piłkę od rana do wieczora, to Adam, syn polonistki – opowiada Iwona Lewandowska.

Zanim się umówimy na spotkanie, mama Roberta robi slalom przez swój plan tygodnia: poniedziałek niestety nie, bo rada pedagogiczna, tutaj mam siłownię, tutaj zajęcia. Do rozmowy siada, zabawiając małego Leona, siostrzeńca Roberta. Podobieństwo syna do matki widać najbardziej, gdy Iwona Lewandowska się uśmiecha. Energiczna, elegancka, nadal z sylwetką sportsmenki. Nadal przeżywająca każdy mecz syna. Przyznaje: bezczynność ją przeraża. Woli już być na trzech etatach. Była nauczycielką, trenerką, swego czasu szefową hali sportowej, przejęła tę funkcję po mężu. Nadal mieszka w domu przy lesie, tam jest u siebie od 30 lat. Tam ma koleżanki, które przeniosły się do Leszna w tym samym czasie co Lewandowscy.

– Byliśmy szalonym małżeństwem, które chodziło razem biegać, jeździć na rowerze, a rytm weekendów wyznaczały mecze Roberta i Mileny. Każdy z nich to było święto. Do tej pory, jeśli jest weekend, a nie ma meczu Roberta, to jest tak jakoś dziwnie... – zamyśla się.

Milena trenowała u mamy siatkówkę, do zrobienia większej kariery zabrakło jej kilku centymetrów wzrostu. Roberta brał w obroty tata. Na szkolnym wuefie, na treningach w Partyzancie Leszno, gdzie

1
3

prowadził drużynę. Uczył go każdego sportu, który znał, wysyłał na każde szkolne zawody. W koszykówce, piłce ręcznej, biegach przełajowych, tenisie stołowym. – Miałem żal do taty, że tak rzadko gramy na wuefie w piłkę, że cały czas próbujemy czegoś innego. Potem sobie zdałem sprawę, po co to robił – wspomina Robert.

Benzynę we krwi też ma po tacie. I słabość do psów. Bokserka Koka to była jego najwierniejsza przyjaciółka z dzieciństwa. Koka, czyli najniższa kara w judo. – Moją chrzestną jest żona Wojciecha Borowiaka, trenera, który doprowadził Pawła Nastulę do złota igrzysk w Atlancie – opowiada Robert. – Borowiakowie mieli dwa psy, Ippona i Yuko. Więc nasza suczka została Koką. Zrobiliśmy mamie niespodziankę, pojechaliśmy z tatą do znajomych, którym urodziły się boksery. Brązowe, tylko jeden czarny. Wskoczył mi na klatkę piersiową i tak to się zaczęło. Wychowywałem się z psem, trenowałem z psem, biegałem z psem, gdy musiałem się rehabilitować po kontuzji.

•••

Urodził się niespełna miesiąc po tym, jak Holender Marco van Basten pokonał Rinata Dasajewa najpiękniejszym wolejem w historii mistrzostw Europy – pociskiem wystrzelonym z boku pola karnego, pod poprzeczkę, między rękami radzieckiego bramkarza. W tę niedzielę 21 sierpnia 1988 roku, gdy Robert przychodził na świat, generał Wojciech Jaruzelski na nadzwyczajnym posiedzeniu biura politycznego partii pierwszy raz powiedział głośno, że trzeba zacząć rozmowy z Lechem Wałęsą i opozycją. To był sierpień strajków i ostatnich w historii Polski przygotowań do stanu wyjątkowego. Generał Czesław Kiszczak jeszcze straszył w telewizji wprowadzeniem godziny milicyjnej, ale już pół roku później był Okrągły Stół, a wolne wybory nadeszły, zanim Robert nauczył się chodzić. Rzeczywistość wokół pędziła, wszystko się zmieniało. A pod polskim sportem zapadła się ziemia.

Robert odbiera medal za zwycięstwo w międzypowiatowych mistrzostwach w biegach przełajowych, rok 2000. – W przełajach wygrałem w podstawówce i gimnazjum wszystko, co się dało. Ale nie potrafiłem uciec od strachu przed porażką. Dlatego już od liceum nikt mnie na starty w biegach nie namówił.

Z siostrą Mileną na Agrykoli, po meczu Varsovii w 1997 roku.

Kluby z dnia na dzień zostały bez pieniędzy z państwowych zakładów, szkoleniem młodzieży przestały sobie zawracać głowę, bo nawet na wyczynowców nie wystarczało, dziwni nowobogaccy wchodzili ze swoimi pieniędzmi w futbol i wychodzili, działacze nie działali, tylko próbowali przetrwać. Jak powie po latach jeden z ministrów sportu: dwa były w Polsce światy, w których czas się zatrzymał, gdy padł komunizm – świat działkowców i działaczy sportowych.

W polskim futbolu już od połowy lat 80. skończył się czas budowania czegokolwiek, a zaczął czas wyprzedawania. Kto mógł, ten wyjeżdżał zarabiać za granicą, korzystając z tego, że Polak to ciągle w futbolu brzmiało dumnie. A terapia szokowa przełomu lat 80. i 90. dolała benzyny do tego pożaru. Srebrny medal igrzysk w Barcelonie 1992 roku (ze wspomnianym tytułem króla strzelców dla Andrzeja Juskowiaka), medal młodych piłkarzy, dał fałszywą nadzieję, że szybko nadejdzie lepsza przyszłość. A to było tylko wyciskanie resztek. Potem jeszcze takie resztki skapywały i przez moment było przyjemnie: mistrzostwo Europy 16-latków z 1993 roku, mistrzostwo Europy 18-latków z 2001. Jednak żaden system się z tego nie urodził.

Dziecięcy sport mało kogo obchodził. Nie było ani pieniędzy, ani tradycji wolontariatu znanej choćby z brytyjskiego czy skandynawskiego sportu, gdzie starsi ludzie włączają się w funkcjonowanie klubów, organizację zawodów dla samej przyjemności działania. Nawet w byłym bloku wschodnim trudno znaleźć drugi kraj, który po upadku komunizmu tak wytrwale jak Polska nie przyjmował do wiadomości, że warto inwestować w sport powszechny, a nie tylko zawodowy. I że nawet z punktu widzenia zawodowego sportu nie ma lepszej inwestycji niż inwestycja w młodzież, bo kto ma dobrych wychowanków, ten oszczędza na transferach, a kibice też bardziej kochają piłkarzy wychowanych przez klub niż kupionych z innych drużyn. Pamiętali o tym choćby za wschodnią granicą Polski, a tam też by się przecież po upadku komunizmu znalazło sporo wymówek, żeby nie dbać o szkolenie dzieci. Andrij Szewczenko, ostatni wschodnioeuropejski zdobywca Złotej Piłki, z 2004 roku, zwycięzca Ligi Mistrzów 2003, dorastał na biednej Ukrainie w czasach, gdy rozpadał się stary system. Ale szkółka piłkarska Dynama Kijów, słynna akademia Niwki, z tradycją sięgającą jeszcze lat 50. (wychowała też poprzedniego zdobywcę Złotej Piłki wywodzącego się z Dynama, Ołeha Błochina), nie tylko przetrwała rozpad systemu, ale jeszcze się w nowej rzeczywistości rozrosła. Andrij, talent z podkijowskiej wsi, trafił tam, gdzie się na szkoleniu znali i uważali je za na tyle ważne, żeby już pod koniec lat 90. zacząć budować dla tej młodzieży supernowoczesny ośrodek.

W tym czasie szkolenie w Polsce to były wysepki, na których przetrwali zapaleńcy. Na taką wysepkę, niedaleko stadionu Polonii Warszawa, trafił ośmioletni Robert. Do Varsovii, w której nie było gdzie się wykąpać po meczu, a nierówne kurzące się boisko przypominało *potrero,* na którym grają dzieciaki w Ameryce Południowej. Ale była tam pasja do uczenia dzieci i wyszukiwania talentów. Wcześniej rodzice pojechali z Robertem między innymi na Legię. Ale Legia tamtego roku grała w ćwierćfinale Ligi Mistrzów i prowadzenie drużyn dla ośmiolatków było poniżej jej godności.

•••

Mieć rodzica sportowca, a jeszcze lepiej – rodziców sportowców, to była polisa na lepszy start. Geny, wiadomo. Ale nie liczą się tylko one. Chodzi o przykład, o pokazanie, skąd się w sporcie bierze sukces, ilu wymaga wyrzeczeń. Również o to, żeby szybko zauważyć talent i zaopiekować się nim, zapewnić rozwój. Tak było z najlepszymi napastnikami, którzy w ostatnich dekadach urodzili się w Polsce. Niektórzy grali dla Polski, niektórzy nie. Miroslav Klose, syn piłkarza i piłkarki ręcznej. Lukas Podolski, syn piłkarza i piłkarki ręcznej. Euzebiusz Smolarek, syn wielkiego piłkarza. Tyle że ich trzech wychowały już inne kraje, świetne szkoły sportowców z Niemiec i Holandii. A Lewandowscy musieli być przez pierwsze lata nie tylko polisą na lepszy start, ale też ubezpieczeniem od braku systemu szkolenia, od słabego wuefu w polskich szkołach. A gdy już znaleźli tę wysepkę dobrych chęci i zaangażowania w Varsovii, byli gotowi trzy, cztery razy w tygodniu wozić dziecko na trening z Leszna do Śródmieścia.

– Mieć taki przykład w domu, a potem znaleźć dobre warunki do treningów to jest kapitalne połączenie. Robert ten pęd do sportu po prostu odziedziczył. Poznałem jego mamę, gdy prowadziłem reprezentację. Od niej bije energia, ona jest całą sobą nastawiona na sport – opowiada Waldemar Fornalik, były trener kadry narodowej. – Pchanie dziecka w stronę takiej kariery, gdy się samemu nic nie robi, często kończy się zupełnym zniechęceniem. Ale i w takiej sportowej rodzinie trzeba mieć wiele taktu, by wyczuć, czy dziecko naprawdę takiej drogi chce. To jak z rodzinami lekarzy. Jeśli dziecko chce i umie pójść w ślady rodziców – nie ma lepszego scenariusza. Jeśli robi to tylko dla rodziców, wszyscy się umęczą.

Roberta do niczego nie trzeba było zmuszać. W rodzinie mówią, że urodził się z piłką przy nodze.

– Inne sporty lubiłem, dawały mi przyjemność. Ale tylko futbol kochałem. Od początku czułem, że piłka to jest coś na całe życie.

•••

Rodzice wozili na treningi (nawet i półtorej godziny w jedną stronę, gdy były korki), dopingowali, ale i wymagali. Nie tylko od Roberta i Mileny, od innych uczniów też. Nie potrafili się pogodzić z tym, że ktoś, u kogo odkryli sportowy talent, nie chce go rozwijać. Wspierali, ale umieli na swoje dzieci spojrzeć krytycznie. Mama jeszcze całkiem niedawno zapytana przez dziennikarzy o syna, „najlepszego napastnika na świecie", zaczęła od poprawki: „Jednego z kilku najlepszych". Krzysztof Lewandowski nie tylko posyłał syna na zawody, ale też niektóre

– W szkole bywałem żywą pomocą dydaktyczną, tata zabierał mnie na wuefy do starszych klas, żebym pokazywał, jak należy wykonać jakieś ćwiczenie.

zawody organizował i prowadził. Zresztą do mikrofonu go nigdy nie trzeba było długo prosić, urodził się na wodzireja.

– Tata znał się na sporcie, był wesoły i spokojny. Choć gdy na letnim obozie zaczepili naszych chłopaków, to był gotów się bić. Lubił dogadywać Robertowi: Bobek, z ciebie to nic nie będzie! A gdy Bobek dyskutował, ucinał: Co ty tam będziesz gadał! A Robert się wtedy denerwował – wspomina trener Krzysztof Sikorski z Varsovii.

Bobek, tak go nazywali od małego. Dostał na imię Robert, żeby było łatwiej wymawiać, gdy zrobi karierę za granicą. Robert, Bob. Bobek.

– Mąż się z nim droczył. Mówił: Bobek, ty gamoniu, jak ty zagrałeś? To trzeba zrobić tak i tak – śmieje się Iwona Lewandowska. – Ale uwagi zawsze zatrzymywaliśmy dla siebie, póki mecz się nie skończył. Żeby nie wchodzić w paradę trenerom i powiedzieć wszystko na spokojnie. Jak coś było nie tak, to Bobek miał listę elementów do poprawy i poprawiał je.

Lewandowscy pilnowali się jednak, żeby nie zostać KOR-owcami. Nie dołączyć do Komitetu Oszalałych Rodziców, koszmaru trenerów młodzieży. Marek Krzywicki, który trenował Roberta pod koniec jego gry w Varsovii, mówi, że akurat u nich w klubie nie było z tym wielkich problemów. Ale historii o KOR-owcach zna mnóstwo.

Z rodzicami i siostrą.

– Rodzice przyprowadzają sześciolatka i już są przekonani, że robią nam tym zaszczyt, bo to on będzie tu najlepszy. Drugi Messi. A ten drugi Messi jeszcze nawet nie jest pewny, że w ogóle chce grać w piłkę. Ja krzyczę: podaj, rodzic krzyczy: strzelaj. Zdarzało się i tak, że dzieci grały mecz, a rodzice bili się przy linii. Nie u nas, ale zdarzało się – opowiada Krzywicki.

– Widywałem różnych rodziców. Również takich, którzy stali przy liniach i krzyczeli na swoje dziecko. Straszne. Jasne, że rodzice powinni być na meczach, ale po to, żeby dopingować, a nie wtrącać się w to, co trener wymyślił. Tata bardzo moją grę przeżywał, ale nigdy mi niczego nie narzucał – wspomina Robert.

Marek Krzywicki uważa, że bez względu na kraj czy epokę każdy rodzic będzie uważał, że jego dziecko jest najlepsze. Dlatego w niektórych zagranicznych klubach i szkółkach piłkarskich rodzic nie ma nawet prawa rozmawiać bezpośrednio z trenerem. Kontaktami między klubem i rodziną zajmują się przygotowani do tego specjaliści.

– U nas tak się nie da – mówi Krzywicki. – Na Zachodzie rodzice często nie muszą płacić za szkolenie. Tymczasem u nas bywa tak, że klub nie jest w stanie poradzić sobie bez rodziców. Bo jeden rodzic załatwi to, inny tamto i trudno potem zabronić im się wtrącać. Kończy się to wynikomanią, która jest przekleństwem polskiego szkolenia młodzieży. Rocznik Roberta przez pół roku nie był w ogóle zgłoszony do rozgrywek. Ci chłopcy nie byli jeszcze gotowi do gry. Trzeba było czasu, żeby nauczyć ich techniki, zanim zaczną rywalizować. Ale rodzice mieli do nas o to pretensje. Są też rodzice, którzy co pół roku przenoszą dziecko z akademii do akademii, bo wszędzie jest nie tak. Brakuje zaufania. Rodzice zapewniają naukę piłki, dwóch języków, wieczorem basen, ale zapominają o dawaniu okazji, by dziecko wyszło spod klosza i nauczyło się życia – mówi Krzywicki.

Przypomina mu się niedawny telefon do klubu. Dzwoni rodzic.
– Dzień dobry, czy będzie dziś trening? – A dlaczego miałoby nie być?
– Bo chmury się zbierają.

– Często to nie sam piłkarz, ale właśnie jego rodzice są problemem – twierdzi Cezary Kucharski. – Rozmawiam z rodzicami, którzy nadopiekuńczością ograniczają swoje dziecko w rozwoju. Oczekują, że jako menedżer będę nianką piłkarza, przyniosę, podam, pozamiatam. Może jeszcze pampersy zmienię? Chronią dzieci przed porażkami, a to jest fatalne. Piłkarz niańczony nigdy nie dojdzie do mistrzostwa. Nie wiem, skąd to przekonanie, że futbol zapewnia życie łatwe i przyjemne. Ono nie jest ani łatwe, ani przyjemne. To jest świat dla twardych.

Iwona Lewandowska, gdy Kucharski w 2008 roku został menedżerem syna, powtórzyła mu tylko to, co wcześniej mówiła w klubach, do których trafiał Robert. – Nie skrzywdźcie mi go. Bo ktoś na was patrzy z góry.

„Zaczynałem na Varsovii" – zachęcają plakaty z Robertem. W jego czasach to była inna Varsovia: z klepiskiem zamiast boiska i starymi barakami.

ROZDZIAŁ 2

Co to jest talent?

**– Krążyliśmy z tatą po warszawskich klubach.
Odsyłali mnie, kazali czekać.
Tylko Varsovii nie przeszkadzało, że miałem dopiero osiem lat.**

– Jakim był chłopakiem? Niech pan spojrzy – dyrektor Varsovii Marek Krzywicki sięga po album. Otwiera na stronie ze zdjęciem z jakiegoś klubowego wyjazdu. Robert siedzi w ostatnim rzędzie autobusu. Rozbawiony. – Wiadomo, kto siada w ostatnich rzędach. Wiadomo też, że kto jest dobrym piłkarzem, tego grupa dobrze przyjmuje.

„Chuderlak z instynktem" – mówi dziś Krzywicki o tamtym Robercie. Czasami, kiedy ogląda go w telewizorze w wielkich meczach, wciąż widzi małego Bobka: jego ruchy, jego charakterystyczny sposób przyjęcia piłki pod presją, idealne wyczucie czasu.

Krzywicki był ostatnim trenerem Roberta w Varsovii. Prowadził grupę piłkarzy o rok starszych, ale 15-letni wówczas Lewandowski potrzebował takiego wyzwania. Ćwicząc z rówieśnikami, już się nie rozwijał.

– Był u mnie najmłodszy, trafił do zespołu, gdzie hierarchia była już ustalona, więc aż tak nie dokazywał – opowiada Marek Krzywicki. – Zresztą Robert, żeby się poczuć pewnie, musi uznać, że sobie na to zasłużył. Że ma umiejętności, które uzasadniają jego oczekiwania wobec otoczenia. Dobrze się z nim pracowało. On naprawdę umiał słuchać, co do niego mówiliśmy. Mieliśmy z nim jeden problem: czasem musieliśmy go hamować. Uważaliśmy, że zbyt wiele robi poza klubem. U nas trenował, po meczu jechał do ojca do Leszna i grał „na lewo" w Partyzancie. W szkole też brali go do wszystkich sportów, bo we wszystkich był dobry.

– Kiedyś go pytam przed meczem: Co ty taki nieswój jesteś? „Nie, nie, trenerze, wszystko w porządku" – uciął. Dopiero w przerwie do mnie dotarło: Ożeż ty, rano mecz grałeś, przyznaj się! Był niesamowicie wydolny, chłopak nie do zabiegania – wspomina Krzysztof Sikorski, trener, który pracował z Lewandowskim w Varsovii najdłużej.

Tego chuderlaka z szóstym zmysłem do strzelania goli podesłał mu do drużyny Marek Siwecki. Pierwszy trener, do którego trafił Robert.

– Krążyliśmy z tatą po warszawskich klubach. Żaden nie miał tak młodego rocznika jak mój. Odsyłali mnie, kazali czekać. A Varsovia nas przyjęła, nie przeszkadzało im, że miałem tylko osiem lat. Znali mnie z halowych turniejów międzyszkolnych. Wiedzieli, jak gram – wspomina Robert.

Drużyna Marka Siweckiego raz grała jako Varsovia, raz jako Polonia. Ale zawsze trenowała na Varsovii. Te dwa kluby współpracowały, ze stadionu Polonii do bramy wjazdowej Varsovii jest tak blisko, że mocno kopnięta piłka doleci. Nawet gdy współpraca przestała się układać, pierwszy klub Roberta nadal był kojarzony z Polonią. Kibice Legii do dzisiaj zostawiają na murach Varsovii pozdrowienia dla swoich rywali z Konwiktorskiej. Niezamalowane graffiti z „elką" ostrzega: „Będziecie jeb...".

U Marka Siweckiego, z chłopakami o dwa lata starszymi, Robert ćwiczył półtora roku. W jego drużynie był między innymi Cezary Wilk. Też przyszły reprezentant Polski, choć tylko dwukrotny. Piłkarz m.in. Wisły Kraków i Deportivo La Coruña. Syn Sławomira, dziennikarza i naukowca specjalizującego się w kulturze fizycznej, dyrektora Instytutu Sportu i Rekreacji w Wyższej Szkole Edukacja w Sporcie. Czyli w uczelni, w której Robert studiuje. U Sławomira Wilka ma niedługo pisać pracę licencjacką, a potem może pomyśli o studiach magisterskich.

Varsovia po wygranym meczu, rok 1999. Obok bramkarza, po prawej i lewej stronie, dwóch przyjaciół z boiska: Tomasz Zawiślak i Robert.

Treningi z Cezarym Wilkiem i resztą rocznika '86 musiał przerwać, bo gdy starsi koledzy urośli, ich przewaga fizyczna stała się zbyt duża. Trudno mu było w ogóle dorwać się do piłki, nie było z takich treningów żadnego pożytku. Całe szczęście w Varsovii właśnie powstała drużyna z jego rocznika.

– Weź go, jest super. W sam raz dla was – powiedział Siwecki do Sikorskiego. Robert przyszedł, poćwiczył i powiedział: to ja już tu zostanę. I został na kilka lat, w drużynie, która w trampkarskiej lidze nigdy nie zajęła miejsca niższego niż trzecie.

W żadnym innym klubie w karierze nie był tak długo jak w Varsovii. – Wszyscy chcieli grać w drużynie z jego rocznika. Miałem w trampkarzach ponad 30 piłkarzy – mówi Krzysztof Sikorski. – Ale jak Bobek się spóźniał, a graliśmy mecz, to cała drużyna była w nerwach. „Trenerze, może nie przyjedzie?". „Przyjedzie na pewno". A jak przyjeżdżał, to było wiadomo, że zwycięstwo mamy niemal pewne. Był liderem, choć nie pokazywał tego po sobie. Kiedy grał, wszystko w zespole lepiej się kleiło. Do tego on nienawidził przegrywać. Raz nawet mi się w przerwie popłakał, bo jakoś im nie szło. Powiedziałem: spokojnie, jeszcze macie drugą połowę. Wiedziałem, że te moje foksteriery ruszą na nich i dadzą radę. Jemu piłka zawsze pod nogi spadała – mówi Sikorski. Wspomina, że Robert był dobry technicznie, miał tylko jeden problem:

dziwnie skręcał stopę przy strzale. Do środka. A stopę miał zawsze sporą. Trener ciosał mu kołki na głowie, rysował kreski na trawie, jak ma się odbijać, gdzie spadać, gdzie pociągnąć nogą. Aż go czasem kierownik drużyny Ryszard Zawiślak prosił, żeby już Bobkowi dał spokój.

Ryszard Zawiślak, czyli ojciec Tomka, przyjaciela Roberta. Rodziny Lewandowskich i Zawiślaków trzymały się blisko, spotykały się na grillach. Zawiślakowie mieszkali z tej samej strony Warszawy, w Babicach, 15 kilometrów od Leszna. Czasem Tomek i jego tata zajeżdżali po Roberta, żeby go zabrać na trening albo zgrupowanie. Gdy Tomek z Robertem robili pierwsze wypady, żeby poimprezować w warszawskich lokalach, wracali z tych imprez nocnym na Górczewską, a potem pieszo, nocować u Zawiślaków.

– Jeszcze wtedy nie było podmiejskich autobusów do Leszna, a busiki jeździły, jak chciały. Droga z domu Roberta na Nowe Miasto to był w tamtych czasach naprawdę wyczyn i dziś myślę sobie, że on w Lesznie miał chyba czas już tylko na spanie – opowiada Tomek.

•••

Krzysztof Sikorski dziś już nie trenuje dzieci. Jest prezesem nauczycielskiej spółdzielni mieszkaniowej na Bielanach i tam do niego przyjeżdżają telewizje kręcące reportaże o Robercie (– Właśnie skończyłem z Katarczykami – mówi, gdy umawiamy się na rozmowę). W Varsovii jest społecznym prezesem Uczniowskiego Klubu Sportowego. Na co dzień w Międzyszkolnym Ośrodku Sportowym nr 3 rządzi dyrektor Krzywicki. Siedzimy w jego gabinecie, zaskakująco przytulnym jak na kontenerowiec przy boisku. W Varsovii wszystko jest kontenerowcem: przy piętrowym niebieskim kontenerowcu z biurem dyrektora stoi piętrowy zielony kontenerowiec z innymi pomieszczeniami, a na końcu najniższy biały kontenerowiec z szatniami. To na nim wisi plakat z Robertem i przypomnieniem: „Zaczynałem na Varsovii". Zaczynałem w małym klubiku, wciśniętym w park na terenie fortyfikacji z czasów carskich.

Sztuczne boisko Varsovii znajduje się przy samej baszcie artyleryjskiej Fortu Traugutta. Gdy Robert przyszedł tu trenować, fort był jeszcze obiektem tajnym, w środku było archiwum wojskowe, przy bramie trzymali wartę żołnierze. Polska właśnie wchodziła do NATO. Gdy już weszła, okazało się, że natowskie przepisy nie pozwalają na trzymanie dokumentów wojskowych w takim miejscu, i długo nie było pomysłu, co z fortem zrobić. Kupił go współwłaściciel firmy CD Projekt, producenta gry „Wiedźmin". Teraz to on, a nie wojsko, jest sąsiadem boiska. Od fortu odchodzą podziemne tunele i nikt tak naprawdę nie wie, po czym młodzi piłkarze Varsovii biegają. Kiedyś zapadł się kawałek boiska i pokazała się wielka dziura. Nieopodal zapadł się kawał ulicy. Taki urok trenowania w zabytku w środku miasta. W pięknym miejscu, ważnym dla polskiej piłki.

Odrodzona Polonia w czasach dorastania Roberta została mistrzem Polski i grała w europejskich pucharach. Na Konwiktorską przyjeżdżał nieznany jeszcze wtedy szerzej José Mourinho, by podglądać zespół, na który jego Porto trafiło w Pucharze UEFA. W hotelu Ibis obok stadionu niejeden ligowy zespół spędził noc przed meczem w Warszawie. W biurowcu obok mieściła się wtedy redakcja „Piłki Nożnej". To do hotelu Ibis Cezary Kucharski na początku współpracy z Robertem zaprosił jego rodzinę, by bliżej wszystkich poznać, i tam przekonywał jego mamę, siostrę i narzeczoną, że wyrośnie z Lewandowskiego wielki piłkarz.

•••

Krzysztof Lewandowski z piłkarską reprezentacją podstawówki w Lesznie i jej najlepszym strzelcem Robertem. Rok 1998, zdjęcie zwycięzców turnieju powiatowego w Lesznie.

Na korty pod balonami obok boiska Varsovii wpada czasem pograć Wojciech Fibak, ma tu niedaleko ze swojej galerii na Krakowskim Przedmieściu. Swoje dzieci na treningi do Varsovii posyłają aktorzy, muzycy. Klub ma sponsorów. Plakat „Zaczynałem na Varsovii" i zdjęcie Lewandowskiego robią swoje. Miłe miejsce, żeby stąd wyruszyć w świat. Tyle że to nie było ono takie, gdy Robert uczył się piłki.

W jego czasach tam, gdzie jest elegancka sztuczna murawa, było piaszczysto-wyboiste boisko. A tam, gdzie kontenerowce, stały stare, obskurne baraki. Zostały po pracownikach, którzy mieli tu budować jakąś halę, ale nigdy nie wybudowali.

Mecz na tamtym starym boisku oznaczał burzę piaskową nad Varsovią. Dziś kurzyć się może najwyżej z dużego parkingu przy kontenerowcach.

– Jeśli na jakimś zdjęciu z meczu Roberta boisko się zieleni, to znaczy, że jest tuż po wakacjach, po przerwie w graniu – mówi Marek Krzywicki.

– Albo że jest maj, wtedy też się trawa zieleniła po rogach i mieliśmy namiastkę boiska. Prysznic niby był, ale ze 100 metrów od szatni. Więc nie zawsze się chciało i dało umyć. W zimne miesiące kończyło się na szybkim przemyciu przy rynnach z wodą. Stały niedaleko boiska, można było tam sobie piach z ust wypłukać – wspomina Tomasz Zawiślak.

Na większości zdjęć z czasów Varsovii Robert (na pierwszym planie, najbliżej piłki) jest najmniejszy w drużynie. Na wszystkich – najdrobniejszy.

Robert pamięta, że czasem szli do parku obok, bo tam przynajmniej można było potrenować na trawie. I że rodzice rozkładali folię w samochodzie, żeby nie nabłocił, gdy go wieźli z treningu.

– W dzisiejszych czasach ojcowie i matki, widząc coś takiego, zabraliby dziecko z klubu – mówi Sikorski. – Już by do nas nikt nie przyszedł, gdybyśmy nie poprawili bazy – dodaje Marek Krzywicki. Nie trenowałyby tu dzieci celebrytów, a plakat „Spełniamy marzenia" wyglądałby jak żart. Ale wtedy się mierzyło inną miarą. Legia grała w Lidze Mistrzów, mając barak za szatnię. A jej młode drużyny kopały na piachu w Forcie Bema, na terenie kolejnej carskiej fortyfikacji, tam gdzie Robert uczył się na studiach u Sławomira Wilka (dziś siedziba uczelni jest już gdzie indziej). Treningi na piachu, obskurna szatnia, po której czasem przebiegł szczur – tak to dziś wspominają trenerzy, którzy wtedy w Legii pracowali z młodzieżą. Akademia Legii powstała dopiero w 1999 roku i tylko dzięki temu, że Piotra Strejlaua (syna Andrzeja, byłego trenera reprezentacji) nosiło w biurowej pracy. Chciał poczuć się trenerem, a piłkarz Maciej Murawski pisał pracę magisterską o Ajaxie Amsterdam, który słynął ze szkolenia młodzieży. Obaj się uparli, namówili kilku innych piłkarzy Legii, by pomogli przy naborze i ćwiczeniach, a od prezesa wydębili 1200 złotych na start. Nie wystarczyłoby nawet na bramki, ale na szczęście bramki dla młodzieży zostały po jakimś firmowym turnieju. Brzmi to jak opowieść z międzywojnia albo o pionierach sportu pod zaborami. Ale działo się u progu XXI wieku. Nie tylko w Warszawie, bo właściciel Wisły Kraków, symbolu sportowego sukcesu ostatniego 20-lecia, też długo nie dawał się przekonać, że warto otwierać akademię dla młodzieży.

Młodzi z Legii grali na piasku albo klepisku. Polonia swoich piłkarzy wychowywała na placu, który do dziś jest zwany „Saharą", choć jest tu też już nowoczesne boisko. W Varsovii wszyscy czekali na mecze na Agrykoli, bo tam był piękny dywan. Poza tym Agrykola, też klub międzyszkolny, była głównym rywalem Varsovii. – Ze wszystkimi możecie przegrać, tylko nie z nimi – zaklinali trenerzy.

– Zazdroszczę dzieciakom, które teraz uczą się grać w piłkę – mówi Tomasz Zawiślak.

Marek Krzywicki w rozmowę co chwila wplata, jak jest w Athleticu Bilbao, w Lezamie, jednej z najsłynniejszych akademii piłkarskich Europy. Wrócił właśnie z tygodniowego stażu w Bilbao. Kolega był tam wcześniej na Erasmusie, wydeptał ścieżki. Mieli w Lezamie dostęp do wszystkiego, co związane ze szkoleniem, słuchali odpraw w akademii, oglądali treningi pierwszego zespołu, rozmawiali z psycholożką, która pracuje z piłkarzami Athleticu od ćwierć wieku.

– A my, gdy był u nas Robert, mieliśmy tutaj tylko trzy drużyny i trzech czy czterech trenerów. Dopiero zaczynaliśmy się uczyć, jak to robią na świecie, podglądać – mówi Marek Krzywicki. Nie mieli jeszcze wtedy systemu szkolenia. Było po prostu szkolenie. Bez dzielenia na etapy, bez koordynatorów, bez specjalizacji, bez zmiany trenera co trzy lata. Grupa chłopaków dorastała z trenerem.

– Ja się nie wziąłem z żadnego systemu, tylko wbrew wszystkiemu – mówi Robert.

– Wiem, że Robert może mieć dziś żal o to, ilu rzeczy go Polska nie nauczyła – mówi Marek Krzywicki. – Widzi, jak się z dziećmi pracuje w Dortmundzie czy w Monachium. Ale wtedy były naprawdę inne czasy. Robiliśmy, co się dało, wałowaliśmy to nasze boisko, żeby było w miarę równo. A z drugiej strony tak się hartował charakter Roberta. Kto wie, gdzie by doszedł, gdyby miał wszystko podane na tacy? Gdyby nie musiał dojeżdżać, gdyby tu były luksusy.

Krzywicki mówi, że dziś polskie akademie metodami już niewiele odbiegają od zachodnich. Kuleją z infrastrukturą, z dbałością o detale, ale metody są podobne. A kiedy ćwiczył tu Robert, Polskę od świata dzieliła przepaść. W lidze grało się jeszcze trójką obrońców, ze stoperem. – To było nasze święte 3-5-2, od ekstraklasy aż po mecze dzieciaków. Dopiero Wisła Kraków u Henryka Kasperczaka na dobre zaczęła grać czterema obrońcami. To już była nowoczesność. Gdy zacząłem uczyć tego ustawienia nasze dzieciaki, one miały już po 14 lat. Zresztą ja też dopiero wtedy się tego uczyłem. Przecież mnie całe życie wychowywali do systemu 3-5-2 – wspomina Marek Krzywicki.

Przy oknie jego gabinetu, z widokiem na boisko i Fort Traugutta, wiszą zdjęcia z dedykacjami i proporczyki. Jest pamiątka z Bilbao. Obok ze zdjęcia pozdrawia Wojciech Kowalewski, czyli szkolny kolega trenera Krzywickiego z Suwałk i bramkarz kadry, gdy debiutował w niej Robert. Varsovię pozdrawia też Francesco Totti, to pamiątka ze stażu w Romie. Varsovia Roberta z Romą zagrała jeden ze swoich ważniejszych meczów.

– Bolesne 1:6 – wspomina Tomek Zawiślak. W turnieju we Włoszech grały Roma, Sunderland, Sparta Praga i Varsovia. Jedynego gola dla niej podczas lania od Romy zdobył Lewandowski z podania prawoskrzydłowego Zawiślaka. – Włosi byli z innego świata, jeśli chodzi o podejście do piłki, zrozumienie, w co gramy. Wiedzą o piłce bili nas na głowę – wspomina Zawiślak. – My byliśmy grupką piłkarzy, a oni całością. Tam na nabór od lat zgłaszają się tysiące chłopców. A my byliśmy zbieraniną, która akurat trafiła w to miejsce.

Ale jego zdaniem Varsovia i tak w tamtym czasie była ewenementem. Jedynym klubem z okolicy, który wprowadzał jakieś zalążki skautingu. Ryszard Zawiślak jeździł po Warszawie i przyległościach, sprowadzał co zdolniejszych chłopaków.

– Raz udało mu się zorganizować zgrupowanie w Chorwacji i sparing z Hajdukiem. Mieliśmy wtedy chyba lepiej zorganizowane przygotowania niż niektóre kluby ekstraklasy – wspomina Zawiślak. W Romie, jeśli dobrze pamięta, grał Stefano Okaka Chuka, późniejszy reprezentant Włoch. Ale najbardziej zapamiętał chłopaka o imieniu Loris.

– To był największy talent, jaki widziałem – opowiada Zawiślak. Ale nie wyrósł z niego nawet przeciętny piłkarz. Nigdy później ani Tomek, ani Robert Lorisa w żadnej drużynie nie widzieli.

•••

Trener Sikorski uważa, że to Robert był największym talentem, jaki przewinął się przez Varsovię.

– No, nie jestem przekonany – Tomek Zawiślak kręci głową. – Na pewno miał łatwość strzelania goli. Ale inni też byli bardzo dobrzy. On za to jako jedyny z nas miał talent do naprawdę ciężkiej pracy. Czasem ktoś na obozach symulował, bo mu się nie chciało wstać i biegać. Bo miał odcisk, bo go bolał brzuch. A Robertowi musiałby się świat zawalić, żeby nie wyszedł na trening. Od zawsze to miał i nikogo innego tak zawziętego nie widziałem.

Marek Krzywicki przypomina sobie, że w jego drużynie, z rocznika wyżej, Robert grał z Arturem Kowalczykiem. Bratem Wojtka, cudownego dziecka Legii, srebrnego medalisty igrzysk w Barcelonie. Wszyscy wtedy przyglądali się przede wszystkim Arturowi, a nie Robertowi.

– Arturem bardziej się wtedy interesowała Legia. No bo Kowalczyk, bo miał technikę, był szybki, miał świetną lewą nogę. Miał też trochę podwórkowych nawyków, bo późno zaczął trenować. Za dużo się kiwał, grał pod siebie. Ale miał talent. Ustawiało się więc drużynę pod Artura, żeby sobie schodził z boku jak Messi i uderzał w długi róg. Artura ustawić pod drużynę byłoby trudniej – wspomina Krzywicki.

– Było jeszcze kilku chłopaków z naprawdę wielkim talentem. Na przykład Adam Wieczorek, który bardzo dobrze grał i lewą, i prawą nogą, a dla mnie był wtedy wielkim chłopem, choć dziś jest niższy o głowę – wspomina Robert.

Ani Artur Kowalczyk, ani Adam Wieczorek, na którego mówili Tolo, karier jednak nie zrobili.

– Co się z nimi stało? Nic szczególnego. Artura Wojtek nie popchnął w dobrym kierunku, wolał, żeby grał z nim w lidze szóstek – mówi Marek Krzywicki. Artur Kowalczyk próbował potem sił m.in. w Hutniku Warszawa, Zniczu Pruszków, Starcie Otwock.

– A Tolo Wieczorek odszedł do Agrykoli. Potem go spotkałem na jakimś turnieju, pytał mnie: trenerze, nie kupi pan ode mnie telefonu? Już mu się trenować nie chciało. Jeszcze poszedł na kurs sędziowski, ale też nic z tego nie wynikło – opowiada Krzysztof Sikorski.

– Życie chłopaków wciągnęło. Ale wszyscy się pogubiliśmy – mówi Tomek Zawiślak, który jeszcze z Polonią zdobył wicemistrzostwo Polski juniorów, ale wśród seniorów nie zaistniał.

Świat podbił Robert, choć przez lata zawsze miał obok siebie w ataku kogoś, kto był uznawany za lepszego napastnika od niego.

Pod koniec gry w Varsovii kimś takim był Artur Kowalczyk, w Legii było nawet kilku takich piłkarzy, na czele z Dawidem Janczykiem, którego szybko za wielkie pieniądze kupiło CSKA Moskwa. Ale dla Janczyka transfer do CSKA to był szczyt osiągnięć, a nie początek, przerosło go dostatnie życie. Janczyk w 2007 roku zagrał świetne mecze z Argentyną i Brazylią na mistrzostwach świata do lat 20, a Lewandowski w ogóle na te mistrzostwa nie pojechał. Ale to Lewandowski już rok później zadebiutuje w seniorskiej reprezentacji. Janczyk zrobi to cztery miesiące później i nigdy nie stanie się ważnym piłkarzem kadry.

– Dawidowi wszystko pasowało. Dał się ponieść nurtowi. Życie się do niego uśmiechnęło. Ale nie potrafił tego uśmiechu odwzajemnić. Okazało się, że to jednak Robert miał większy talent. Wtedy bym w to nie uwierzył – mówi Jacek Bednarz, dyrektor sportowy Legii w czasie, gdy przechodzili do niej i Lewandowski, i Janczyk.

W Zniczu Pruszków rywalem Roberta był Bartosz Wiśniewski, uważany za bardziej wszechstronnego. Ale po Zniczu źle wybrał klub, poszedł za trenerem Leszkiem Ojrzyńskim do Wisły z rodzinnego Płocka i kariera utknęła.

– Roberta też wtedy chciałem wziąć ze sobą, ale się nie udało. Może dobrze, że tak wyszło, nie wiadomo, co by było – mówi dziś Ojrzyński.

Powołania do reprezentacji Mazowsza i młodszych reprezentacji Polski dostawał cały tłum piłkarzy dziś zapomnianych. A młody Robert, od kiedy skończył 14 lat, na kilka sezonów wypadł z grona powoływanych. Był trochę jak Grzegorz Lato, wieloletni rekordzista, jeśli chodzi o liczbę meczów rozegranych w reprezentacji Polski, który nigdy nie zagrał w reprezentacji juniorów. Albo jak Miroslav Klose, rekordzista w liczbie goli strzelonych w mundialach, który jeszcze mając 21 lat, był amatorem z piątej ligi.

Lato trafił dopiero do młodzieżówki, bo wcześniej uważano, że potrafi tylko szybko biegać. Zadebiutował w reprezentacji seniorów, gdy miał 21 lat. Klose dopiero wtedy, gdy miał 23. Robert jako 20-latek. Wcześniej jeździł na konsultacje reprezentacji do lat 18, ale zagrał dopiero w U-19. Raz.

Kamil Glik pamięta go ze zgrupowań młodzieżówki, w której Robert wystąpił trzy razy. Byli razem na konsultacjach kadry do lat 19.

– „Lewy" się wtedy nie wyróżniał ani na tak, ani na nie – mówi.

Jürgen Klopp jeszcze w czasach Borussii Dortmund musiał mówić polskim dziennikarzom: – Wy naprawdę sami nie wiecie, jak dobry on może być.

– Widzę wielu piłkarzy z talentem. Ale trzeba jeszcze umieć wytrwać w jego wykorzystywaniu. Gdy rozmawiam z byłymi trenerami Roberta, żaden nie mówi: a ja wiedziałem, że on zrobi taką karierę – tłumaczy Cezary Kucharski.

– Trenerzy podkreślają na konferencjach, że coraz bardziej się zaciera udział talentu. Leo Messi ma wielki talent, ale też musiał do wszystkiego dojść ciężką pracą – mówi Andrzej Juskowiak, trener napastników Lecha Poznań, z czasu gdy grał tam Robert.

Roger Federer, tenisowy talent w stanie czystym, powiedział niedawno, że już nie może słuchać tych mądrości o talencie. Jego zdaniem talent uwstecznia. „Nie wierzę w talent. Wielu ludzi go ma. Ale tylko niektórzy z nich ciężko pracują" – uważa Federer.

Zdaniem Jacka Bednarza talent to niezbędny punkt wyjścia. Dzięki talentowi dostajesz zachętę na starcie, lepsze warunki, dobre komentarze. Ale potem już od ciebie zależy, czy talent czymś podbudujesz, czy nie.

– Co to jest talent? – zastanawia się Bednarz. – Wszyscy na świecie wiedzą, jak gra Robert, jak Messi, a jednak oni zawsze potrafią zaskoczyć. To jest ten moment, gdy ujawnia się talent. Cała reszta to harówka, by doczekać tego jednego momentu. I współpraca z drużyną, by ten moment mógł w ogóle nastąpić.

– Najpierw zawsze widzisz talent. To coś. Zauważasz: o, ten jest uszyty z dobrego sukna. Ale potem musisz poćwiczyć wyobraźnię: co z niego może wyrosnąć. Czy on z czasem będzie coraz lepszy, coraz bardziej zawzięty, czy może mu wystarczy pierwszy sukces – uważa Leo Beenhakker, u którego Robert debiutował w reprezentacji. – I to jest najtrudniejsza część twojego zadania: przewidzieć, co zostanie z talentu za kilka lat. Łowisz momenty błysku, jakieś zagrania zdradzające przyszłe możliwości. Wiesz, że młodzi nie mogą tak dobrze grać przez godzinę czy dłużej. Ale jeśli choć od czasu do czasu wskoczą na taki poziom, to już jest dla ciebie znak. I Robert takie znaki dawał w 2008, gdy już był w Lechu, a ja wysyłałem powołanie – mówi Beenhakker. To on kiedyś w Malmö wypatrzył dla Ajaxu Amsterdam 20-latka, który dawał takie znaki jak Robert i tak jak Robert wymagał jeszcze kilku lat pracy nad talentem. Nazywał się Zlatan Ibrahimović.

– Gwarancji, co wyrośnie z takiego Zlatana i Roberta, nie masz nigdy. Zwłaszcza jeśli polegasz tylko na talencie. Słuchasz dwóch dobrych młodych pianistów i nigdy nie wiesz, który za 20 lat będzie gwiazdą sal koncertowych, a który będzie grał dla przyjaciół i rodziny. Wyłapać musisz ich obu, to twoja rola. Ale gdzie jest granica ich możliwości, zdecydują oni sami. Robert miał tę sprężynę, która napędza największych. I zawsze był poważnym gościem. Wiedział, jak się prowadzić. Talent, ciało, charakter, głowa. Wszystko top – uważa Beenhakker.

Dziś to dla wszystkich jasne. Ale gdy Beenhakker obejmował w 2006 roku reprezentację Polski, ciało, charakter i głowa Roberta przechodziły właśnie próbę ognia.

•••

17-letni Messi czarował trikami w reklamie Nike i mówił: „Zapamiętaj moje imię. Jestem Leo Messi”.

– Robert był dobry technicznie, tylko dziwnie skręcał stopę przy strzale. Do środka. Ciosałem mu kołki na głowie, rysowałem kreski na trawie, jak ma to poprawić – wspomina trener Krzysztof Sikorski.

17-letni Neymar robił wielkie bum w Santosie, stając się z miejsca piłkarzem niezbędnym w drużynie i podpisując pierwszy kontrakt reklamowy.

17-letni Cristiano Ronaldo miał już za sobą olśnienie w akademii Sportingu Lizbona, fabryce świetnych piłkarzy: „Mam w sobie to coś, muszę tylko ciężko pracować i będę wielki". Rok później był w Manchesterze United.

17-letni Luis Suárez miał już za sobą uderzenie sędziego i wszystkie możliwe grzechy dziecka ulicy, jeszcze nie grał z seniorami, ale miał już plan: stać się tak dobrym, żeby wyjechać do Europy, gdzie musiała się przenieść jego ukochana Sofia.

17-letni Robert Lewandowski był w zawieszeniu. Zbliżał się do najostrzejszego zakrętu kariery. Odkreślił dzieciństwo, odchodząc z Varsovii niedługo po skończeniu 16 lat, ale nie znalazł żadnego pewnego

Robert z ojcem podczas Wigilii w Lesznie, rok 1996.

gruntu pod nogami. Przemknął przez czwartoligową Deltę Warszawa, pierwszy klub, który mu płacił za grę, pierwszy, w którym strzelał gole w rozgrywkach seniorów. I po kilku miesiącach, latem 2005 roku, znalazł się w rezerwach Legii, z którą Delta współpracowała. Skusiła go otoczka dużego klubu, poszedł, choć coś mu mówiło, żeby nie szedł.

Właśnie wkraczał w dorosłość, trwały najtrudniejsze miesiące jego dorastania. Półtora roku zbierania ciosów od życia i sportu. I jeszcze wróci do Varsovii, ale już tylko na chwilę, do dyrektorskiego gabinetu z widokiem na boisko i fort. Po pomoc, gdy się zawiedzie na Legii.

– Robert nie za bardzo chciał odchodzić z Varsovii, ale ja zawsze uważałem, że dobry piłkarz powinien się sprawdzić ze starszymi. Żeby mieć wyzwanie. Wysłaliśmy do Delty jego i jeszcze dwóch zawodników. Delta była czwartoligowa, ale poukładana. I płaciła jako jeden z niewielu klubów w tej klasie rozgrywkowej – mówi Marek Krzywicki o tej chwili, gdy uznali, że Varsovia stała się za mała dla Roberta. Starszych roczników już tam nie było. Polonia Lewandowskiego nie chciała. A w Delcie się bardzo spodobał. I tak dobiegł końca jego czas przy Forcie Traugutta.

Kończył się rok 2004. Polska już weszła do Unii Europejskiej i wyjazd na Zachód stawał się dla polskiego piłkarza tak łatwy jak nigdy wcześniej. Borussia Dortmund była na krawędzi bankructwa. Niemcy już drugi raz z rzędu wyrżnęli w mistrzostwach Europy o dno, odpadając z Euro 2004 po rundzie grupowej, i nabrali pewności: albo dokończymy rewolucję w szkoleniu młodzieży, albo przepadniemy.

Robert zaczął szybko rosnąć.

Krzysztof Lewandowski przegrywał już walkę z chorobą.

– Miałem złe przeczucia, idąc do Legii. I nie pomyliłem się. Ale też wiele się tam nauczyłem. W Legii pierwszy raz dostałem buty piłkarskie, nie musiałem ich kupować sam. Dla młodego chłopaka to było coś.

ROZDZIAŁ 3

Kontuzja

– Ruszyłem sprintem i stało się, mięsień nie wytrzymał. Przywodziciel przy kości guza kulszowego.

Iwony Lewandowskiej nie było wtedy na trybunach. Kiedy ogląda mecze Roberta, jest cała w strachu. On przez chwilę nie podnosi się po faulu, ona już ma gonitwę myśli. Zrobił sobie coś. A może nie? Może to tylko gra na czas? Może udaje, bo chce wymusić karnego albo rzut wolny?

Ale najbardziej boi się o syna wtedy, kiedy nie może oglądać meczu. Kiedy Roberta spuszczała z oka, zawsze działo się coś złego. A to z czegoś spadł, a to coś sobie rozciął albo złamał i była jazda na ostry dyżur.

26 kwietnia 2006 roku rezerwy Legii grały w trzeciej lidze z Dolcanem Ząbki. Nie mogła przyjechać na mecz. A czasem w Legii przyjeżdżała

nawet na treningi. Bywało, że pojawiała się na nich z Koką, a wtedy szef ochrony Legii, dziś ochraniający reprezentację Polski, przynosił dla Koki wodę i kiełbasę. Poznała przy Łazienkowskiej kilka przemiłych osób i słyszała od czasu do czasu: pani Iwono, on się tu nie przebije. Przepadnie. To jest fabryka. Przyjdzie co do czego, będą dbali o swoje interesy.

•••

W Delcie, klubie znad Jeziorka Czerniakowskiego, Robert grał tylko cztery miesiące. Jacek Bednarz, dyrektor sportowy Legii, przyjeżdżał nad jeziorko oglądać treningi i po sezonie jako człowiek odpowiadający za akademię podpisał się pod pomysłem sprowadzenia m.in. Lewandowskiego. Ale zastrzega, żeby nie robić z niego żadnego odkrywcy talentu ani człowieka, który w jakikolwiek sposób przyczynił się do kariery Roberta. To zastrzeżenie słyszałem przy zbieraniu materiałów do książki od większości osób.

– Ani Roberta nie wypatrzyłem, ani go nie namawiałem na przejście do Legii. Po prostu zdecydowałem: tak, jego z Delty chcemy – mówi Bednarz.

– Pięknie tam było w Delcie, mecze nad jeziorkiem, jak na letnisku. Wpadłem w taki rytm: dojazdy autobusami, szkoła, trening, do domu docierałem o 22. Na nic innego nie było już czasu. I potem Legia, dla której zmieniłem szkołę na wieczorową, niedaleko Łazienkowskiej, bo rano musiałem biegać na treningi. Mieliśmy z mamą wiele obaw, a ja w tej szkole spotkałem takich mądrych ludzi... Wtedy się nauczyłem, żeby nie oceniać pochopnie. Potem, kiedy trafiłem do Znicza, wróciłem do normalnego liceum, do maturalnej klasy – wspomina Robert.

– Mąż od zawsze chciał, żeby on był w Legii. Czasem go zabierał na Legię, kibicował Legii. Choć na Polonię też chodzili. A gdy na Łazienkowskiej słyszał, jak trybuny ryczą i sypie się przekleństwo za przekleństwem, mówił mu: „Synu, prawdziwy warszawiak się tak nie zachowuje. Tak się może zachowuje Mazowsze, ale warszawiak nie" – wspomina Iwona Lewandowska.

Tata chciał dla niego Legii, ale Robert mówi, że to był jedyny klub w karierze, do którego szedł bez przekonania. – Niby chciałem, ale coś w środku podpowiadało mi, żeby tego nie robić. Nie umiem tego wytłumaczyć. Z jednej strony: wielki klub, profesjonalny jak na polskie warunki, większe pieniądze niż w Delcie. Z drugiej: złe przeczucia. Ale nie pozostawiono mi wyboru. Po czterech miesiącach Delta rozwiązywała naszą drużynę i prezes Andrzej Trzeciakowski powiedział mi, że powinienem odejść do Legii. Co było robić. Dałem się przekonać. I wiele dzięki temu zobaczyłem. Wiele się nauczyłem. Pierwszy raz dostałem buty piłkarskie, nie musiałem ich sam kupować. Dla młodego chłopaka to było coś. Byłem na trybunach, gdy Legia zdobywała mistrzostwo. Ale nie powiem, żebym się czuł częścią tamtego sukcesu.

•••

Wydawało się początkowo, że ci, którzy Iwonę Lewandowską ostrzegali, przesadzają. Nie przepadł w Legii od razu.

– Czasami przesuwali do nas ośmiu czy dziewięciu piłkarzy z pierwszej drużyny, a i tak grałem. Pamiętam, że któregoś dnia trenowałem z Tomkiem Sokołowskim, Mirko Poledicą, tymi zesłanymi do rezerw. Tomek Sokołowski powiedział mi wtedy: „Jeśli ty kiedyś nie zagrasz w ekstraklasie, to przyjadę i skopię ci tyłek" – wspomina Robert.

Ale z rezerw Legii do pierwszego składu droga była bardzo daleka. Rezerwy to był specyficzny zespół. Ciągle zrzucano do niego kogoś z pierwszej drużyny. A przejście w przeciwną stronę było zwykle zamknięte. Legia młodych i starszych piłkarzy do pierwszej drużyny szukała gdzie indziej. Kto by miał serce do jakiegoś chłopaczka sprowadzonego z czwartoligowej Delty, gdy klub wyrywał właśnie Wiśle Kraków mistrzostwo Polski, co się wtedy zdarzało raz na kilka lat, i myślał już, jakich piłkarzy sprowadzić z zagranicy, by powalczyć o Ligę Mistrzów. Warszawa kochała się akurat w Brazylijczykach Rogerze Guerreiro i Edsonie, sprowadzonych w trakcie zwycięskiego sezonu. I klub będzie szukać kolejnych obcokrajowców, również do ataku (znajdzie Brazylijczyka Eltona, który zasłynie raczej rajdami na rauszu po Ursynowie niż strzelanymi golami, ale też Miroslava Radovicia, który zostanie z czasem gwiazdą Legii).

Robert, zdolny, ale kruchy 17-latek, nie miał szans przeskoczyć do ekstraklasy, musiał walczyć o swoje nawet w rezerwach. Czasem grał w podstawowym składzie, czasem wchodził z ławki. W rundzie jesiennej miał problem ze strzelaniem goli, wiosną było już lepiej, a najlepiej – w sparingach między rundami, gdy w turnieju o Puchar

Prezydenta zdarzyło mu się nawet strzelić pięć goli w jednym meczu, i to z Polonią. Trener Jerzy Kraska miał do niego od czasu do czasu pretensje o nieskuteczność, bardziej cenił Adriana Paluchowskiego i Jakuba Polniaka, ale dawał mu kolejne szanse.

– Chudziutki, cichutki, grzeczniutki, ja z nim bardzo lubiłem grać, bo on był świetny tyłem do bramki – mówi Marcin Rosłoń, dziś komentator Canal+, były kapitan rezerw Legii. – To była trzecia liga, twardzi obrońcy, a Robert sprytnie odgrywał piłkę, obracał się z nią. Przebłyski geniuszu można było w nim dostrzec. Ale nie był traktowany w kategoriach wybitnego talentu. Mieliśmy wtedy wysyp młodych. To nie było tak, że nikt się na nim w Legii nie poznał. Po prostu czasem człowiek dopiero po zmianie otoczenia nagle wystrzeliwuje w górę. Robert nie był jeszcze wtedy gotowy na regularną grę w trzeciej lidze. Natomiast umiejętności dla zespołu miał bardzo fajne. Żadnego grania pod siebie, zawsze pomagał innym być lepszymi – wspomina Rosłoń.

Młodych zdolnych rzeczywiście wtedy Legii nie brakowało. Tylko wśród bramkarzy grało tam lub trenowało trzech chłopaków, którzy później znajdą się w Premier League. Łukasz Fabiański, Jan Mucha i Wojtek Szczęsny, który przychodził na treningi z Agrykoli. A bywało wcześniej, że w Agrykoli nie był pierwszym bramkarzem w swoim roczniku, takie kręte drogi ma talent. Kilka razy Szczęsny i Lewandowski trenowali razem.

– Wojtek, jak to on, strasznie się wywyższał. Śmiałem się z niego, żeby zaczął trochę bronić, bo mu strzelałem, gdzie chciałem – wspomina Robert.

Łatwo było przepaść w takim tłumie dobrych piłkarzy. Ale można się też było w rezerwach wyróżnić na tyle, żeby zaczęły przychodzić propozycje z innych klubów. Oraz zaproszenia na konsultacje kadry do lat 18.

– Robert miał łatwość strzelania goli nawet w tych rezerwach, w grze ze starszymi. To zwracało na niego uwagę – mówi Radosław Mroczkowski, trener kadry do lat 18, który go zapraszał na konsultacje, ale na mecze Roberta nie brał.

Nieszczęście wydarzyło się niedługo po powrocie z takiej konsultacji. Wspomnianego 26 kwietnia 2006 roku w meczu z Dolcanem.

– Mówiłem doktorowi, że coś mnie boli. Ale doktor powiedział, że jest okej. „Rozbiegasz, rozciągniesz i będzie dobrze, graj" – wspomina Robert.

To był jedyny mecz w Legii, w którym grał w ataku obok Cezarego Kucharskiego. Ale Kucharski tego nie pamięta, w ogóle nie był wtedy świadomy, że w Legii jest jakiś Lewandowski. Tylko się minęli. Kucharski zagrał w rezerwach oddelegowany tam z pierwszej drużyny, a Robert wszedł jako rezerwowy. Przetrwał kilka minut.

Mama, gdyby była na meczu, nie zobaczyłaby, jak go faulują. Bo nie było żadnego kontaktu z rywalem.

– Ruszyłem sprintem i stało się, mięsień nie wytrzymał – opowiada Robert. Naderwał mięsień dwugłowy. – Przywodziciel przy kości guza kulszowego. Pamiętam, jakby to było dziś – mówi.

Kontuzja, jakich w piłce wiele. Kłopotliwa, zmuszająca do przerwania treningów, ale na pewno nie taka, która w normalnych warunkach stawia dalszą karierę pod znakiem zapytania. Tyle że urazy, które się przytrafiają bez kontaktu z rywalem, często są trudniejsze do wyleczenia niż te po zderzeniach. Bo bywają znakiem, że organizm jest wyeksploatowany ponad miarę. I że takiemu organizmowi również rehabilitacja po kontuzji przyjdzie trudniej. Robert nie zagrał już do końca sezonu, kolejne zaproszenie na konsultację kadry U-18 przyszło, ale pozostało bez odpowiedzi.

Po dwóch miesiącach wyleczył się na tyle, że mógł wrócić na boisko. – Ale do powrotu do formy było daleko. U młodego chłopaka taka przerwa robi spustoszenie w organizmie. Tego mięśnia już prawie nie było. Trzeba go było odbudować. Nie mogłem podnieść pięciu kilogramów na siłowni. Trzeba było długo ćwiczyć, żeby siła wróciła. Nie pamiętam, żeby ktokolwiek tę moją rehabilitację prowadził. Może kilka razy usłyszałem jakąś podpowiedź na siłowni, ale głównie dobierałem tam ćwiczenia sam. Nie było żadnego harmonogramu, sprawdzania postępów. Przy leczeniu kontuzji Legia mi pomogła, tak jak ją kontrakt zobowiązywał. Tyle że leczenie to nie jest jakaś wielka filozofia. Po prostu trzeba mięsień oszczędzać, mogłem też korzystać z klubowych sprzętów. Ale już przy rehabilitacji żadnej troski nie czułem, zapewnili to, co niezbędne, serca w to nie włożyli. W powrocie do zdrowia Legia pomogła, w powrocie do formy zostawiła mnie samemu sobie – wspomina Robert.

Gdy się wyleczył, trwała przerwa letnia. Legia właśnie szykowała się do skoku na Ligę Mistrzów. Wojtek Szczęsny przeprowadzał się do Londynu, do akademii Arsenalu, a Łukasz Fabiański miał jeszcze wolne, po tym jak pojechał z kadrą na mundial do Niemiec. Wydawało się wtedy, że dla kogoś, komu marzy się wielka kariera, nie ma w Polsce lepszego adresu niż Łazienkowska 3. A Robert miał prawo wierzyć, że szczęście znów się do niego uśmiecha, bo gdy tylko się wyleczył, Dariusz Wdowczyk zabrał go na zgrupowanie do Wronek. Mimo że Robert jeszcze ciągnął za sobą nogę i śmiesznie biegał. Jedni mówili: jak sarna, inni: jak lajkonik.

Wzięli go do Wronek, potem wrócił do swojego świata, do drużyny rezerw. I nagle dowiedział się, że właściwie to już go tu nie ma. Nie przedłużą z nim kontraktu. Nie ma sensu czekać, aż się wyleczy, i płacić mu dalej 2,5 tysiąca złotych miesięcznie. Może sobie odejść tak, jak stoi: gotowy do treningu, z torbą ze sprzętem na ramieniu. Karta zawodnicza czeka w sekretariacie. Jeszcze niedawno, gdy Leszek Ojrzyński chciał go podkupić z Legii do ŁKS Łomża, gdzie wtedy pracował, usłyszał, że nie ma takiej możliwości.

– Był zdrowy i Legia powiedziała: koniec tematu. A potem kontuzjowanego go oddała – wspomina Ojrzyński.

– Do dzisiaj nie rozumiem tego, co się w Legii stało. Nie usłyszałem żadnego wytłumaczenia: kto właściwie podjął tę decyzję, czym się kierował. Nasz trener bramkarzy z rezerw rozkładał ręce: „Co oni wyrabiają, dlaczego ci to robią?". Nowy trener drugiej drużyny Jacek Mazurek, z którym znałem się z Delty, powiedział mi, jaka jest decyzja, ale też nie chciał mówić o szczegółach. A ja nie dociekałem. Pomyślałem: nie to nie, mam was gdzieś. Na ten obóz do Wronek zabrali nas z rezerw ledwie kilku. A potem okazałem się zbędny. Ciągle mi mówili, że mam szansę, że wszystko fajnie. I tak niby każdy z osobna coś we mnie widział. A klub we mnie niczego nie widział. Nie chcieli mnie, ich prawo. O to nie mam pretensji. O styl rozstania już mam – mówi Robert.

Każdy z osobna w nim coś widział i każdy z osobna uciekł od odpowiedzialności za skreślenie go.

Nie było już w klubie Jacka Bednarza, który rok wcześniej wybierał piłkarzy z Delty do Legii. Został zwolniony, gdy podczas sezonu drużynę przejął Wdowczyk. Trener Jerzy Kraska, który Roberta prowadził w rezerwach, też został zwolniony po sezonie. Rezerwy spadły wówczas do czwartej ligi i przejmowała je pod opiekę akademia Legii, trenerzy odpowiedzialni za szkolenie młodych piłkarzy. Mieli zbudować tamtego lata zespół Młodej Ekstraklasy w miejsce rezerw. Wszystko po to, żeby druga drużyna była miejscem głównie dla młodych, a nie dla „spadochroniarzy" z pierwszej drużyny. Żeby już żaden talent klubowi nie uciekł. I tak w pośpiechu, na budowie, uznali, że z Lewandowskiego jednak nic nie będzie, nie warto czekać, aż przestanie śmiesznie biegać.

Wspomniany Jacek Mazurek trenował Roberta w Delcie, ale w Legii też nie widział w Lewandowskim przyszłości. Przyznaje, że to był błąd, ale nie on miał decydujące zdanie.

– Byłem wtedy trenerem Legii II dopiero od kilku dni. W tak dużym klubie nigdy jedna osoba nie decyduje w takich sprawach – mówi Mazurek. Ale nie chce już wracać do tego, kto zdecydował. W każdym razie nikt się za Lewandowskim nie wstawił i każdy miał jakąś podkładkę. Lekarz drugiej drużyny uzasadnił, dlaczego z chłopaka nic już nie będzie, lekarz pierwszej drużyny potwierdził, szefowie podpisali. Potem Józef K. z Leszna przyszedł na trening z torbą i dowiedział się, że już go nie ma. Może zabrać swoją kartę zawodniczą, sekretarka mu wyda. Przyjechał po kartę na drugi dzień. Nikt mu nie powiedział, dlaczego musi odejść i co ma ze sobą dalej zrobić.

– Nie poradzili mu nawet, czy jest jakiś klub, do którego mógłby się przenieść, odbudować – dodaje Iwona Lewandowska. Odebrała go z Łazienkowskiej zdezorientowanego i zniechęconego. – Młodego chłopaka, rok przed maturą, po przejściach. Ale nie dam głowy, że w Legii w ogóle wiedzieli, że on rok wcześniej stracił ojca.

•••

Krzysztof Lewandowski zmarł w marcu 2005 roku. Miał 49 lat. Choroba wieńcowa, nadciśnienie, nowotwór – szybko się to potoczyło. Zdążył jeszcze poddać się operacji wycięcia guza, podejrzewano, że złośliwego. Zmarł dwa dni po powrocie ze szpitala. We śnie, na wylew. Roberta starali się podczas choroby jak najdłużej trzymać z daleka od złych wiadomości.

– Są ludzie, którzy umieją chorować. Mąż nie umiał. Poddał się. Nie wiem już dziś, ale to mogła być również depresja. Choroba wcześnie go dopadła, długo o niej nie wiedział, potem nie był w stanie wygrać. My, sportowcy, szybcy, obrotni, gdy nagle nie możemy biegać, dźwigać, działać, często zaczynamy się czuć kompletnie niepotrzebni – opowiada Iwona Lewandowska.

Turniej o Puchar Prezydenta Warszawy. Robert strzelił w nim pięć goli w jednym meczu – z Polonią Warszawa. Na zdjęciu spotkanie z RKS Okęcie. Styczeń 2006 roku.

– Tata zmarł miesiąc po tym, jak zacząłem treningi w Delcie. Mieszkałem już wtedy z siostrą na Bielanach, żeby było bliżej. Ale woził mnie jeszcze czasami na treningi. Pierwszego mojego meczu w Delcie, pierwszego w lidze seniorów, nie doczekał. Widział moje bramki w juniorach. A w seniorach żadnej. Dlatego dedykuję mu każdego pierwszego gola w nowej drużynie. Strasznie mi do dziś brakuje rozmów z tatą. A jak wtedy brakowało... Rozmów o szkole, o piłce. Tata był duszą towarzystwa. Uczniowie go lubili, choć był wymagający. Miał w sobie coś takiego życiowego, normalnego. Przez tyle lat woził mnie na treningi półtorej godziny w jedną stronę, półtorej godziny w drugą. Nagadaliśmy się o życiu. Trenowałem, żeby potem zobaczyć tatę na trybunach – opowiada Robert. I to jest jedyny moment podczas kilkugodzinnej rozmowy, gdy głos mu więźnie w gardle.

– Siedem miesięcy przed śmiercią taty Roberta zmarła moja mama. To nas tak razem wszystko dopadło i bardzo zbliżyło – mówi Tomek Zawiślak. – Rzadko się to bierze pod uwagę, ale może gra Roberta w Legii tak się skończyła właśnie przez to, co go wcześniej spotkało. Pamiętam, jak po śmierci mamy miałem poczucie, że futbol zostawił mnie z tym samego. To taki czas, gdy się jest w swoim świecie, rozmyśla się, dlaczego życie jest takie, a nie inne. Mało się śpi, mniej się je, brakuje sił. Tracisz radość życia, a co dopiero radość grania. Ja miałem dużo żalu, że nikt mnie w klubie nie zapytał, jak się czuję. Mama zmarła w sobotę, a ja w niedzielę w Serocku grałem mecz. Młody organizm jest fascynująco silny. Ale płaci się za to cenę. Czekałem na kogoś, kto spróbuje do mnie dotrzeć. Ale nikt nie próbował. Byłem numerem na koszulce – mówi Zawiślak.

– Byłem być może za młody na to, żeby mnie to wszystko tak zupełnie przygięło do ziemi – mówi Robert. – Legia w tym wszystkim była takim nietypowym rokiem. Pierwszym rokiem dorosłości, już bez taty, z innym rytmem dnia, bo nagle zacząłem mieć dużo czasu. Po treningu jeszcze była szkoła wieczorowa, ale to już nie było to samo. Odejście taty nauczyło mnie, że jest piłka, ale obok niej jest normalność. I trzeba o nią dbać.

•••

Gdy Legia go wystawiła za drzwi, dał się przekonać mamie i razem pojechali do Marka Krzywickiego. A Krzywicki im doradził, że najlepszy na odbudowanie się będzie Znicz Pruszków, gdzie jest młoda, ciekawa drużyna i młody trener Andrzej Blacha. Dawny kolega Krzywickiego z pokoju w akademiku warszawskiego AWF-u. Blacha przyjeżdżał czasem do Varsovii, wpadali też ich inni wspólni koledzy ze studiów, wszyscy z tej samej drużyny AZS AWF, przyszli trenerzy z ekstraklasy: Leszek Ojrzyński, Robert Podoliński, Piotr Stokowiec. Dla nich Lewandowski nie był tylko numerem na koszulce.

W Zniczu najpierw będzie trenował u Blachy, potem drużynę przejmie Ojrzyński. Tam Robert zacznie nakręcać tę sprężynę, o której Leo Beenhakker mówi, że napędza największych. Tam spotka ludzi, którym zostanie wierny na lata. Jego kariera i życie podzielą się na „przed Pruszkowem" i „po Pruszkowie". Legia szybko znowu zacznie się nim interesować. Trener Leszek Ojrzyński pamięta nerwowe telefony od ludzi z Łazienkowskiej, gdy Robert zaczął strzelać w Zniczu. „Jak tam »Lewy«?". – Chyba już czuli, że źle zrobili – wspomina.

Jeszcze potem będą negocjacje na temat przejścia Roberta do Legii zakończone słynnym zdaniem ówczesnego dyrektora sportowego z Łazienkowskiej Mirosława Trzeciaka: „Nie potrzebujemy Lewandowskiego, bo sprowadzamy Mikela Arruabarenę". Hiszpańskiego napastnika, którego polski epizod okazał się totalną klapą. Ale ten Lewandowski, którego nie potrzebował Trzeciak, to już był inny Lewandowski niż ten, którego Legia nie potrzebowała dwa lata wcześniej. Nie ten, który płynął z nurtem i tak przepłynął z Delty do Legii. Tylko ten odmieniony, który odchodząc po dwóch latach ze Znicza, postawił Legii zaporowe warunki. Nie zapomniał, jak go wcześniej potraktowała. Chciał od Legii dużo większej pensji niż od pozostałych klubów, z którymi negocjował. A gdy odmówiła, ze spokojną głową odszedł do Lecha.

– Po Legii miałem moment zwątpienia. Ale się nie poddałem. Powiedziałem sobie: dorośnij – wspomina dzisiaj.

– Śmierć taty. Potem niepowodzenie na Łazienkowskiej, które było jego sportowym dramatem. Potrzebował czasu, żeby to przepracować – mówi Leszek Ojrzyński.

– Przepracował tak, że go nic nie zegnie – dodaje Cezary Kucharski.

Lewandowski, z którego „nic nie będzie" w wielkiej piłce, wyszedł w lipcu 2006 roku z Legii, ciągnąc za sobą nogę. I od tamtej pory aż do dziś nie zatrzymała go już żadna poważna kontuzja.

– Miałem kiedyś kompleksy, że jestem taki chudy. Aż do mnie dotarło, że nad nabraniem masy muszę więcej popracować sam.

ROZDZIAŁ 4

The Body

– Ale mały – powitał go pierwszy trener.
– Zawsze byłem najmniejszy.
Szybki, zwrotny, wytrzymały. Tylko mały.

Wiesz, że na boisku wygląda jak pomnik, że przestawia obrońców, jak chce, ramiona ma jak koszykarz, na brzuchu sześciopak i już w szatni Borussii Nuri Sahin dał mu pseudonim „The Body". Ale gdy pojawia się w cywilnym ubraniu, wrażenie jest zawsze to samo: gdzie się te wszystkie mięśnie chowają? W koszuli czy płaszczu wydaje się innym człowiekiem niż na zdjęciach w sportowym stroju i ujęciach z meczów. Dopiero gdy jest w zwykłych ubraniach, dostrzegasz, że jest niższy od Arkadiusza Milika, od Grzegorza Krychowiaka, od połowy kolegów z podstawowego składu kadry (inna sprawa, że liderów kadry mamy bardzo wysokich), nawet od Thomasa Müllera. A na boisku, w sportowym stroju, jakby mu centymetrów przybywało.

– Robert w cywilnych ubraniach to jest robaczek. Ale gdy się rozbierze do treningu i gry, widać całą maszynownię. Grzbiet, pas biodrowy, lędźwie, uda – mówi trener reprezentacji Polski Adam Nawałka. Jest w kadrze kilku gladiatorów, choćby Łukasz Piszczek, który z siłowni mógłby nie wychodzić. Ale gdy podczas zgrupowań zaczynają się na siłowni ćwiczenia własne i Robert przystępuje do działania, spojrzenia wędrują w jego stronę.

Współpracownicy trenera mówią, że Nawałka był początkowo zaniepokojony, gdy zobaczył, jakie Lewandowski dźwiga ciężary. A potem się przekonał, że to wszystko jest przemyślane.

– I ćwiczenia, i to, w jaki sposób są wykonywane. On ma potworną siłę. Robi dużo ćwiczeń funkcjonalnych, widać, że mnóstwo czasu na to poświęca indywidualnie. Na te normalne ćwiczenia siłowe, ale też na mięśnie głębokie. To jest siła, której czasem nie widać po człowieku. Siła idąca z wewnątrz – opowiada Nawałka.

•••

– Ale mały.

– Za drobny.

– Ale dzieciaczek.

– Chuderlak.

– Szczawik.

– Połamią ci te kulaski.

– Nic z niego nie będzie. Robert Lewandowski ma takie problemy ze zdrowiem, które uniemożliwią mu grę w piłkę na wysokim poziomie.

•••

Przy boisku Varsovii jest gablota z galerią zdjęć Roberta i jego drużyn. Na większości z nich jest najniższy. Na wszystkich – najdrobniejszy. Nogi ma jak wykałaczki. Wspominają go w klubie jako wielkiego żarłoka, jednego z niewielu, których w ogóle nie trzeba było pilnować, jeśli chodzi o jedzenie. Ale wszystko przepadało jak wrzucone do pieca.

– Zawsze byłem najmniejszy. Szybki, zwrotny, wytrzymały. Tylko mały – wspomina Robert.

– Ale mały – powitał go pierwszy trener Marek Siwecki.

– Bobek, ty jedz boczek, to urośniesz – żartował drugi trener z Varsovii Krzysztof Sikorski. Mijały lata, koledzy wyciągali się w górę, a on nic. Grał w kadrze Warszawy, województwa, a potem powołania przychodziły coraz rzadziej. Właśnie dlatego, że za mały.

– Urósł dopiero przez ostatnie lata w Varsovii. I to urósł tylko do średniaka. Ja się zawsze bałem, że mu te kulaski połamią. Polowali na niego, bo był bramkostrzelny. Ale on od urodzenia miał tę swoją zwinność i im się wymykał – opowiada Krzysztof Sikorski.

– U nas to był jeszcze dzieciak – mówi o początkach w Legii Jacek Bednarz.

– U mnie w Zniczu to był wciąż szczawik – mówi Leszek Ojrzyński.

Ojrzyński pamięta, jak poszedł z żoną na mecz Polonii Warszawa, ligowego rywala Znicza, i zobaczył na trybunach swoich piłkarzy. Pokazał żonie: „Lewy", obok Bartek Osoliński. „Ale dzieci!" – zdziwiła się.

– Robert miał już wtedy ponad 180 cm, mimo to wyglądał bardzo niepozornie. Niedługo wcześniej wystrzelił w górę, 10 centymetrów mu przybyło. Pojawiły się z tego powodu duże problemy z koordynacją, ciało musiało się na nowo uczyć pewnych ruchów. A ja go przecież jeszcze pamiętam jako tego malutkiego Bobka z Varsovii, który bramki zdobywał sprytem – mówi Ojrzyński.

W Zniczu, doświadczony życiowo, skreślony przez Legię, Lewandowski trafił na trenerów, którzy mu otworzyli oczy na dbanie o ciało, zaczęli tłumaczyć, co się z czego bierze w sporcie.

– Bądź cierpliwy. Ja cię muszę najpierw obudować mięśniami, bo jeśli cię za wcześnie wrzucę z powrotem na boisko, skończysz z kolejną kontuzją – tłumaczył mu Andrzej Blacha, gdy go przyjmował do Znicza, a Robert jeszcze biegał jak lajkonik, oszczędzając kontuzjowaną w Legii nogę.

•••

– Kompleksu niskiego wzrostu nie miałem. Raczej kompleks, że jestem taki chudy, że nogi mam jak patyki. Ale nadrabiałem siłą, nie dawałem się przestawiać. Byłem zadziorny. Strzelałem gole, byłem dobry, więc też kompleks aż tak mnie nie gnębił. A potem do mnie dotarło, że muszę nad nabraniem masy więcej popracować sam – opowiada.

Zaczął rosnąć nieco szybciej, gdy miał 16 lat. Zaczął rosnąć na potęgę, gdy był w Zniczu. Ale urósł jeszcze po dwudziestce. – W Lechu Poznań byłem dwa, trzy centymetry niższy niż dzisiaj – wspomina.

Teraz ma 185 centymetrów i około 80 kilogramów samych mięśni. Z Bobka biegającego na wykałaczkach wyrósł na jednego z największych atletów w futbolu. Z kulejącego piłkarza skreślonego przez specjalistów z Legii stał się maszyną do grania.

W Bundeslidze z powodów zdrowotnych opuszcza ledwie po kilka dni roboczych w roku. Przez pięć i pół sezonu w Borussii i Bayernie Monachium nie zagrał w zaledwie ośmiu meczach ligowych, mimo że pozostaje jednym z najczęściej faulowanych piłkarzy (w Borussii w swoim czasie był też jednym z najczęściej faulujących). Napastnik jest przez środkowych obrońców non stop kopany po ścięgnach, obijany łokciami po żebrach. A środkowi obrońcy to z reguły najpotężniejsi piłkarze w drużynie. Ale jego nie powstrzymały nawet złamane kości twarzy. Jeszcze się nie zagoiły, a grał z Barceloną w półfinale Ligi Mistrzów w specjalnej masce. Nie zatrzymała go na dłużej kontuzja kostki odniesiona w meczu Ligi Mistrzów z Olympiakosem Pireus jesienią 2015. Odpoczął tylko kilka dni, a potem wrócił i strzelił pięć goli Wolfsburgowi.

– On musi mieć niesamowite geny. Nie każdy da sobie radę z takimi obciążeniami – mówi Andrzej Juskowiak, który pracował z Robertem w Lechu.

Począwszy od czasów Lecha aż do dziś, Robert grał w klubach, które liczą się do końca w walce o mistrzostwo i puchar kraju, grają w europejskich pucharach. Piłkarz takiego klubu jak Bayern czy Borussia musi rozegrać na pełnych obrotach nawet ponad 50 spotkań w roku. Około 60, gdy doliczymy ważne spotkania reprezentacji. I jeszcze mecze towarzyskie, pokazowe, niektóre po bardzo dalekich podróżach. Ponad 50 meczów na najwyższych obrotach oznacza ponad pół tysiąca przebiegniętych kilometrów. I nie sama liczba jest tu imponująca – przebiec średnio 10-11 kilometrów w 90 minut to żaden wynik

Codzienność w wielkim futbolu: nadajnik GPS, który mierzy, ile i w jakim tempie przebiegł każdy piłkarz podczas treningu. Na zdjęciu zgrupowanie Bayernu w Aspire Academy w Katarze, styczeń 2016 roku.

adidas
-GPSPORTS-

nawet dla średnio wytrenowanego biegacza – tylko rodzaj tego wysiłku. Swój licznik kilometrów piłkarz nabija w bardzo nierównym rytmie: przyspiesza, zwalnia, zmienia kierunki. To bardzo męczy, mięśnie i ścięgna są wystawiane na większe ryzyko, gdy pracują zrywami. Piłkarz idealny zrywa się do biegu jak gepard, ale w przeciwieństwie do geparda nie opada z sił po kilku takich wystrzałach. Bo gdy sił brakuje, trudniej też o koordynację ruchów: zmęczony napastnik przestaje być automatem, choćby miał bajeczną technikę. Piłkarz idealny musi mieć muskulaturę na tyle potężną, by wygrywać starcia z rywalami, ale nie zbyt potężną, bo jeśli będzie dźwigał na sobie za dużo kilogramów, to szybciej opadnie z sił podczas biegu.

– W Lechu Poznań Robert bardzo dużo pracował z Andrzejem Kasprzakiem, specjalistą od przygotowania motorycznego. To Andrzej Kasprzak na dobre go obudował mięśniami, dał czucie głębokie – wspomina Juskowiak. – Zadbał o krótkie mięśnie stabilizujące kręgosłup. Gdy się je wzmocni, to łatwiej wytrzymać napór przeciwnika. Robert to ma. On jest tak sprawny, że może się przewrócić w pełnym biegu i nic mu się nie stanie. Wytrzymuje każde starcie z obrońcą.

Juskowiak przypomina faul z meczu Polska – Szkocja w eliminacjach Euro 2016 (14 października 2015 roku, dramatyczne 2:2 w Warszawie), gdy w uderzającego piłkę Roberta wpadł z całym impetem Gordon Greer. Ochraniacz na piszczele, jedyna naprawdę wytrzymała osłona, którą zakładają na siebie piłkarze, pękł od tego uderzenia. Ochraniacz z kevlaru. A noga wytrzymała.

– Faul wyglądał makabrycznie, 90 procent piłkarzy zeszłoby po czymś takim z kontuzją. On nie. Jest niebywale skoordynowany, pracował na to latami. Dbanie o ciało to jest profilaktyka, jego gorset do walki, jego arsenał broni do wyboru. Jest szybszy od obrońcy, umie szybko sprowadzić piłkę do parteru, umie to zrobić bokiem, z wysoko wyciągniętą nogą. Obrońcy mają skwaszone miny, grając przeciw niemu, bo jest tak zwinny i rozciągnięty – mówi Juskowiak.

– Niezniszczalny. On był przez ostatnie lata niezniszczalny – mówi trener Adam Nawałka i liczy, ile czasu minęło od ostatniej poważnej kontuzji. – Osiem... nie, dziewięć... nie. Już dziesięć lat od Legii?! Jakie to jest zdrowie. Przez dziesięć lat był cały czas w rytmie treningów i samodoskonalenia. Nie ominął przez dziesięć lat żadnego ważnego momentu dla piłkarza. Ładował i rozładowywał baterie, jak trzeba. Od kiedy był w Lechu, dołożył do tego jeszcze ćwiczenia indywidualne, i to trwa do dzisiaj. Taka seria bez kontuzji pozwala wyciągnąć z siebie najgłębsze rezerwy. Ale to się samo nie dzieje. Na bezawaryjność trzeba pracować. Robert ma kapitalną zdolność ruchową. Pewnie byłby dobry w każdym sporcie. Jest wychowany w duchu wysokiej kultury fizycznej. Ale za tym musi pójść mentalność. On jest cały czas żądny nowych sukcesów. Cały czas pojawiają się nowe postanowienia. Poprzednie zrealizowane? Już jest następne. Życie przecież na tym polega: mam plan, mam kierunek, idę – opowiada o Lewandowskim trener kadry.

•••

Artur Płatek, poszukiwacz talentów dla Borussii Dortmund, wyciąga telefon i pokazuje zdjęcie z czasów Znicza, które ktoś mu niedawno podesłał: Robert jeszcze na cienkich nóżkach, cienkie ramiona.

– Potem się cały czas wzmacniał i jeszcze w Borussii, gdy przyjeżdżałem co miesiąc z wizytą, mogłem śledzić, jak staje się gladiatorem. Co przyjeżdżałem, to Robert większy. Dlatego mówię młodym trenerom: najprostszą metodą, żeby sprawdzić, jaką pracę wykonujecie, jest właśnie robienie zdjęć. Zróbcie w styczniu, potem w czerwcu, w tym samym miejscu. Zobaczycie wtedy, jak wam idzie. Nie ma cudów: jeśli pracujecie dobrze, oni będą mocniejsi.

Robert rozrastał się cały czas, ale bez skoków, ostrożnie. I tylko tam, gdzie trzeba. Trochę jak Agnieszka Radwańska, której medialni eksperci ciosali kołki na głowie, żeby rozbudowała mięśnie na siłowni, bo tylko w ten sposób może sięgać po sukcesy w walce z potężnie zbudowanymi rywalkami i ich tenisem w wersji bum-bum. Ale ona wiedziała, że musi to robić bardzo ostrożnie, żeby nie zdusić siłą tego czucia piłki, które jest jej największym darem, nie rozregulować techniki uderzeń, nie zaburzyć koordynacji. Lewandowski też, wzmacniając mięśnie, starał się jednocześnie nie stracić tego, co cenniejsze. Nie zepsuć pakietu, który już miał. Sportowcy wpadają czasem w pułapkę powiększania się. Nawet Cristiano Ronaldo, modelowy atleta futbolu, dał się w nią złapać i od 2015 roku przeszedł na dietę, która ma mu ująć trochę mięśni, by mniej ważył i był szybszy. Robert, jeśli chodzi o przyspieszenia na 30 metrów, był na sprawdzianach w Borussii niemal zawsze w czołowej trójce. To jest dar, o który trzeba dbać.

– Wszystko musiało przyjść w swoim czasie. Nie mogłem się wzmacniać za szybko, bo zatraciłbym dynamikę, gibkość, koordynację. Z siłownią na dobre zaprzyjaźniłem się przez ostatnie pół roku w Lechu. To, co wtedy robiłem, wydawało mi się mocne. Teraz widzę, że to było tylko wprowadzenie. Dopiero w Borussii zacząłem ćwiczyć naprawdę ostro. I tak ćwiczę do dzisiaj. Ale nie jest tak, że w Polsce się siłownię zaniedbuje w porównaniu z zagranicą. Wszędzie jest podobnie. Są osoby, które powinny do niej chodzić, i takie, które nie powinny, bo i tak mają duże mięśnie. W Lechu ćwiczyłem z trenerem Kasprzakiem, w Borussii z jej specjalistami. A później już miałem taką wiedzę, że mogłem pójść swoją drogą. Mam też oczywiście nadal trenerów specjalistów. Ale bardzo często trenuję sam. I z Anią, która pokazuje mi nowe ćwiczenia.

– Struktura tych mięśni to jest temat na jeszcze inną rozmowę. Robert dzień po wysiłku meczowym może zacząć następny. To jest efekt filozofii życia, wlewania w siebie dobrego paliwa, wejścia z dietą na najwyższy poziom – mówi Adam Nawałka.

Bartłomiej Spałek, masażysta kadry, opowiada, że Robert i Arkadiusz Milik, też pilnujący podobnej diety, mają tak wyćwiczone i zadbane mięśnie, że gdy ich masuje dzień po meczu, nie czuje już tego meczu pod palcami. Nie ma zakwasów, spięcia. Mogą już grać następny mecz.

– Robert ma fantastyczną zdolność regeneracji. To jest najważniejsza rzecz w sporcie wyczynowym: móc podjąć nowy wysiłek. Mówię zarówno o meczu, o tej regeneracji podczas krótkiej przerwy w grze, jak i o regeneracji w całym rytmie treningowym. To jest i wrodzone, i wypracowane. Jeśli już na drugi dzień po meczu mięsień jest gotowy, to musi być wypracowane. Zwykle minimum to 72 godziny. Ściąć to do 24 godzin to jest wielki wyczyn – tłumaczy Adam Nawałka.

•••

W domu Lewandowskich w Monachium jest siłownia, basen, sauna. Wszystko, czego potrzebuje dwoje ludzi uzależnionych od sportu. Robert Lewandowski, piłkarz maszyna, i Anna Lewandowska, trzykrotna medalistka mistrzostw świata w karate. Gdy mieli w tym monachijskim domu jakiś problem z sygnałem telewizji, nawet im się nie chciało wyjaśniać, o co chodzi, przestali to zauważać. Sygnału nadal nie ma. Ale gdyby w siłowni coś nie działało, to nie czekaliby nawet pół dnia.

– To przy szukaniu domu było dla nas bardzo ważne: żeby można było tutaj zrobić sobie odnowę biologiczną. W tygodniu, w którym nie gramy, bywam w siłowni i po trzy razy. Czasami wolę przyjechać do domu i tutaj poćwiczyć, czasem ćwiczę w klubie – opowiada Robert.

– Mnie się marzy jeszcze większa salka. To jest moje miejsce pracy, tu prowadzę treningi – dodaje Ania. Mówi o treningach ze swoimi podopiecznymi, których prowadzi indywidualnie. Ale też z Robertem. Zamykają się tam razem, pokazują sobie nowe ćwiczenia.

– Potem będziemy naszym dzieciom opowiadać, że rodzice razem trenowali – mówi Ania. Ona jest zwierzęciem treningowym. Robert jej czasem zwraca uwagę: ty za dużo ćwiczysz.

Bywa, że siedzą w domu pochłonięci innymi sprawami i nagle jedno z nich rzuca: nie za długo siedzimy? Idziemy na spacer? Może na rower?

– Robert bardzo dobrze zna swoje ciało. Kiedy ćwiczymy razem, pyta: po co robisz te kolejne serie? Ja zrobiłem trzy, tobie też wystarczy, kolejne już nie przyniosą żadnego efektu. Ale ja po prostu potrzebuję kolejnych.

Czasami to Ania go pyta: – Dlaczego robisz taką długą przerwę?

– Bo wiem, że moje ciało musi dostać te dodatkowe 15 sekund.

Odpoczynek to też jednostka treningowa i Ania mówi, że Robert świetnie wyczuwa, kiedy dokręcić śrubę, a kiedy odkręcić.

– Umie odpoczywać, wie, kiedy może znowu ćwiczyć. Czuje, jak pracują jego mięśnie przy strzale. Wie, że mięśnie skośne już dają mu wielką moc i lepiej, żeby pracował nad prostymi. Obserwuje siebie. Robi sobie plan: rozbudować mięśnie dwugłowe, wzmocnić plecy itd. Wie, że nie może za mocno rozbudować np. mięśni kapturowych, bo to niepotrzebne. Bardziej zaszkodzi, niż pomoże. Wie, że rozciąganie i rozluźnianie mięśni pomaga w ich regeneracji, więc robi stretching. On mnie zwraca uwagę, że za dużo ćwiczę, ale ja jego muszę hamować na wakacjach. Hej, przesadzasz, za dwa tygodnie wracasz na obóz przygotowawczy, odpuść. Bo on rano już jest na wakeboardzie, potem jeszcze coś i jeszcze coś. Wieczorem opowiada: „Ale zrobiłem dzisiaj stabilizację. Chyba jutro nie wstanę". To jest dziecko. Wieczne dziecko, pazerne na ruch. Zasuwa na wakacjach tak, że ma zakwasy. Jest uzależniony od treningu, od adrenaliny. Ping-pong, koszykówka, siatkówka. We wszystkim chce pokazać, że byłby najlepszy. Na wakacjach czy w pracy – opowiada Ania.

– Ci najbardziej poukładani sportowcy z czasem przechodzą już na drugą stronę: problemem nie jest zmuszenie się do wysiłku. Problem

– Dopiero w Borussii Dortmund zacząłem ćwiczyć naprawdę ostro. I tak ćwiczę do dzisiaj – mówi Robert. Na zdjęciu zimowe zgrupowanie Borussii w Hiszpanii, styczeń 2013.

jest, gdy nie ma wysiłku. To jest stan ducha. Pamiętam to z czasów gry w piłkę. Gdy czegoś nie zrobiłeś, nie mogłeś o tym zapomnieć – mówi Adam Nawałka.

– Pamiętam taką scenę z wakacji na Mazurach: Robert i jego przyjaciele bawili się rano na boisku do kosza, koło domu, pokazywali sobie sztuczki. Marcin Gortat wspomniał o takiej, w której stojąc tyłem, trzeba kopnąć piłkę do kosza. Robert mówi: nie, to nie jest trudne. I zaraz umiał. Ma niebywałą zdolność ruchową – opowiada Norbert Rokita, menedżer sportowy, mąż byłej tyczkarki Moniki Pyrek. Monika, czterokrotna olimpijka, trzykrotna medalistka mistrzostw świata, ma w Radiu Szczecin swój cykl wywiadów z ludźmi sportu i zaprosiła kiedyś na rozmowę Anię. Skończyło się tak, że dziś obie pary się przyjaźnią.

•••

Rzadko zdarzają się takie mecze, w których Robert wchodzi z ławki rezerwowych, i tym bardziej warto się wtedy przyjrzeć jego rozgrzewce. Nie zapomina o żadnym mięśniu, który mógłby ucierpieć. Jest wtedy jak snajper, który rozkręca broń, czyści każdą część i składa z powrotem. Jego miłość do szybkich motocykli musiała zostać na razie wygaszona, kontrakt nie pozwala jej podtrzymywać. Zamiast jak w dzieciństwie dłubać przy motorach, rozkręcać i odnawiać, dogląda swojej maszynerii: patrzy, którym mięśniem trzeba się jeszcze zająć. Poddać serwisowi, podkręcić osiągi.

Dennis Bergkamp, Holender, do którego do dziś wzdychają kibice Arsenalu, jeden z trenerów Arkadiusza Milika w Ajaxie, w autobiografii „Moja historia", spisanej z Davidem Winnerem, pisze, że ciało jest dla sportowca jak skrzynka z narzędziami. Te narzędzia mają być przygotowane do pracy bez zarzutu. W Arsenalu wspominają, że to Bergkamp najbardziej w drużynie interesował się kontuzjami i własnym ciałem, mimo że sam właściwie kontuzji nie miał. To pasuje do Lewandowskiego jak ulał.

Piłkarz świadomy własnego ciała to marzenie trenera. To był też przez wiele ostatnich lat najrzadszy gatunek w polskiej piłce. Piłkarze nie interesowali się swoim ciałem.

– Wielcy polscy sportowcy: Justyna Kowalczyk, Adam Małysz, lekkoatleci, wiedzieli wszystko o swoim ciele i o tym, czego mu trzeba. Jak jeść, jak trenować, jak odpoczywać. Piłkarz zwykle z obowiązku zdobywania takiej wiedzy się zwalnia. Uważa, że od tego jest trener, specjalista od przygotowania fizycznego. On będzie tylko wykonywać ich polecenia. I potem będzie narzekać, że trener albo drużynę przetrenował, albo niedotrenował – uważa Cezary Kucharski.

Dopiero gra na Zachodzie często zmienia to podejście. Kuba Błaszczykowski musiał wyjechać do Niemiec, żeby się dowiedzieć, że problemy z mięśniami mogą mieć źródło w niedoleczonych zębach. Albo że mleko mu szkodzi, a źle dobrana dieta zaburza sen. Grzegorz

Krychowiak, który już jako nastolatek wyjechał do francuskich klubów, nabrał tam przekonania, że każda kontuzja mięśniowa wynika z braku higieny. W dbaniu o swoje ciało stał się jeszcze radykalniejszy niż Lewandowski. Gdy po wygranym finale Ligi Europy w Warszawie – finale, w którym strzelił gola dla Sevilli – walczył z drobną kontuzją, wyrzucał sobie, że pozwolił braciom na przyjazd do niego w tygodniu przed meczem. Niczego przez to nie zaniedbał, ale i tak miał poczucie, że coś go odciągnęło od piłki i za to zapłacił kontuzją.

– Powiedziałem braciom: od teraz takie wizyty robimy w przerwach w sezonie albo między sezonami – opowiada Krychowiak.

Andrzej Juskowiak mówi, że dla Roberta przeprowadzka na Zachód też była decydująca w jego przemianie w atletę.

– On od początku wiedział, czego chce. Dużo od siebie wymagał, ułożył sobie ścieżkę kariery i wszystkie etapy musiały się zgadzać. Wiedział, że Bundesliga to liga dla jego ciała, pasuje do jego stylu gry. I już w Lechu odpowiednio się do tego przygotowywał. Mięśnie i mentalność. Żeby nie odstawać, gdy się tam przeniesie. Wiedział, że będzie odstawać, jeśli poprzestanie na polskiej normie. Więc dokładał dużo od siebie – uważa Juskowiak.

Jeszcze w latach 80. polski piłkarz, jadąc na Zachód, imponował przygotowaniem fizycznym. A potem przygotowanie w Polsce tak podupadło, że piłkarze przepadali po wyjeździe, bo nie byli w stanie wytrzymać tempa zachodnich treningów. Trenerów, którzy stawiali na dobre przygotowanie i zapędzali piłkarzy do materaców i piłek lekarskich, nazywano u nas przez lata z przekąsem trenerami od fikołków, wuefistami.

– Dzisiaj wszyscy są zachwyceni, bo Jürgen Klinsmann jako trener Niemców sprowadził amerykańskich speców od przygotowania fizycznego i oni pokazali Europie, jak to się robi. A ja miałem to szczęście, że znałem doktora Jerzego Wielkoszyńskiego, który robił w Polsce już dawno temu te same rzeczy, tylko tego nie nazwał, nie rozpropagował. Zaprzyjaźniony z nim trener Orest Lenczyk tak pracował już w latach 80. Wielkoszyński zderzał się z gronem naukowców, profesorów AWF-u, którzy nazywali go szarlatanem, dali mu ksywę „Szaman". I on chyba był tym zmęczony. Dziś ludzie są odważniejsi, bardziej gotowi bronić tego, co nowatorskie. Piłkarze biorą sprawy w swoje ręce. A przecież to jest oczywistość, że na pewnym etapie przygotowanie ogólnorozwojowe jest równie ważne jak uczenie gry w piłkę. Niezbędne – mówi Waldemar Fornalik, były trener reprezentacji, poprzednik Adama Nawałki.

– Spójrzmy nawet na to, co Robert wyniósł ze sportów walki. Z judo dzięki tacie. Z karate dzięki żonie. To mu bardzo dużo dało, jeśli chodzi o sposób poruszania się na boisku, o ogólną sprawność, rozciągnięcie, zwinność, zasięg wyciągniętej nogi, łatwość złożenia się do strzału. Robert jest jak Zlatan Ibrahimović, jeśli chodzi o sposób poruszania się. Ibrahimović to jest wieża, Robert jest normalnego wzrostu, ale widać po nich obu, że sporty walki mają wplecione w trening. Myślę, że tam są ogromne rezerwy, jeśli chodzi o szkolenie piłkarzy. Nie wspomnę już o wprowadzaniu tego na wuefach, których poziom jest w Polsce katastrofalny – mówi Artur Płatek.

A mama Roberta wuefów, które sama prowadzi, broni, ale innych już z mniejszym zapałem. – Świat się zmienia, a nauczyciele niekoniecznie. Młodzież zawsze czeka, żeby ją zainteresować. Trzeba nadążać. Jeśli się nie staram, jeśli mnie głowa boli, młodzież to wyczuwa i się zniechęca.

– Myślę, że Robert zrobił w sprawie wychowania fizycznego w Polsce więcej niż niejedna kampania medialna – mówi Tomasz Iwan, dyrektor reprezentacji Polski. – On jest jak wielka żywa reklama: stop zwolnieniom z wuefu.

UEFA
POLSKA

ROZDZIAŁ 5

Misjonarze diety

– Nad stolikiem Lewandowskich staje loża szyderców i zaczyna swoje: gluten-free, hi, hi, hi. To ich dziwi, tamto ich dziwi. To, że Robert je posiłki w odwrotnej kolejności, od deseru do zupy, już ich nie dziwi. To wie prawie każdy.

Siedzimy przy oknie z widokiem na Maximilianstraße, ulicę najwyższych czynszów w Niemczech, a ja się wstydzę za nas dwóch. Za siebie i za strudel jabłkowy, który właśnie wjechał na nasz stolik w kawiarni hotelu Kempinski. Tego hotelu, w którym Robert spędził pierwszą noc w Monachium, gdy przyjechał w styczniu 2014 roku na badania i podpisanie kontraktu. Spodziewał się wtedy, że może wywołać zainteresowanie, ale nie aż takie, że będzie musiał uciekać przez jakąś piekarnię, żeby zgubić ogon. A trzeba było. Dziś zna już wszystkie przejścia w tej okolicy.

– O, jest nasz Polak – słychać znad jednego ze stolików.

– A pan to tu chyba mieszka, co? – odpowiada Robert.

Maximilianstraße i okolice to serce miasta. Rewir monachijskiej Schickerii, czyli miejscowych bywalców, gwiazd, artystów oraz tych, którzy są znani z tego, że są znani. Schickeria to miało brzmieć kpiąco, ale zaczęło żyć własnym życiem. Najsłynniejsza grupa ultrasów Bayernu też nazwała się właśnie tak: Schickeria München. Na pobliskim Marienplatzu Bayern świętuje swoje sukcesy, wychodząc na balkon ratusza do tłumu kibiców.

To w hotelu Kempinski trener Carlo Ancelotti omawiał z szefem Bayernu Karlem-Heinzem Rummenigge plany na pierwszy sezon po przejęciu drużyny od Pepa Guardioli. Niedaleko jest restauracja Käfer, w której toczyły się niektóre rozmowy Rummenigge i agentów Roberta na temat przedłużenia kontraktu. I w której Rummenigge i Ancelotti oglądali, jak Bayern pokonuje w Pucharze Niemiec Bochum po golu Lewandowskiego.

Po przeciwnej stronie placu, w pizzerii H'ugo's, też można czasem spotkać „naszego Polaka". A na przylegającej do ratusza Dienerstraße pod numerem 12 przyjmuje pacjentów doktor Hans-Wilhelm Müller-Wohlfahrt. Najsłynniejszy ortopeda Niemiec. Lekarz niemieckiej reprezentacji, do niedawna również Bayernu, nadal lekarz gwiazd sportu, biznesu i showbiznesu. Tutaj przyjeżdżali po ratunek i Bono, i Usain Bolt, a wspomnianego styczniowego poranka przyjechał na badania zakapturzony Robert Lewandowski, chowający się przed obiektywami fotoreporterów. Spędził tu cztery i pół godziny, dowiedział się o mikrourazach, których nikt inny przed doktorem Müllerem-Wohlfahrtem nie wychwycił. Jak wspomina towarzyszący wówczas Robertowi Tomek Zawiślak, oni wystartowali do doktora z nabożną czcią. A on się z nimi zaczął witać jak król hip-hopu i ponad cztery godziny z takim wulkanem energii minęły szybko.

Ale wracajmy do stolika.

Jesteśmy we czworo: Ania, Robert, ja i strudel. Oni dwoje z przeciwnej strony stołu zaglądają mi w talerz jak laboranci. A potem posyłają spojrzenia w rodzaju: czy na pewno wiesz, co robisz ze swoim zdrowiem? – My takich rzeczy nie jemy – informują mnie.

– Nigdy bym nie ruszył czegoś, co tak pływa w tym sosie – dokłada Robert od siebie, na wypadek gdybym nie zrozumiał. Apfelstrudel jest tu, w Bawarii, wszechobecny jak precel i serwują go również piłkarzom

Bayernu na pomeczowych kolacjach w Player's Lounge na Allianz Arenie. Ale wierzę, że akurat oni dwoje tego nie ruszają. Strudel wydostał się z krzyżowego ognia spojrzeń, bo pojawił się inny problem.

– Pewnie macie tu oprócz normalnego mleka do kawy tylko sojowe? – pyta Robert kelnerkę. Tak, mają tylko krowie i sojowe. Żadnego migdałowego, kokosowego czy ryżowego.

Robert nabiał wyrzucił z diety już lata temu. Sojowe mleko też uważa za niezdrowe, ale czasem pójdzie na kompromis. Krowiego w ogóle nie bierze do ust. Więc niech już będzie sojowe.

Siedzi przede mną para misjonarzy odżywiania, którzy się wzajemnie nakręcają i którzy chcą wszystkich nawrócić na zdrowie, tak jak kiedyś rodzice Roberta chcieli każdy rozleniwiony talent uratować dla sportu. Ania własnej mamie wyperswadowała picie kawy. Mamie Roberta – picie mleka.

– To jest obsesja, naprawdę – uśmiecha się Tomek Zawiślak. – Ja, wstyd się przyznać, popalam. Kiedy przyjeżdżam do nich do Monachium, mogę brać samochód, kiedy tylko chcę. Ale gdy mi się papierosy kończą, to nagle dziwnym trafem samochód jest zajęty. Nie ma, nie da się, przykro nam. Trzeba iść pieszo, a do najbliższego sklepu 1,5 kilometra, jak w pierwszym domu w Dortmundzie.

•••

Będąc z tymi misjonarzami przy stole, możesz się w każdej chwili spodziewać, że rozmowa przeskoczy nagle a to na trawienie laktozy (tylko cztery procent populacji trawi ją normalnie), a to na pożytki z dobrego octu jabłkowego („Znalazłam ostatnio fantastyczny"), a to na szkodliwość picia późnym wieczorem wyciskanych soków (za to się obrywa Robertowi), a to na przewagę śniadania białkowo-tłuszczowego nad każdym innym („Robert przeszedł na takie niedługo przed pięcioma bramkami z Wolfsburgiem"). Mogą ci zacząć wymieniać: ostatniego hamburgera zjedliśmy w tym roku, ostatniego niezdrowego batona w tym roku, ostatni kebab w 2012 itd.

Borussia Dortmund Jürgena Kloppa była w stanie zamęczyć każdego rywala. Na zdjęciu od lewej Klopp, Sebastian Kehl, Lewandowski i Kevin Grosskreutz w meczu Pucharu Niemiec z TSV Monachium, wrzesień 2013 roku.

Z tym ostatnim hamburgerem było tak, że postanowili zaszaleć po pierwszym mistrzostwie z Borussią. Wracali do Polski, zjechali z autostrady do fast foodu. No i zaszaleli. Ale już nie smakowało. Potem jeszcze podczas wakacji Robert dał się namówić na kebab.

– Umierał po nim dwa dni. I to by było na tyle. Teraz jeśli hamburger, to tylko specjalny, z innych składników – mówi Ania. Normalne mu kiedyś nie szkodziły.

– Zajechał jednego dnia na trening w Pruszkowie, patrzę do samochodu, a tam torebka z McDonalda. Dostał ochrzan, ale się wypierał, że to nie on, że została po kimś innym – śmieje się Leszek Ojrzyński, jeden z jego trenerów w Zniczu. Ojrzyński organizował piłkarzom zajęcia z dietetyki, robił im na zgrupowaniach kartkówki ze zdrowego odżywiania.

– „Lewy" zdawał bez problemów. A niektórzy nieźle na tych sprawdzianach wydziwiali – opowiada Ojrzyński.

– W domu się zawsze zdrowo jadło, dużo warzyw. Już w moim rodzinnym domu tak było, bo tata miał problemy z wątrobą i mama gotowała z myślą o nim. Bardzo mało tłuszczu, żadnej wieprzowiny – wspomina Iwona Lewandowska. Ale jeszcze w czasach gry w Lechu Robert na podróż z Warszawy do Poznania potrafił załadować na siedzenie obok stertę batonów. Nie miał pojęcia, że one, zamiast dodawać mu energii, mogą ją zabierać. Że cukier jest wielkim wrogiem mięśni.

Teraz jest po drugiej stronie mocy. Czasem poskarży się półżartem, że nie może sobie już nigdzie pofolgować, bo mu cały czas zaglądają do talerza. Ale lubi ten temat. Porządki w diecie zaczął robić w 2009 roku za namową Ani. Na początku był nieufny, jak zawsze. Ale powiedział: „Dobrze, sprawdźmy to. Jeśli podziała, będę stosował. Daję temu dwa, trzy tygodnie". Chwyciło. Nie tylko w tej sprawie. Robert musi się z każdym nowym pomysłem przespać. Przegryźć się przez wszystkie wątpliwości. A Ania już na niego czeka po drugiej stronie, krzycząc: „Hej, to jest dobre!". Pomagała mu wytrwać w reżimie nauki niemieckiego, w reżimie diety. Gdy zastanawiał się nad ćwiczeniem jogi, czekała na decyzję już z przygotowanymi pierwszymi ćwiczeniami.

Ania jest uparta i konsekwentna. Gdy się poznali latem 2007 na Mazurach, na obozie integracyjnym przed studiami w Wyższej Szkole Edukacja w Sporcie, próbował zgadywać, co robiła wcześniej. Może balet? Na balet ją rzeczywiście kiedyś zaprowadzili. Popłakała się, nic jej się nie podobało. Jej dzieciństwo to był plan filmowy.

Mama Maria Stachurska jest scenografką, ojciec Bogdan Stachurski (odszedł od rodziny w 2000 roku, Ania nie utrzymuje z nim kontaktów) – operatorem filmowym. A ona swoje miejsce znalazła w karate. Brat mamy Paweł Krzywański był w tym sporcie reprezentantem Polski, potem wiceprezesem związku karate. Nos jej łamali cztery razy, kiedyś ją czeka prostowanie przegrody. Ale gdy trenuje po dwa, trzy razy dziennie, czuje, że żyje. Lepiej już dostać w nos, niż usłyszeć o sobie z przekąsem: no tak, żona piłkarza. Gdy Robert wtedy, w 2007, powiedział: „Jestem piłkarzem", zrobiła się nieufna. U sportowców indywidualnych piłkarze mają kiepską opinię. Na każdym AWF-ie piłkarze to jest osobna grupa: charakterystyczny chód, charakterystyczny styl, torba przez ramię i często pstro w głowie. O poczuciu wyższości nie wspominając. Miała dużo wątpliwości. Ale jej mama powiedziała: „Umów się, daj mu szansę. On ma szczery, fajny uśmiech. On cię nie skrzywdzi. To jest bezpieczny uśmiech".

– Na jednej z pierwszych randek powiedziałem: pokażę ci, że jestem inny. Ania to już chyba zresztą po kilku spotkaniach widziała. Ale walczyłem, zabiegałem. Musiałem pokazać, że się nią dobrze zaopiekuję. Gdy wyjeżdżałem do Poznania, wcale nie stała gotowa, by rzucić wszystko i pojechać za mną. Jeszcze mocniej musiałem zabiegać, by przeniosła się za mną do Dortmundu. To chyba rzeczywiście mama Ani szybciej wyczuła, że nie skrzywdzę jej córki – wspomina Robert. Ślub wzięli latem 2013 roku.

– I dzisiaj jestem żoną piłkarza. Takiego, w którego imieniu odbieram statuetkę dla sportowca roku w Polsce. Kto by pomyślał. Znam wiele żon piłkarzy, które sobie siebie w tej roli nie wyobrażały. To jest etykietka, która potrafi przygnieść do ziemi: jestem żoną piłkarza, więc każdy zakłada, że jestem głupią dziunią, która leży i pachnie. A ja znam dziewczyny, które trenowały ciężej niż ich mężowie piłkarze, wymiotowały ze zmęczenia, zdobywały medale. Co sobie myśli Bogna Dybul, narzeczona Artura Sobiecha, piłkarka ręczna, gdy czuje te spojrzenia: „No tak, żona piłkarza"? Wszystkie lądujemy w tym samym worku. A ja żon bronię. Niby błyszczysz i uświetniasz, ale wiesz, że cały czas jesteś z tyłu, w cieniu. To nie jest łatwe dla kobiety. To jego pytają, co u niego, czego dokonał. A ty? Gotowałaś, pilnowałaś domu. Pracowałaś na jego komfort. Nawet jeśli budujesz swoją karierę, też będziesz z tyłu. Czasem niełatwo się z tym pogodzić. Wybaczać wszystko, gdy ma kontuzję i bywa nie do zniesienia, bo to dla piłkarza najgorszy czas. Czuje wtedy gniew na siebie, na los, jest rozdrażniony.

A najtrudniejsze przed tobą. Bo dopiero gdy on skończy karierę, będzie potrzebował twojego wsparcia jak nigdy wcześniej. I ty musisz być wtedy jeszcze silniejsza, niż byłaś przez całe życie. Wtedy kiedy kończy się poklepywanie, wielbienie, gdy trzeba wrócić na ścieżkę, na której się dawno nie było – tłumaczy Ania.

Są ze sobą od czasów, gdy im się obecne życie nawet nie śniło. Od czasów, gdy sobie robili składki na jedzenie, odpowiednio do tego, jakie kto miał stypendium. Wspominają czasem pierwsze wspólne mieszkanie na Wrzecionie. Mówią, że to była wtedy pewnie najgorsza ulica na Bielanach. Blok w starym budownictwie, czterdzieści kilka metrów. Komunalne mieszkanie po prababci. To, w którym kiedyś mieszkał tata Roberta, a potem on z siostrą, gdy dojazdy z Leszna stały się już nie do zniesienia.

– Karaluchy chodziły po kuchni, ale jakie wspomnienia zostały! – opowiadają z sentymentem.

Gdy Robert odchodził ze Znicza do Lecha, Ania akurat przenosiła się ze szkoły na Forcie Bema na AWF i zakuwała po nocach, żeby uzupełnić kilkanaście różnic programowych. Gdy on grał w finale Ligi Mistrzów, ona zdobywała trzy medale mistrzostw Polski. On ma swoje zgrupowania, ona prowadzi swoje, z dietą i ćwiczeniami, nawet dla stu osób. Na sesje treningowe przychodzi po kilkaset.

Karate ją wychowało. Bo grzeczną dziewczynką, jak mówi, nigdy nie była. Sport dał jej kręgosłup, dyscyplinę, chęć dążenia do celu.

– Nam, karatekom, zawsze jest za mało. Mamy poczucie, że ciągle trzeba się rozwijać – mówi.

Karate to jest droga, nie można być karateką od 9 do 17. To filozofia życia: zdobywasz kolejne stopnie wtajemniczenia, cały czas wyszukujesz coś, czego się jeszcze można nauczyć.

Judo, które Roberta otaczało, gdy był dzieckiem, też jest drogą. Może dlatego są dziś oboje tak zgodni w mówieniu: ciągle chcę więcej, to moja najważniejsza cecha. A Robert mógłby za Grzegorzem Krychowiakiem powtórzyć: traktuję siebie jak tenisistę, w tym sensie, że wychodzę na boisko z nastawieniem „wszystko zależy ode mnie". Jak na korcie. Jestem sportowcem indywidualnym w sporcie zespołowym. Cały mój dzień poza treningiem z drużyną to czas, gdy jestem sportowcem indywidualnym. Czas, kiedy mogę budować swoje przewagi. Lepiej jeść, lepiej spać, rozciągać mięśnie, ćwiczyć koncentrację. Futbol też może być drogą, jeśli tylko chcesz. – Człowiek lubi się otoczyć komfortem. Nie lubi zmian. Musisz sobie odpowiedzieć: czy chcę zmian, czy mam cierpliwość, by doczekać efektów? Czy wystarczy mi to, co mam, i komfort – mówi Ania.

•••

Gdy już za jej namową przekonał się, że chce i ma cierpliwość, nie było półśrodków. Przebadał się u specjalistów, zrobił testy na nietolerancje pokarmowe, wyrzucił z diety nabiał, potem słodycze, w końcu gluten. Wciągnął się. Wie, jak się odżywiać, żeby odkwaszać organizm, ułatwiać regenerację, wspomagać spalanie tłuszczu. Nie dorabia do tego ideologii, nie robi z siebie wielkiego dietetyka, mówi czasem: bądź jak dziecko, które instynktownie różnych rzeczy nie łączy. Dieta dietą, ale jedzenie nie może być torturą.

– Ja nawet nie chcę tego nazywać dietą. Nie mam diety. Mam sposób odżywiania się. Nie patrzę w żadne tabele kaloryczne. Wiem, co powinno się znaleźć w moich posiłkach, ale już wyznaczonych dawek tych posiłków nie ma. Sam wyczuwam, ile potrzebuję. Wiem, że gdy zjem za dużo, jestem przemęczony. Mój sposób odżywiania zmienia się zależnie od pory roku, od natłoku meczów. Staram się dobierać rzeczy sezonowe. Od czasu do czasu korygujemy to też podczas badań kontrolnych – tłumaczy Robert.

– On przecież nie wydziwia aż tak strasznie. Pilnuje po prostu, żeby unikać tego, co szkodzi, żeby to były świeże produkty, pilnuje, jak je łączyć, w jakiej jeść kolejności, o konkretnych porach – tłumaczy Tomek Zawiślak.

– Chociaż mówi czasem: nie musi być smaczne. Ważne, żeby było zdrowe – śmieje się Ania. W pewnym momencie to przestaje być wyrzeczeniem, wpada się w przyjemny trans. To się samo napędza. Jedziesz na długi urlop, myślisz: czas sobie pofolgować. Ale nie jesteś w stanie. Po pierwsze, żal tego, co się wypracowało. Po drugie, niezdrowe po prostu przestało smakować, jak ten hamburger przy autostradzie. Nie warto.

– Jedziesz na urlop się zregenerować. Jeśli będziesz w siebie wrzucać co popadnie, to wrócisz zamulony. Na wakacjach już nie sięgamy po suplementy, nie robimy specjalnych koktajli, ale dalej jest dieta. Uzgadniamy z kucharzem, że ma być bezglutenowo. Drinka się chętnie napijemy, ale w sprawie glutenu kompromisu nie ma – tłumaczą.

Dieta bezglutenowa, rozsławiona w sporcie przez tenisistę Novaka Djokovicia, ma swoich zwolenników i przeciwników. Jednoznacznych wyników badań na jej temat jeszcze nie ma.

– Trzeba kilku lat, by się przekonać z całą pewnością, czy białko glutenu powoduje rozszczelnienie jelit, czy nie. Rozszczelnienie to jedna z zawodowych chorób sportowców. Bo jesteśmy ciągle pod presją, zestresowani. Takie rozszczelnienie może powodować problemy z koncentracją, z trawieniem, utrudniać radzenie sobie ze stresem – wylicza Ania.

– Nie będę czekał na wyniki badań pięć lat, skoro już teraz się dobrze czuję. Jesteśmy praktykami – mówi Robert.

– Futbol poszedł tak bardzo do przodu, że dziś granie graniem, ale równie ważne jest to, jak dbasz o siebie między meczami. Za moich czasów jeszcze się na to aż tak nie zwracało uwagi. Zjadło się schaboszczaka i nikt nie płakał – tłumaczy Mariusz Lewandowski, który kiedyś jako kapitan reprezentacji wprowadzał do niej debiutującego w kadrze Roberta i tak się zaczęła przyjaźń na lata.

– Na naszych oczach zmienia się świadomość. Pewnie już w każdej drużynie jest ktoś z dietą. Przy okazji zachwiało się to, co obowiązywało latami, czyli wyższość diety śródziemnomorskiej. Makaronów przed meczem. Wzorem dla piłkarzy był Djoković i jego przemiana. Wiadomo, sama dieta to za mało. Ale jeśli pomoże nawet w trzech procentach, to czemu nie spróbować? – mówi były trener kadry Waldemar Fornalik.

Mariusz Lewandowski wytrwałość Roberta najbardziej docenia wtedy, gdy są razem na wczasach: – Odpoczywamy, a on dalej cały jest skoncentrowany na tym, jak się przygotować do powrotu do zajęć w klubie. Robert rozbudowywał muskulaturę stopniowo. Ania też się musiała stopniowo uczyć gotowania. A jak już się nauczyła, to pomogła obydwojgu.

– To jest właśnie siła Anki. Ona nie jest teoretykiem, tylko ciągle praktykuje, i to na najwyższym poziomie sportu – mówi Norbert Rokita, mąż Moniki Pyrek. – Zapytałem kiedyś Witalija Pietrowa, trenera

Annę Stachurską, wielokrotną medalistkę mistrzostw Europy i świata, Robert poznał w wakacje 2007 roku na Mazurach. Od 2013 są małżeństwem. Na zdjęciu podczas gali finałowej konkursu Superbrands Polska.

Siergieja Bubki: jak ty się tego wszystkiego nauczyłeś, dlaczego jesteś taki dobry? Odpowiedział: bo miałem do czynienia z wybitnym organizmem, który wszystko znosił, wszystkiego się w lot uczył. I to mnie wyciągnęło jako trenera na wysoki poziom, pozwoliło mi eksperymentować – mówi Norbert. A Monika powtarza wszystkim, że gdyby Anię poznała wcześniej, to może by jeszcze skakała. A na pewno wycisnęłaby ze swojej kariery dużo więcej.

– Gdy uprawiasz sport, dostajesz całą masę suplementów, a one sprawiają, że organizmowi mylą się sygnały. Monika latami leczyła zatoki, a potem się okazało, że cierpiała właśnie na nietolerancję pokarmową – mówi Norbert.

•••

Czasem, gdy Bayern wychodzi gdzieś wspólnie na kolację, nad stolikiem Lewandowskich staje loża szyderców i zaczyna swoje: gluten-free, hi, hi, hi. To ich dziwi, tamto ich dziwi. To, że Robert je posiłki w odwrotnej kolejności, od deseru do zupy, już ich tak nie zaskakuje, to wiedzą niemal wszyscy, którzy się interesują jego karierą. Ale zawsze znajdzie się coś, z czego można się pośmiać. A Robert patrzy na ich stoły i też się śmieje: zobaczymy, kto dłużej będzie grać i mieć mniej kontuzji, wy czy ja. Gdy jednak w szatni wyciąga swoje kulki mocy (poważnie: daktyle, wiórki kokosowe, pestki dyni, pastę sezamową), to chętnych nie musi szukać. Sięgają Rafinha i Medhi Benatia, którzy mają szafki obok, sięga Thomas Müller. Kiedyś podjadał też Bastian Schweinsteiger, który zanim odszedł do Manchesteru United, czasem podsyłał zdjęcia: zobaczcie, ugotowaliśmy w domu coś z waszego przepisu.

Śniadanie Robert je raz w domu, raz w klubie. W ośrodku Bayernu są też obiady, ale nieobowiązkowe. Po meczu zostaje na posiłek na Allianz Arenie. Bayern ma świetną kuchnię, od lat gotuje dla niego Alfons Schuhbeck, kucharska sława, autor książek również o potrawach dla sportowców. Ale przed meczem Robert je w domu, bo plan żywienia ma ułożony pod mecz. Trzyma się rozpiski żywieniowej na cały tydzień. Jeśli w domu nie ma Ani, to na lodówce zostaje kartka ze ściągawką, co i kiedy.

– Czasami słyszę, jak rozmawia na zgrupowaniu z kucharzem kadry Tomkiem Leśniakiem: trzy dni przed meczem przygotuj mi taką konkretną rzecz na śniadanie, dwa dni przed meczem taką – mówi rzecznik PZPN Jakub Kwiatkowski.

W kantynie w ośrodku Bayernu ma swoją bezglutenową szafeczkę. Jako jeden z dwóch, trzech piłkarzy. Ale, jak mówi Robert, ci pozostali raz są bezglutenowi, a raz nie są.

– Niektórzy moi piłkarze próbowali robić to samo co Robert, ale żaden nie wytrzymał tego reżimu. Bo to nie jest coś, co działa szybko, trzeba być długodystansowcem – uważa Cezary Kucharski.

– Każdy sobie sam wije gniazdo – mówi Robert. – Piłkarz musi chcieć i musi być świadomy. Bo inaczej skończy się tym, że raz zjesz tak, raz inaczej, i żadna konstrukcja z tego nie powstanie. A klub cię nie będzie prowadził za rączkę. Jesteśmy dorośli – dodaje.

– Ludzie myślą, że w tak wielkich klubach jest stuprocentowa opieka dietetyka. A nie ma jej. Jest zbyt wielu piłkarzy, żeby to było możliwe. Przyjeżdżają z różnych stron świata, przywożą swoje nawyki. Hiszpanie mają zupełnie inne niż Niemcy, we Włoszech przed meczem pije się wino itd. Dlatego klub dba o to, co dla nich wspólne, zapewnia świetne posiłki przed meczem i po meczu. Ale nie indywidualne prowadzenie. O to każdy musi zadbać sam – tłumaczy Ania.

W Bayernie piłkarz może zasięgnąć rady klubowej dietetyczki. Ale zatrudniono ją dopiero za kadencji Pepa Guardioli. On już jako trener Barcelony słynął z zaglądania piłkarzom do talerzy, wyrzucił z menu wiele mięs, kazał jeść ryby, nalegał na jak najwięcej wspólnych posiłków, by mieć wszystko na oku. W Bayernie, jak opisuje Martí Perarnau w książce „Herr Guardiola", wielkim reportażu o kulisach pierwszego sezonu Pepa w Monachium, zobaczył słodycze na każdym kroku i już w pierwszych tygodniach pracy powiedział dyrektorowi sportowemu Mathiasowi Sammerowi: tu trzeba dietetyczki. Do jedzenia po meczu nie miał uwag. Ale resztę chciał ulepszyć. Przyszła Mona Nemmer, wcześniej współpracowniczka kucharza niemieckiej reprezentacji Holgera Strombera. Pojawiły się szybkie posiłki po treningach, na moment najlepszego przyswajania pokarmu.

Guardiola prosił, by piłkarze przyjeżdżali godzinę wcześniej i śniadanie jedli w klubie. Wytykał im, że nie jedzą jak trzeba, lekceważą zwłaszcza posiłek tuż po meczu i przez to zwiększają ryzyko kontuzji. Złościł się na nich, choć nie tak jak Diego Simeone z Atlético Madryt, który swoich piłkarzy każe ważyć codziennie.

– Trener zwraca nam uwagę, ale nie narzuca niczego – mówi Robert. – Nie ma rozpisek, czego unikać. Jeśli ktoś dobrze wygląda na treningach, to nikt nie wnika, co je. Może wsuwać pizze, imprezować. Ale jeśli forma spadnie albo trafi się kontuzja, to będzie na cenzurowanym. Jeśli nie dasz rady, to nie będziesz grać. Są inni na twoje miejsce. Do dietetyczki idą ci, którzy mają jakiś problem, najczęściej gdy wracają po kontuzji.

– Jeśli piłkarz nie chce się zmienić, to ona sama tego nie ogarnie. Zawsze jest coś, czym możesz zdobyć przewagę. Cristiano Ronaldo ma dietę, ale nie wszyscy w Realu mają – przypomina Ania.

Leo Messi dopiero niedawno podszedł do odżywiania się naprawdę poważnie, bo zobaczył, że im jest starszy, tym każde zaniedbanie mocniej się mści. Zaczął łapać coraz poważniejsze kontuzje, czuł się przemęczony. Pojechał do włoskiego specjalisty od diet, do którego jeżdżą też inni argentyńscy piłkarze. Doktor Giuliano Poser wytłumaczył mu, że tu naprawdę nie trzeba cudów. Trzeba tylko pamiętać o kilku zasadach, wybierać rzeczy dobrej jakości i ekologiczne, ale przede wszystkim być świadomym tego, co się je. Myśleć. W gabinecie doktora Posera wisi tablica z hasłem: „Ludzki umysł jest jak spadochron. Działa tylko wtedy, gdy się otworzy". Poser mówi, że gdy pacjent doświadczy poprawy i zrozumie, z czego się wzięła, rzadko wraca do złych nawyków. A poprawa zwykle przychodzi już po trzech tygodniach. – Tu jest nadal ogromna przestrzeń, żeby coś dodać od siebie. W polskiej lidze są jeszcze kluby, w których się nie daje białka po treningu – mówi Ania.

W polskiej lidze może tak, ale sztab reprezentacji za czasów Adama Nawałki do diet zaczął podchodzić bardzo poważnie. Wielu piłkarzy korzystało już wcześniej z rad dietetyków. Wielu z nich jest wyżyłowanych jak Robert. O dietę dba od dawna Kamil Glik, głośno było o kuracji odchudzającej Sebastiana Mili, a Grzegorz Krychowiak opowiada o dniu, gdy wrócił do domu i wyrzucił wszystko, co niezdrowe, ze słodyczami na czele. Zaczął obsesyjnie o siebie dbać. Niektórzy, jak Arek Milik czy Karol Linetty, pracują z Anią (ona Milika nazywa wzorem dietetycznej sumienności).

– To jest kadra gladiatorów, inne czasy – mówi Jakub Kwiatkowski. – Kiedyś się rozmawiało o ekscesach, dzisiaj o dietach. Nasza świadomość się zmienia. Zobaczyliśmy, że każdy może podkręcić swoje parametry. Każdy na miarę swoich oczekiwań. Jeden chce grać lepiej, jeden chce grać dłużej. A Robert chce Złotej Piłki – mówi Sebastian Mila, strzelec gola w wygranym 2:0 meczu z Niemcami w eliminacjach Euro 2016.

Jesienią 2015 roku piłkarze kadry mieli testy na nietolerancje pokarmowe, a po nich dobrane diety.

– Bezglutenowców mamy coraz więcej. Badanie nietolerancji pokarmowych to dla trenera Nawałki standard. Moim zdaniem to dzisiaj mus w wyczynowym sporcie. Musisz wiedzieć, jakie paliwo wlać do świetnego silnika – mówi dyrektor kadry Tomasz Iwan, były piłkarz m.in. PSV Eindhoven. – W Holandii też nikt nam nie narzucał, co mamy jeść albo kiedy iść na masaż. Klub zapewnia odżywki i resztę, a zawodnik sam decyduje, co da od siebie. Jeśli niewiele da, to prędzej czy później przestanie nadążać i mu podziękują.

Guardioli nie umknęło to, jakie paliwo wlewa do swojego silnika Robert. Na początku rundy wiosennej 2016 roku trener powiedział na jednej z konferencji prasowych, że Lewandowski jest największym profesjonalistą, z jakim pracował.

– Dla mnie to nie była żadna niespodzianka, bo powiedział mi to wcześniej, niedługo po przerwie świątecznej. „Wiesz, że to jest najlepszy sportowiec, jakiego spotkałem? Zawsze zdrowy, zawsze w formie, zawsze myślący o tym, żeby jak najwięcej zyskać przez jedzenie i odpoczynek. Chłopak jak z jakiegoś katalogu fitness" – mówi Martí Perarnau, który nadal ma stały dostęp do Guardioli i zbiera materiały do książek o kolejnych sezonach pracy katalońskiego trenera. – Nie oszukujmy się, czasami piłkarze są kiepskimi sportowcami. A Lewandowski to olimpijczyk – dodaje Perarnau. – Tego się Pep nie spodziewał. I nie było to jego jedyne zaskoczenie związane z Robertem.

Przychodził w 2006 roku do Znicza trzecioligowego. Odchodził w 2008 ze Znicza, który się o włos rozminął z awansem do ekstraklasy. To z Pruszkowa Robert wyskoczył do wielkiej kariery.

ROZDZIAŁ 6

Zatrzymaj w sobie Pruszków

– Nie wiem, skąd mi się to wzięło.
Można mi coś wmawiać długo, a ja i tak będę wiedział swoje.
Przytaknę dla świętego spokoju.
Ale wszystko i tak zrobię po swojemu.

Byli inni. Studenciaki. Tak ich nazywano w lidze. Kilkunastu z nich albo już studiowało, albo – jak Robert – właśnie się przygotowywało do matury i egzaminów na studia. Trenowali zawsze po 17, bo wcześniej mieli zajęcia w szkołach i na uczelniach. W sezonie 2006/2007 byli najmłodszą drużyną trzeciej ligi.

Znicz Pruszków, studenciaki z piekła rodem.

Gdy skoczyli starszym do gardła, nie było przebacz. W 2007 roku z ogromną przewagą awansowali do drugiej ligi. Młody trener Andrzej

W Pruszkowie odbudował się po kontuzji, uwierzył, że to, co stało się w Legii, nie było jego winą. Znicz grał tak dobrze, że w żyjącym przez lata koszykówką Pruszkowie zaczęła się moda na futbol.

Blacha rozpędził drużynę, a Leszek Ojrzyński, który ją po nim przejął w połowie sezonu, jeszcze podkręcił tempo. Kiedy przygotowywali się do nowego sezonu i grali sparing z Polonią Bytom, zrobiła się na boisku taka zadyma, że trener ich przeciwników Dariusz Fornalak przepowiadał im: ostro się bawicie, będziecie w drugiej lidze mecze kończyć w siedmiu.

Treningi serwowali sobie tak intensywne, że potem przeskok do wyższych lig nie był im straszny. Wywołali w niespełna 60-tysięcznym Pruszkowie (dwadzieścia parę minut kolejką do centrum Warszawy) modę na piłkę. Wcześniej Pruszków był przez lata koszykarski. Władze miasta przebudowywały akurat stadion, ale pomogły też klubowi finansowo, widząc zapał i sukcesy młodej drużyny. Znicz obsiedli menedżerowie z bliższej i dalszej okolicy. Niektórzy robili podchody tak bezczelnie, że pewnego menedżera z Łodzi trener Znicza Leszek Ojrzyński wyrzucił z szatni za fraki.

– Ależ to była drużyna – wspomina Ojrzyński. – Banda wojowników. Ale jednocześnie mądre, charakterne chłopaki. Chciało się dla nich zarywać noce. A oni bardzo chcieli sukcesu.

Grali wysoko, pressingiem, tym zaskoczyli trzecioligowców. Trzecia liga to jest raczej świat twardych ludzi, a nie taktycznej dyscypliny. Oni to próbowali godzić.

– Gdyby Znicz miał wtedy dłuższą ławkę rezerwowych, w następnym sezonie awansowałby do ekstraklasy – uważa Ojrzyński.

Znicz do ekstraklasy wiosną 2008 nie awansował, ale nie dlatego, że – jak przepowiadano – mecze kończył w siedmiu. Rozminął się z awansem o włos. Miał gorszy stosunek bezpośrednich spotkań z Piastem Gliwice i Arką Gdynia i to te drużyny poszły wyżej. Ale kilku studenciaków z piekła rodem szybko trafiło do ekstraklasy. Tylko że każdy osobno. A trzech z tamtej najmłodszej drużyny trzeciej ligi: Robert Lewandowski, Radosław Majewski i Igor Lewczuk, zagrało później w reprezentacji Polski.

•••

Znicz to była pierwsza w karierze Roberta prawdziwa winda w górę. Grając w nim, zdał maturę: tę szkolną i tę piłkarską. Tutaj zaczynał rozumieć futbol. A nauczyciele mu się szybko zmieniali, bo w dwa lata miał w Zniczu czterech trenerów. Tylu, ilu będzie miał przez następne osiem lat kariery, w Lechu, Borussii i Bayernie razem wziętych.

W Pruszkowie został pierwszy raz królem strzelców wśród seniorów. W 1. grupie trzeciej ligi (były wtedy cztery takie grupy) strzelił w sezonie 15 goli. Rok później znów był królem strzelców, już w drugiej lidze, z 21 bramkami. Stąd ruszył podbijać świat.

– W Pruszkowie zaczął znowu wierzyć w marzenia. Dobrze się przyjął w drużynie. Poczuł się jak wśród swoich. Potrafił mecze wygrywać sam – uważa Jacek Bednarz, który przyjeżdżał go oglądać w meczach Znicza. – Tutaj uwierzył, że Legia to nie była jego wina. Że ma dopiero 18 lat i jest na przystanku kariery, a nie na końcu – opowiada Andrzej Blacha, który go do Znicza przyjmował.

– W jego wypadku tamta kontuzja, która wypchnęła go z Legii, okazała się błogosławieństwem. Wartość piłkarza poznaje się naprawdę dopiero wtedy, gdy leczy pierwszy poważny uraz. A Roberta tamten wypadek w Legii zahartował i nauczył podejmowania słusznych decyzji – uważa Rafał Ulatowski, asystent Leo Beenhakkera w czasach, gdy Robert debiutował w reprezentacji. A także trener w Zagłębiu Lubin, gdy Robert grał w Pruszkowie. Zagłębie próbowało Lewandowskiego odkupić od Znicza. Jednak cena była już zaporowa.

To właśnie w czasach Znicza Robert pierwszy raz w życiu zagrał w reprezentacji Polski. Tej do lat 19, w mało ważnym meczu z Turcją. Nie oczarował, ale stało się: pierwszy raz grał z orzełkiem. Mecz rozegrany został właśnie w Pruszkowie, 26 kwietnia 2007 roku. Dokładnie rok po meczu Legia II – Dolcan, w którym Lewandowski naderwał mięsień.

•••

– Hej, ty akurat nie masz tu już nic do roboty! Na trening idziesz! – zawołał Andrzej Blacha w lipcu 2006 roku, gdy Robert po ciosie od Legii szukał sobie nowego klubu. Przyjechał do Znicza z torbą ze sprzętem, gotowy do treningu, ale nadal siedział z mamą w gabinecie Sylwiusza Muchy-Orlińskiego, szefa Znicza. Próbowali wynegocjować takie warunki, które dałyby im poczucie, że Robert nie robi wielkiego kroku w tył. Jeszcze kilka dni wcześniej Lewandowski był wprawdzie w rezerwach, ale jednak w klubie szykującym się do ataku na Ligę Mistrzów. Teraz zjawił się w Zniczu, który nigdy nawet nie grał w ekstraklasie. W Legii miał kontrakt, a w Pruszkowie jeszcze wypłaty zapisywało się w zeszycie. Miał zarabiać 800 złotych, czyli mniej niż w Delcie, o Legii nie wspominając.

– U nas wtedy właśnie coś zaczęło się zmieniać – wspomina Andrzej Blacha. – Ruszała przebudowa stadionu. Ale po Legii to był jednak inny świat. Tam zgrupowania w ładnych okolicznościach przyrody, dobry sprzęt zapewniony, strój wyprany. A u nas więcej chęci niż możliwości. Jak było trzeba, to z trenera zmieniałem się w masażystę. A Robert miał już swoje oczekiwania. Bo przecież w Legii strzelał gole i nigdy nie czuł, że odstaje. Gdybym mu dał jeszcze chwilę posiedzieć w tym gabinecie, toby odjechali i nie wrócili. Więc go wyciągnąłem na trening, żeby już nie kombinował. Powiedziałem: „Znam cię, chcę cię tutaj mieć. Ale nie będziesz na razie grał dużo. Najpierw cię odbudujemy".

Robert miał wtedy różne propozycje. Również z wyższych lig. Jednak wszystkie z klubów z daleka od Warszawy. A matura była blisko.

– Jeszcze gdy byłem w Legii, przed kontuzją, prezes Znicza zapytał mnie, czy nie chciałbym grać w jego klubie. Powiedziałem, że jednak nie, że dobrze się czuję w Warszawie, że jest okej. Ale potem, po rozstaniu z Legią, moja pierwsza myśl to było: jechać do Pruszkowa. Miałem też dużo wątpliwości. Ale pół roku po tamtym pierwszym pytaniu Sylwka byłem już w Zniczu – wspomina Robert.

Potrzebował jeszcze trzech miesięcy, żeby wrócić do gry, znów normalnie biegać.

– Mięsień był bardzo słaby. Wzmacniałem go w siłowni, po każdym treningu było lepiej. Jesienią zdążyłem strzelić tylko trzy gole. Wiosną już 12 – wspomina Robert.

– Jeśli ktoś mówi, że od zawsze widział w Robercie zawodnika takiej klasy, jaką dzisiaj reprezentuje, to zwyczajnie kłamie – uważa Andrzej Blacha. – W Zniczu Robert nie był jeszcze ukształtowanym zawodnikiem. Miałem w klubie dwóch, trzech chłopaków lepszych od niego. Bartek Wiśniewski, Damian Wojtulewicz – zupełnie niespełniony talent – czy Radek Majewski. Dlatego dziś nikt nie może powiedzieć: to ja odkryłem „Lewego". Każdy z jego trenerów coś od siebie dołożył. Ale nie mógł mieć pojęcia, jak wysoko Robert zajdzie. Bo jego sukces to wyłącznie jego zasługa.

Wspomina, że Lewandowski zawsze był bardzo silny psychicznie. Nerwowy, ale silny. Jeśli coś mu nie wychodziło, złościł się. Ale nie załamywał. To go nakręcało, żeby pracować nad sobą, wyeliminować błędy.

– A biegowo był zawsze świetny. I nigdy nie bał się wchodzić w pojedynki z obrońcami – opowiada Andrzej Blacha. Ma jeszcze od czasu do czasu kontakt z Robertem. Ale go nie szuka specjalnie, bo jak mówi, „przy robieniu kariery odskocznia w moją stronę nie jest dla nikogo ciekawa".

•••

Andrzej Blacha to kontrowersyjna postać. Chłopak z Lubelskiego, kiedyś napastnik, szybki, wysoki i skuteczny. Chciało go wykupić ze Stali Kraśnik kilka większych klubów. W Warszawie po studiach na AWF-ie zaczął robić błyskawiczną karierę. Ale już nie jako piłkarz, bo przegrał z kontuzją, tylko wykładowca i młody trener. Miał znakomity kontakt z piłkarzami. Umiał być dla nich i złym, i dobrym policjantem. Wielu do dziś mówi, że odmienił ich kariery. Dla nich pozostał Andrzejem

Blachą. Dla wielu innych jest Andrzejem B., jednym z osądzonych w aferze korupcyjnej, która wybuchła na dobre w 2005 roku i przez kilka lat ryła polską piłkę do spodu. Tak głęboko, że zatrzymanych zaczęto liczyć w setkach. A prokuratura we Wrocławiu stała się w tym czasie równie ważnym miejscem dla polskiej piłki jak siedziba PZPN.

Andrzej Blacha też pojechał do Wrocławia w towarzystwie funkcjonariuszy. Gdy go zatrzymano, pracował w Wiśle jako asystent Macieja Skorży, starszego kolegi z akademika na warszawskim AWF-ie. Byli z Wisłą mistrzami Polski. Wcześniej w Groclinie zdobyli Puchar Polski. A on odszedł do Groclinu właśnie ze Znicza, po kilku miesiącach pracy z Robertem, po tym jak jego piłkarze świetnie zagrali z Groclinem w Pucharze Polski. Po zatrzymaniu okazało się, że jeszcze zanim zaczął pracować w Zniczu, pomagał w ustawianiu meczów. Był korupcyjnym pośrednikiem. Zarzuty dotyczyły sezonów od 2003 do 2006 roku. Blacha został usunięty ze struktur PZPN – nie może trenować żadnych drużyn. Usłyszał wyroki więzienia w zawieszeniu. Do tego grzywny. Nie wszystkie procesy już się zakończyły.

– Dałem się wciągnąć w te mechanizmy. Żeby zostać trenerem. Ale na wyjaśnienie wszystkiego jeszcze przyjdzie czas, pewne sprawy się dopiero kończą – mówi.

Żaden zarzut korupcyjny nie dotyczył Znicza ani klubów, w których pracował po odejściu z Pruszkowa. Po nim Znicz przejął Leszek Ojrzyński, kolega Blachy ze studiów, który na dzień dobry zrobił piłkarzom rekordowo długie zimowe zgrupowanie w Puławach. Nagrywał ich treningi, analizował każdy detal, wszystkiego ich chciał nauczyć. To po tym zgrupowaniu i zimowych treningach Robert wrócił wreszcie gotowy, by grać jak przed kontuzją, i zaczął swoje wielkie polowanie na gole: 12 w rundzie wiosennej, 21 w następnym sezonie, już w drugiej lidze.

– Robert początkowo uciekał od mocniejszych starć, oszczędzał nogę. Ale ja zawsze wybierałem mocnych rywali do sparingów, żeby go obrońcy przećwiczyli. Ostro dostawał po nogach i okrzepł – opowiada Leszek Ojrzyński, który odszedł ze Znicza w połowie następnego sezonu, już w drugiej lidze (po nim trenerami Roberta byli jeszcze w Pruszkowie Janusz Wójcik i Jacek Grembocki).

W obydwu sezonach w Zniczu był najlepszym strzelcem rozgrywek: najpierw w 1. grupie III ligi, potem w II lidze.

Chciała go kupić ze Znicza większość klubów ekstraklasy. Wybrał ofertę Lecha, przechodząc w 2008 roku z Pruszkowa do Poznania za mniej więcej 1,5 mln złotych.

– Bartek Wiśniewski, który grał z Robertem w ataku, był bardziej wszechstronny, miał opinię większego talentu. Ale Robert ciągnął grę, inteligentnie się ustawiał, był królem pola karnego – wspomina Ojrzyński.

•••

Pruszków to jedna z sypialni Warszawy. Każdego dnia tysiące ludzi jadą stąd do stołecznych biur robić kariery. A Robert jeździł w przeciwną stronę. Przebolał, że zrobił krok w tył. Cieszył się, że znów jest zdrowy. Nigdy piłkarz tak bardzo nie docenia tego, co ma, jak wtedy, gdy wraca do gry po kontuzji.

Okazało się, że ten krok w tył Robert zrobił tylko dla nabrania rozpędu. Jak w judo: ustąp, aby zwyciężyć. Może mu ten Pruszków po prostu był pisany. Żeby przejść każdy szczebel: trzecia liga, druga, pierwsza. Żeby się wpisać w rodzinne tradycje. W Pruszkowie trenowała jego siostra Milena, gdy była w kadrze makroregionu. A trenowała ją mama. To, że w Pruszkowie ćwiczy też jego przyszła żona, w sali gimnastycznej podstawówki nr 1, która jest niedaleko stadionu, po drugiej stronie drogi do Warszawy, Robert odkrył dopiero po roku gry w Zniczu.

Poznali się na Mazurach, po pierwszym sezonie w Zniczu, na wspomnianym wcześniej obozie dla przyszłych studentów. A gdy już się zaczęli umawiać, odkryli, że nie tylko są wśród trzech osób na roku, które dzięki uprawianiu sportu mogą z większą swobodą dobierać zajęcia, ale też trenują obok siebie w Pruszkowie. I zajęcia na uczelni na Forcie Bema wybierali tak, żeby być razem.

– Na pierwsze spotkanie umówiliśmy się na obiad. Po lekcjach. Jak to dziś wesoło brzmi. A pierwsza randka była w kinie. Uczucie się szybko rozwijało, bo wszędzie byliśmy razem: na studiach, w drodze z Warszawy do Pruszkowa – wspomina Robert.

Po treningach albo Ania przychodziła po niego, albo on przez drzwi sali gimnastycznej zaglądał na trening karate i czekał na nią. W ich grupie był też Bartek Osoliński, który grał z Robertem w Zniczu i z którym do dziś się przyjaźnią.

– Jeździliśmy wtedy na treningi moim samochodem: ja, Bartek, inni koledzy, Ania. Przez rok byłem na normalnych dziennych studiach, posmakowałem studenckiego życia. Ilu piłkarzy miało taką szansę? – pyta Robert.

•••

W Zniczu Blacha i Ojrzyński uczyli, że nie ma jutra. Musisz być gotowy na wszystko już dziś. Bo nigdy nie wiesz, kiedy szansa do ciebie przyjdzie. Tam też Robert odkrył, że poważny futbol to nie musi być fabryka.

– On się tylko otarł w Legii o te czasy, gdy młodych traktowało się bez żadnych sentymentów – mówi Andrzej Blacha. – Przez lata nikomu nie chciało się ich wychowywać, skoro można kupić starszego zawodnika, gotowego do gry. Dziś patrzy się na to inaczej. Młody to inwestycja, produkt, na którym zawsze można zarobić. Więc szkoda się go pozbywać. Akademie się biją o 15-, 16-latków. Powstają fundacje, są dofinansowania, rodzice wykładają poważne pieniądze. Młodemu łatwiej wejść do ekstraklasy. Wystarczy pół roku dobrej gry, parę bramek. Ale też bardzo łatwo dziś zarobić te pierwsze 10 tysięcy miesięcznie. A to jest dla młodych wielka próba. Gdy przechodzisz do ekstraklasy, to na dwa-trzy lata trafiasz pod parasol ochronny. Bo przecież jesteś z ekstraklasy, to nie możesz być złym piłkarzem, prawda? Nie poszło ci w jednym miejscu, to cię wezmą w inne, a w najgorszym przypadku do drugiej ligi. I tak będziesz się błąkał. Niektórym te lata pod parasolem wystarczą, żeby sobie wszystko poukładać w głowie i się odrodzić: pobudka, coś jest nie tak, zaraz mnie nie będzie, pora wrócić do tego zapału, który miałem kiedyś. Ale bywa, że tego czasu nie wystarcza. Mówiłem zawsze chłopakom: pamiętajcie, skąd wyruszaliście w świat. I bądźcie takimi samymi zawodnikami jak wtedy. Zatrzymajcie w sobie ten Pruszków na długo. Bo piłkarze idą na poziom ekstraklasy, mają świetne pierwsze pół roku, gdy jeszcze żyją tym swoim dawnym światem. Ale bycie ekstraklasowcem ich dopadnie: fajna pensja, premia, pokusy. Dociera do ciebie, gdzie się znalazłeś. Widzisz, jak się zachowują ci starsi piłkarze, i ci się to udziela. Tracisz głód, grasz na podtrzymanie tego, co masz. Każdy musi przez to przejść. Tylko jeden na przejście potrzebuje tygodnia, a inny roku – dodaje Blacha.

Mówi innymi słowami to, co Robertowi powtarzał Cezary Kucharski: miej swoją mądrość, rób tak, jak czujesz, że będzie dobrze. To akurat trafiło na podatny grunt, bo Robert, jak mówi o sobie, uparty się urodził i uparty będzie zawsze.

– Zawsze musiałem wiedzieć lepiej – śmieje się. – Nie wiem, skąd mi się to wzięło. Można mi coś wmawiać długo, a ja i tak będę wiedział swoje. Przytaknę dla świętego spokoju. Ale wszystko i tak zrobię po swojemu.

Gdy latem 2008 przechodził do Lecha Poznań za niespełna 1,5 mln złotych, Kucharski powiedział mu: masz tylko jeden kręgosłup, dbaj o niego. W szatni nie idź za starszymi. Jeśli trzeba, idź pod prąd, nie dawaj sobą pomiatać.

– Jeśli jakiś trener mówi, że od początku widział w Robercie piłkarza tej klasy, to kłamie. Ja w Zniczu miałem dwóch, trzech lepszych od niego. Każdy z nas coś tam dokładał od siebie, ale nikt nie przewidział, jak daleko on zajdzie – mówi Andrzej Blacha, pierwszy trener Roberta w Pruszkowie.

Polska wracała tamtego lata pobita z Euro 2008, Jürgen Klopp komentował te mistrzostwa jako ekspert telewizyjny, a po Euro zaczął już na pełen etat przebudowywać swój nowy klub, zawróconą znad krawędzi bankructwa Borussię Dortmund. A Kucharski i Lewandowski mieli już za sobą pierwsze długie nasiadówki z notatkami: wypisywanie plusów, minusów, planowanie, dyskusje, spory.

W Legii zagrali razem, ale się nie poznali. W Zniczu połączył ich przypadek. Na lata.

Zagrali kiedyś razem z Cezarym Kucharskim w Legii, w tym meczu, w którym Robert doznał kontuzji. Ale poznali się dopiero wtedy, gdy Robert był w Zniczu Pruszków. Kucharski został menedżerem Lewandowskiego. Dziś są wspólnikami w piłkarskim biznesie.

ROZDZIAŁ 7

Menedżer, czyli projekt Robert

– Ten, który się tak dobrze porusza, to kto?
– Lewandowski. Nasz król strzelców.

Menedżerem Roberta Lewandowskiego nazywamy go z rozpędu. I żeby nie komplikować. Oczywiście, że go reprezentuje, w jego imieniu negocjuje podwyżki i transfery, prowadzi od dawna jego karierę. Ale nie są zwyczajnym duetem menedżer – piłkarz. Od dawna nie wiązała ich standardowa umowa na reprezentowanie piłkarza, taka spod sztancy FIFA, umowa, której w myśl obowiązujących jeszcze do niedawna (do 2015 roku) przepisów nie można było podpisać na dłużej niż dwa lata (za każdym razem trzeba było negocjować jej odnowienie). Nie potrzebowali takiej. Mają do siebie zaufanie. Są wspólnikami w tym samym przedsięwzięciu.

Kiedyś wystarczało, że Robert Lewandowski był najważniejszym klientem Cezarego Kucharskiego i firmy CK Sport Management. A teraz przedsięwzięcie rozrosło się na tyle, że powstała firma RL Management, której to Robert jest właścicielem, a Kucharski – szefem. Siedziby CK Sport Management i RL Management znajdują się w tym samym biurze, w kamienicy niedaleko warszawskiego placu Zbawiciela. W tej samej kamienicy ma też zresztą siedzibę jedna z najważniejszych w polskim futbolu kancelarii prawnych, reprezentująca wielu piłkarzy i trenerów, w tym niejednego z ostatnich selekcjonerów reprezentacji.

Z RL Management związani są w większości ci sami ludzie co z CK Sport. Ci sami od lat. Monika Rebizant pracowała jako specjalistka PR w biurze prasowym Legii w czasach, gdy byli tam Cezary i Robert, a teraz panuje nad tym wszystkim, co nie do opanowania – nad kalendarzami obojga Lewandowskich, organizacją spotkań, umawianiem i odmawianiem wywiadów. Współpracuje przy realizacjach kampanii reklamowych i społecznych Roberta i Ani. Kucharski mówi, że firma funkcjonuje głównie dzięki Monice, to ona dba, by wszystko się kręciło.

Mariusz Siewierski, menedżer z doświadczeniem w międzynarodowych korporacjach i funduszach inwestycyjnych, zajmuje się sprawami sponsorsko-reklamowymi już od czasu, gdy Robert był w Lechu Poznań. Siewierski ma dyplom SGH, ale też warszawskiej AWF. Specjalizację piłka nożna kończył u Jerzego Talagi, autora najsłynniejszego polskiego podręcznika o taktyce piłkarskiej. – Skończyłem z oceną bardzo dobrą. Kilku kolegów, których potem widziałem na ławkach trenerskich, miało gorsze stopnie – śmieje się Siewierski.

Czwartym w tym zespole jest Tomasz Zawiślak. Kiedyś próbował być w CK Sport poszukiwaczem talentów, szybko jednak pogodził się z tym, że drugiego Lewandowskiego nie znajdzie. Poszedł na swoje, ale nadal jest w grupie tych, którzy zajmują się karierą Roberta. Dogląda kont Lewandowskiego w mediach społecznościowych. Tyle że już nie z CK Sport, lecz z innego biura. – Nie tego – rozgląda się dookoła, gdy siedzimy w jego firmie przy ulicy Wspólnej. – Tego – pokazuje na ekran smartfona. – Tutaj mam wszystko.

Firma z siedziby na Wspólnej jest z branży internetowej, ale niezwiązanej ze sportem. A firma ze smartfona zajmuje się kontami nie tylko Roberta, ale też Wojciecha Szczęsnego.

To, co najważniejsze dla przedsiębiorstwa Robert Lewandowski, rozgrywa się jednak w firmie z okolic placu Zbawiciela. Mówiąc najprościej, Robert jest właścicielem, a Kucharski szefem odpowiadającym za dział Sport. Siewierski kieruje działem Wizerunek. Za dział Inwestycje odpowiadają wspólnie właściciel i jego ludzie.

– Ufam swoim przeczuciom, jestem ostrożny i nie lubię niewiedzy. Gdy pojawia się jakaś propozycja, muszę się wgryźć, zanim podejmę decyzję – mówi Robert.

Gdy zaczynali, Kucharski inwestował swoje pieniądze razem z pieniędzmi Roberta, żeby mu pokazać, że nie ma zamiaru się bawić za cudze.

– Ale bez przesady, nie jesteśmy bliźniętami jednojajowymi, nie wszystko robimy razem – mówi Kucharski. – W deweloperkę Robert wszedł sam. W nieruchomości na Mazurach też. Ma swojego doradcę, prawnika. Zainwestowaliśmy wspólnie na początkowym etapie. Zostaliśmy wówczas udziałowcami funduszu, do którego zostałem zaproszony, i spytałem zapraszających, czy nie mieliby nic przeciwko, aby dołączył też piłkarz. To najbardziej ryzykowna jego inwestycja, ale oczywiście dobrze sprawdzona. Spotkał się z zarządzającymi, przekonali go. On nie inwestuje pod wpływem emocji. Kupiliśmy wtedy udziały w siedmiu start-upach, potem portfel rozbudowaliśmy do 12.

•••

Kiedy Robert objeżdżał w 1996 roku z rodzicami warszawskie kluby, pytając, kto przyjmie ośmiolatka, Kucharski grał z Legią w ćwierćfinale Ligi Mistrzów. W tych ciekawych czasach, gdy drużyna musiała zagrozić strajkiem, żeby dostać premie obiecane za sukces w europejskich pucharach. A potem odbierała je w gotówce. Wtedy to były naprawdę duże kwoty, a oni ładowali wszystko do reklamówek i jechali z Legii na drugi brzeg Wisły, do centrum handlowego Panorama, bo tam mieli najbliżej do banku. Była wtedy moda wśród piłkarzy na czarne stroje i w Panoramie patrzyli na nich jak na żołnierzy mafii stojących w kolejce, by wpłacić pieniądze bossów.

To była pierwsza w karierze Kucharskiego wypłata tak wielka, że można było pieniądze zainwestować w coś poważnego. Zaczął kupować nieruchomości i tak robił już do końca kariery. Uzbierało się tych mieszkań w Warszawie ponad 20, na wynajem. To wciąż najpopularniejszy sposób inwestowania wśród piłkarzy. Robbie Fowler, napastnik Liverpoolu, był w tych inwestycjach tak obrotny, że kibice śpiewali mu swego czasu na stadionie na melodię „Yellow Submarine" Beatlesów: „We all live in Robbie Fowler's house".

To jest akurat przykład sielankowy. Można też uzbierać listę przykładów dramatycznych. Piłkarzy, którzy tracili fortuny życia, bo jakiś czarujący sprzedawca dymu wmówił im, że pomnoży ich pieniądze wielokrotnie, a potem znikał ze wszystkim. Jedni potrafili się po tym podnieść i zacząć na nowo, inni nie. Kazimierz Deyna oraz Franciszek Smuda, trener Roberta w Lechu i reprezentacji, stracili w latach 70. oszczędności życia, naciągnięci przez sprytnego Polonusa. Smuda przyznaje, że miał w tamtym czasie różne myśli, żyć mu się odechciało. Andrzej Juskowiak stracił mnóstwo pieniędzy przez nieuczciwego biznesmena, który obiecywał duże zyski z nieruchomości w byłej NRD. Johan Cruyff był na krawędzi bankructwa, bo dał się namówić na inwestycję w hodowlę świń, a Pele został ogołocony przez wspólników dwa razy.

– Nikt cię w żadnej szkole nie uczy tego, jak mieć dużo pieniędzy. Nie uczy cię, jak to jest móc kupić wszystko, na co masz ochotę, jak to jest, gdy ludzie ci ciągle mówią miłe rzeczy. My też bywamy dziećmi. Czasem 20-letnimi, czasem 25-letnimi, ale dziećmi – powiedział kiedyś w rozmowie z „Vanity Fair" Raul, słynny napastnik Realu, też oszukany przez menedżera na początku wielkiej kariery.

Argentyński trener Marcelo Bielsa mówi o piłkarzach: przedwcześni milionerzy.

– Futbol stał się tak wielkim biznesem, że młody piłkarz właściwie mógłby po wstaniu zajmować się tylko przeliczaniem, ile zarobił, gdy spał. I przez cały dzień myśleć tylko o tym, jak to wydać. Wielu tak właśnie robi. Jeśli nie ma jakiejś podbudowy, wychowania, fundamentów, horyzontów, to głowa nie wytrzymuje takiego ataku pieniędzy – mówi Zbigniew Boniek.

Sojusz futbolu ligowego z płatnymi telewizjami, wymyślony w latach 90. przez wspomnianego na początku książki Ruperta Murdocha, sprawił, że do futbolu napłynęły ogromne pieniądze. A Jean-Marc Bosman, przeciętny belgijski piłkarz, którego prawnicy w 1995 roku przed sądem Unii Europejskiej wywalczyli dla piłkarzy UE swobodę zatrudnienia taką jak w innych zawodach, sprawił, że bogactwo spłynęło już nie tylko na gwiazdy futbolu, ale też piłkarzy całkiem przeciętnych.

Bosman wysadził w powietrze stary system transferowy, w którym piłkarz był jak chłop pańszczyźniany, przypisany do klubu. Czasem opłacany po królewsku, ale jednak o jego przyszłości zawsze decydował klub. A prawo Bosmana wprowadziło kontrakty zawierane na konkretną liczbę sezonów, po tym czasie piłkarz był wolny. To zmieniło układ sił w futbolu, sprawiło, że kluby musiały zacząć mocno zabiegać o zawodników, namnożyło się menedżerów. Powstał też nieznany wcześniej rodzaj transferu – bez sumy odstępnego przekazywanej między klubami. Chodzi o przypadki piłkarzy, którym skończył się kontrakt w poprzednim klubie i mogą sobie swobodnie wybrać nowy. A spora część pieniędzy, które nowy klub zaoszczędził na sumie odstępnego, trafia do kieszeni tych piłkarzy jako bonus, nagroda za podpisanie kontraktu.

Dzięki Bosmanowi oraz Murdochowi i jego naśladowcom piłkarze, którzy zarabiali w tysiącach, zaczęli zarabiać w dziesiątkach tysięcy. Ci, którzy zarabiali w dziesiątkach tysięcy – w setkach tysięcy. I tak dalej. Nawet klasa robotnicza futbolu mogła zacząć żyć jak klasa próżniacza. Zaczęły się barwne opowieści z życia przedwczesnych milionerów. Jermaine Pennant, kiedyś dobrze zapowiadający się pomocnik m.in. Liverpoolu i Realu Saragossa, ale żadna wielka gwiazda, dostał kiedyś telefon z klubu, żeby zabrał wreszcie samochód z miejsca, gdzie go zaparkował. Pennant nie zapomniał, gdzie zaparkował. On zapomniał, że w ogóle ma ten samochód. Jeden w jedną czy w drugą stronę, kto by się połapał. Jego porsche stało przy dworcu kolejowym przez pięć miesięcy. W środku były zatrzaśnięte kluczyki.

•••

Kucharski grał w innych czasach, za inne pieniądze, ale dylematy były takie same: trwonić albo odkładać. Koledzy śmiali się z niego w czasach gry w Legii, że jeździ służbowym polonezem, on śmiał się z kolegów w czasach reprezentacji, że licytują się, kto ma więcej samochodów, bo jemu wydawało się to tak sensowne jak palenie pieniędzmi w piecu.

– Teraz świadomość piłkarzy jest większa, jest więcej informacji o możliwościach inwestowania, zawodnicy się tym naprawdę interesują – mówi Kucharski.

Była w polskiej piłce grupa piłkarzy grających na giełdzie, niektórzy z sukcesami, ale jego zdaniem piłkarz sam raczej nie powinien się w to bawić, lepiej już zlecić to komuś wyspecjalizowanemu, bo emocje są za duże. Można się uzależnić, a ryzyko na etapie nauki jest spore.

– Piłkarz ma się skupić na graniu, a inwestowanie powierzyć fachowcom. Robert pewnie do końca kariery będzie zarabiał więcej na boisku niż poza nim. Chyba że stworzy jakąś wielką firmę – mówi Kucharski.

Przedsiębiorstwo Robert Lewandowski jest najlepiej zarabiającym w polskim sporcie. I dział Sport przynosi mu na razie dochód kilkakrotnie wyższy niż dział Wizerunek, choć dochód z tego ostatniego systematycznie rośnie. Roczny kontrakt Lewandowskiego z Bayernem jest szacowany na 11 mln euro, a przychody z umów reklamowych z Coca-Colą, Huawei, Gillette, Nike i współpracy z firmami VIP Pictures i Panini szacowano w 2015 roku na 2 mln euro. Doliczyć do tego trzeba jeszcze podpisane w 2016 roku umowy z Vistulą oraz Procter & Gamble. Dział Inwestycje też rośnie. – Jeden start-up już sprzedaliśmy, z kilkukrotnym przebiciem. Teraz myślimy o powiększeniu portfela – mówi Kucharski.

– W parze piłkarz – menedżer jest tak jak w każdym innym biznesie: musisz czuć, że druga strona daje ci jakąś wartość. Tylko wtedy współpraca jest dobra. Jeśli tego nie czujesz, lepiej się rozstać. Dlatego z niektórymi piłkarzami podpisywałem standardową umowę, a z innymi była taka nić zaufania, że nie musiałem. Jeśli nie ma zaufania, szkoda czasu – tłumaczy Kucharski.

W ostatnich latach pośredniczył przy transferze polskich piłkarzy do kilku największych lig: Roberta do Borussii i Bayernu, Grzegorza Krychowiaka do Sevilli, Rafała Wolskiego do Fiorentiny, Krystiana Bielika do Arsenalu. I z niektórymi drogi się rozchodziły. Z Krychowiakiem, który przeszedł do grupy menedżerskiej prowadzącej interesy Wojciecha Szczęsnego. Z Wolskim, o którym Kucharski mówi: – Wydawało mi się, że go dobrze poznałem. Ale może mi się tylko wydawało.

– Bycie agentem, który mówi piłkarzowi to, co ten chce usłyszeć, to nie dla mnie. To musi być dyskusja, wnioski, otwartość na zmianę myślenia – tłumaczy.

Z Robertem się spierają, ścierają, irytują i dochodzą do porozumienia. Obaj mają swoje zdanie i są uparci, więc czasem to trwa naprawdę długo. Kucharski się śmieje, że jeszcze mu się nie zdarzyło usłyszeć od Roberta: miałeś rację. Ale znajdują kompromis.

– Czarek zawsze mówił nam, co jest u Roberta dobre, co złe. Co trzeba wzmocnić, co poprawić. Teraz to już Robert ma swoją wiedzę i poprawia Czarka. Ale Czarek to dobrze znosi – uśmiecha się Iwona Lewandowska.

– Ja czasami bywam dla niego miły – puszcza oko Kucharski. – Monika Rebizant i Ania mówią, że tak naprawdę jesteśmy do siebie bardzo podobni. Ja tego nie widzę, ale skoro tak mówią... Robert jest trudnym partnerem, bo im wyżej idziesz, tym większe są potrzeby, wymagania, obracasz się wśród coraz lepszych piłkarzy. Pojawiają się wokół ciebie inni ludzie, a piłkarze lubią dobry bajer. W tym środowisku nietrudno spotkać kogoś, kto ci wmówi, że ma dla ciebie genialny pomysł – maszynę do robienia pieniędzy. Ty tylko musisz dać na start. Robertowi proponowali już i budowę sieci przedszkoli, i klubów nocnych, i produkcję trumien na rynek moskiewski, widać jest tam duży zbyt. Pod tym względem jest trudniej niż na początku. Ale tylko pod tym względem. Bo Robert jest teraz pewny siebie, świadomy i wiele innych problemów odpada. Więcej rozumie. Nie muszę mu już tak dużo tłumaczyć, dlaczego coś robimy i dlaczego robimy to właśnie tak – mówi Kucharski.

Rozwijali się i zmieniali obaj. Razem z kolejnymi awansami Roberta puchła lista ważnych numerów w telefonach ich obu, obaj uczyli się negocjacji, odmawiania, życia pod presją mediów, które nie zawsze były zachwycone ich wyborami. Znaleźli też odpowiednio wcześniej człowieka, który pomógł im w przerzuceniu mostu na Zachód. Maik Barthel, starszy od Kucharskiego o kilka lat, kiedyś zdolny piłkarz po szkole sportowej w Dreźnie, karierę przegrał przez kontuzję kolana. Potem szukał szczęścia gdzie indziej. W trenowaniu, w branży ochrony przeciwpożarowej, w szukaniu piłkarskich talentów dla klubów. Założył w Liechtensteinie firmę Eurosportsmanagement. W 2008 roku zadzwonił do niego Kucharski. Dostał numer od wspólnego znajomego, Ryszarda Komornickiego, byłego reprezentanta Polski, który karierę kończył w Szwajcarii i tam został trenerem.

– Maik jest moim wspólnikiem, od kiedy Robert był w Lechu. Wtedy zacząłem szukać partnerów za granicą. Na rynku niemieckim, bo wydawał mi się najlepszy dla polskiego piłkarza. Spytałem Ryśka Komornickiego, czy zna człowieka, który rozumie futbol, jest pracowity, któremu się chce. Miałem bardzo dużo propozycji z dużych agencji menedżerskich ze świata. Ale widziałem, jak oni pracują. Nie chciałem trafić z Robertem do fabryki. Chciałem budować coś swojego – mówi Kucharski.

Dziś są z Barthelem wspólnikami w Eurosportsmanagement. CK Sport Management prowadzi tylko Polaków. Eurosportsmanagement reprezentuje też piłkarzy zagranicznych. Firma, jak zwrócił uwagę „Der Spiegel", urzęduje w Liechtensteinie w biurach, które kiedyś zajmował Robert Schwan. Czyli pierwszy prawdziwy menedżer piłkarski

Niemiec. Były sprzedawca warzyw i ubezpieczeń, który w latach 70. zaczął prowadzić interesy piłkarzy, przecierając nieznaną wtedy w Bundeslidze drogę. I słyszał na każdym kroku, że jest chciwcem, szkodnikiem i pcha się w konflikty interesów. Będąc dyrektorem w profesjonalizującym się dopiero Bayernie Monachium (to właśnie Schwan był tam pierwszym dyrektorem na etacie), zaczął jednocześnie prowadzić karierę Franza Beckenbauera. I z czasem zajął się tylko budowaniem sportowo-biznesowych karier. Nie wyłącznie piłkarzy, reprezentował też w swoim czasie skoczka narciarskiego Jensa Weissfloga. Ale to Beckenbauer był projektem jego życia. Schwan zmienił go w machinę reklamową, wynegocjował dla niego królewskie kontrakty, pomógł stworzyć prywatne imperium, jakiego nikt inny w Niemczech nie zbudował na futbolu. A i w świecie niewiele było potężniejszych. Aż do śmierci Schwana w 2002 roku pozostali z Beckenbauerem przyjaciółmi.

Kucharski uśmiecha się, nie wiedział, że to było biuro Schwana. Siedzibę wybrał Maik. – Eurosportsmanagement to wehikuł, który buduję, żeby mieć kiedyś silną pozycję w Europie. Ja dopiero w tym biznesie zaczynam.

•••

Mówi, że wierzy w przeznaczenie. Lewandowski był trzecim piłkarzem, z którym zaczął współpracować. W 2006 roku przestał być zawodowym piłkarzem, w połowie 2007 zagrał w towarzyskim pożegnalnym meczu Legii z jego pierwszym klubem, Orlętami Łuków, a kilka miesięcy później wykopał skarb, choć szukał czegoś innego.

Pierwszym piłkarzem, którego prowadził, był Dariusz Pietrasiak z GKS Bełchatów. Drugiego piłkarza nie pamięta. Nie musi. W grudniu 2007 roku przyjechał do hali w Pruszkowie, bo po znajomości pomagał akurat Andrew Ornochowi, Polakowi kanadyjskiego pochodzenia, który z Węgier trafił na testy do Jagiellonii Białystok. Jagiellonia przełożyła sprawdzian o trzy dni, trzeba było Ornochowi zapewnić na ten czas warunki do treningów. Znicz zgodził się pomóc, Kucharski woził Ornocha do hali i tam miał moment olśnienia. W hali trenowali piłkarze drugoligowego już Znicza, w tym Robert, ich najlepszy strzelec i w trzeciej, i drugiej lidze.

Cezary Kucharski grał z Legią w Lidze Mistrzów, z Polską w mundialu w 2002 roku. Już rok po zakończeniu kariery był menedżerem Roberta. Dziś jest szefem firmy RL Management, której Robert jest właścicielem.

– Zobaczyłem niesamowitego gościa. Jakby z polskimi koszykarzami grał chłopak z NBA. Bardzo fajnie się poruszał i mocno uderzał piłkę. Zapytałem:

– A ten to kto?

– Lewandowski.

Jeszcze nie wiedział, jakim chce być menedżerem, w jakich rynkach chce się wyspecjalizować, jak budować kariery. Po prostu zobaczył piłkarza i już wiedział, że trzeba zacząć działać. Za sześć miesięcy ten piłkarz zagra w reprezentacji do lat 21, wreszcie jako reprezentant ważny, a nie tylko na doczepkę. Za sześć i pół miesiąca przejdzie do klubu w ekstraklasie. Za dziesięć miesięcy będzie w reprezentacji Leo Beenhakkera.

– Zaprosiłem go na spotkanie, bo chciałem poznać rodzinę, otoczenie, jego drogę, psychikę. Każda informacja jest ważna. Zwłaszcza gdy pojawi się jakiś problem. Pamiętam, że spotkaliśmy się w hotelu Ibis, koło Varsovii, z mamą, siostrą, Anią i Robertem. Powiedziałem im, że Robert będzie wielkim piłkarzem. „Wam to się wydaje abstrakcyjne, ale tak będzie" – mówiłem i sam nie wiem, skąd miałem taką pewność. Jakoś w to wierzyłem. Po miesiącu czy dwóch podpisaliśmy umowę. Trudno jest zdobyć jego zaufanie. Nawet gdy już mieliśmy umowę, to jeszcze mnie testował, nie był pewien, czy go nie oszukam. Kluby cały czas do niego dzwoniły, składały oferty. Chciała go cała polska liga. Ostrzegali go: Kucharski cię oszuka, pójdziesz tam, gdzie on dostanie najwyższą prowizję. Nawet dostałem od niego takiego esemesa: „Mam nadzieję, że pójdę tam, gdzie jest dla mnie najlepsze miejsce, a nie tam, gdzie dostaniesz największą prowizję". Wziąłem go na spotkanie, pokazałem jaką pensję wynegocjowałem w Lechu. „Cztery razy więcej niż oczekiwałeś. Gdybym chciał, już bym cię oszukał". Próbowali go rozgrywać, zniechęcali do mnie. On jeszcze tego wtedy nie rozumiał. A to jest codzienność w tej branży. Skłócanie menedżera z piłkarzem, podbieranie klientów.

•••

Kucharski jest takim menedżerem, jakim był piłkarzem. Nie odstawia nogi i nie spuszcza głowy. W karierze na boisku wycisnął z każdej szansy więcej, niż ktokolwiek się spodziewał. I nie darował żadnej krzywdy. W biznesie jest podobnie, uzbierał całą kolekcję procesów z kontrahentami, którzy nie wywiązali się ze zobowiązań.

– Wiem, Biblia mówi, żeby nadstawiać drugi policzek. Ale ja nigdy taki nie byłem. Wolałbym nie wchodzić w spory i się nie procesować. Ale nienawidzę przegrywać. Jestem chłopakiem z Łukowa, ukształtowanym przez tamtejsze środowisko, nie umiem odpuszczać. Ktoś musi walczyć – mówi. Jako piłkarz też ze swoimi Orlętami z rodzinnego Łukowa musiał wejść w spór i nawet grozić zakończeniem kariery, żeby móc odejść do Siarki Tarnobrzeg. Gdy Iraklis Saloniki chciał go zmusić do zgody na obniżenie kontraktu, a menedżer zostawił go z tym samego, Kucharski wziął sprawy w swoje ręce: sam wydzwaniał do FIFA i UEFA, znalazł prawników. I wygrał.

Gdy zostawał menedżerem, miał tylko jeden konkretny pomysł na to, jak chce to robić – inaczej niż ci, z którymi miał do czynienia. Być bardziej doradcą niż pośrednikiem i stawać po stronie piłkarzy, a nie klubów. Pomagać budować karierę, a nie przesuwać z klubu do klubu, byle coś się działo. Świat pośredników piłkarskich jest słabo uregulowany, bardzo rzadko biało-czarny i znajdziesz tu każdą ludzką historię. Byłych piłkarzy, byłych trenerów, byłych dziennikarzy, byłych sprzedawców wszystkiego innego, bywalców. Ojców, którzy negocjują w imieniu synów. I ojcowie są tak samo dobrzy w wyciąganiu milionowych prowizji jak wszyscy inni, nie dają też wcale gwarancji, że będzie partnersko i bez kłopotów, choćby podatkowych.

Z piłkarzami Kucharski umawia się na to, że będzie złym policjantem. W parze z Maikiem Barthelem też jest tym złym. Tym, który kłócił się z Borussią Dortmund, że Polak nie weźmie byle czego i czeka na prawdziwą podwyżkę. Tym, który powiedział potem szefom Bayernu na finiszu negocjacji, że Real Madryt wszedł do gry, proponując dużo więcej, i muszą jakoś na to zareagować.

– To jest trudne. Musiałem się nauczyć z tym żyć. I dopiero z czasem, gdy zobaczyłem, że tak naprawdę trzeba, zrobiło się lżej na duchu – mówi Kucharski.

On się kłóci, żeby Robert nie musiał. Jest kontrowersyjny, żeby Robert mógł być gładki. Wymarzył sobie kiedyś, że zrobi z polskiego piłkarza kogoś takiego jak David Beckham. Nie w tym sensie, że miałby dyktować trendy w modzie, zmieniać co chwila fryzurę i mieć żonę z girlsbandu. Tylko polskiego Beckhama, który wyprowadzi futbol ze sportowego getta. Piłkarza, na którego fotoreporterzy będą polować na ściankach, nawet gdy nie dzieje się nic związanego ze sportem. Piłkarza – produkt luksusowy. Cieszył się, gdy Lewandowski zaczynał się przyjaźnić z kimś ze świata filmu, zapoznawał go z politykami, gdy był posłem Platformy Obywatelskiej. Lewandowski był też pierwszym w polskiej piłce, któremu doradcy autoryzowali wywiady.

– Ile ja głupot nawygadywałem jako piłkarz. I jaki byłem z tego dumny. Wchodziłem w konflikty, traciłem energię. Dziś wiem, że to było bez sensu. Trzeba się było skupić na graniu. I przekonałem do tego Roberta. Teraz on jest już na takim poziomie, że trzeba go

Od 2014 roku Robert jest jedną z twarzy kampanii społecznych UNICEF-u.

przede wszystkim strzec przed różnymi zajęciami niezwiązanymi z piłką. To jest bardzo trudne. Gdy wchodzisz na taki poziom, masz pełno zobowiązań wobec różnych partnerów. My walczymy, żeby było tego jak najmniej. I przekonujemy Roberta, żeby już sam od siebie nic nie dokładał – mówi Kucharski.

– Robert wchodzi w projekty sponsorskie i reklamowe na samym końcu – mówi Mariusz Siewierski. – Do mnie spływają propozycje i podejmuję pierwszą decyzję: decydujemy się czy nie. Potem pytam nasz zespół: czy to jest coś, w czym się będziemy dobrze czuli, coś, co będzie dla Roberta i Ani naturalne? I potem może wkroczyć Robert. On jest zadaniowcem. W sesjach dla sponsorów robi w kilka godzin to, na co zwykle potrzeba kilkunastu. Nasi partnerzy są czasem przerażeni, bo wydaje im się, że to za mało czasu. A on przyjeżdża przygotowany, zmobilizowany i załatwione. Czasem partnerzy dzwonią do mnie i pytają: naprawdę nie musi być konkretnej temperatury wody i powietrza w pokoju hotelowym Roberta? Opowiadali nam przy jednej z sesji o artystce, która na każdy łyk potrzebowała innej filiżanki. Sportowcy są inni, nastawieni na wynik.

Siewierski z Kucharskim zna się jeszcze z Tarnobrzegu. – Czarek był wtedy młodym, obiecującym piłkarzem Siarki, a ja młodym pracownikiem dużej amerykańskiej korporacji – wspomina. Zaprosił

Kucharskiego do wygłoszenia serii wykładów w szkołach, o zasadach sportowej rywalizacji. Z czasem kontakt się urwał, obaj rozjechali się w różne strony robić kariery. Spotkali się po latach na stadionie Znicza w Pruszkowie. Siewierski przyszedł tam jako kibic, Kucharski – żeby szukać utalentowanych piłkarzy. Doszli do wniosku, że widać było im przeznaczone, żeby jeszcze coś w życiu zrobić razem.

•••

Lewandowski i Kucharski od początku współpracy dużo rozmawiali. Gdy przyjeżdżali wysłannicy zachodnich klubów, Robert też szedł na spotkania. Żeby współdecydował i żeby się uczył. Prosili o konsultacje i rady różnych ludzi ze środowiska. Bogusław Kaczmarek, ówczesny asystent Leo Beenhakkera, którego Kucharski znał jako trenera ze Stomilu Olsztyn i Górnika Łęczna, rysował im na kartce, jak dziś powinien grać nowoczesny środkowy napastnik, jak się poruszać, jak zachowywać.

– Niezły Picasso mi na tej kartce wyszedł – wspomina Kaczmarek.

– Takie spotkania czy rozmowy z ludźmi z zachodnich klubów były dobre, bo Robert cały czas dostawał informacje, co inni o nim sądzą, ile go dzieli od wielkiej piłki – mówi Kucharski.

Wypisywali plusy i minusy kolejnych decyzji.

– Żeby Robert rozumiał, dlaczego nie idzie tam, gdzie jest tylko najwięcej pieniędzy, żeby się nie bał, kiedy się zacznie kampania medialna przeciwko nam, żeby zrozumiał mechanizmy rządzące futbolem. Bo ja nie rozumiałem wszystkich, gdy grałem – mówi Kucharski.

Nacisk mediów przerobili najmocniej w Borussii, gdy walczyli w 2013 roku o odejście, a niemieckie gazety niemal bez wyjątku brały stronę Borussii. Polskie, z wyjątkami, też, bo to była taka piękna historia, trzech Polaków razem na szczycie, a Lewandowski z Kucharskim chcieli odejść gdzie indziej. „Bild" w felietonach wzywał Roberta, żeby wziął się do pracy dla tego, kto mu płaci. U nas pisano, że dla milionów euro Lewandowski wybiera ławkę rezerwowych w Monachium.

– Czułem ogromną presję polskiego środowiska piłkarskiego, które uważało, że Robert to nie jest piłkarz na taki wielki klub jak Bayern. „Lepiej niech zostanie w Dortmundzie". Bezpieczniej, wygodniej. Ale dla mnie każdy sportowiec, który poczuje się wygodniej, przestaje się rozwijać – tłumaczy Kucharski. – W tamtym czasie uważałem, że musimy narobić rabanu w mediach, bo nasz partner z Borussii nie dotrzymywał danego słowa, że latem 2013 pozwoli Robertowi odejść za dobrą cenę. I przerzucał odpowiedzialność na mnie. Ale jeśli trzeba, potrafię też zniknąć z mediów na długo – mówi Kucharski. Wie, że jest w Polsce nielubiany. W Niemczech, jak mówi, jest pod tym względem lepiej. Z ludźmi z Borussii ciągle ma kontakt, pytali już o kolejnych piłkarzy.

Z Bayernem negocjowali inaczej. W rozmowach o przedłużeniu kontraktu obie strony grały twardo, ale fair.

– Uczymy się, jesteśmy mądrzejsi niż dwa lata wcześniej. A Bayern nigdy nie próbował z nami żadnych sztuczek, nie rozgrywał nas przez media, nie budował jednostronnego przekazu. Niby to typowe działanie klubów, ale Bayern tego nie robił. I my chcieliśmy odpowiedzieć tym samym – mówi Kucharski.

•••

Transfery to bardzo specyficzny biznes. Cena jest sprawą bardzo umowną. Najwyższe kwoty transferowe już dawno przestały zależeć tylko od tego, jak kto gra w piłkę. Liczy się też, jakie rynki pomoże podbić marketingowo. Wielki transfer stał się takim wydarzeniem jak wielki mecz. Plotki transferowe stały się oddzielnym gatunkiem pisania o futbolu. Ceremonię prezentacji Cristiano Ronaldo na stadionie Realu po sprowadzeniu go z Manchesteru United za rekordową kwotę jeden z hiszpańskich komentatorów nazwał świecką mszą. Biskup też wtedy był na stadionie Santiago Bernabéu.

Można transfery najlepszych piłkarzy porównać w pewnym sensie do handlu dziełami sztuki. Tyle że to są takie dzieła sztuki, które mogą same decydować, u którego kolekcjonera będzie im lepiej, które miewają humory, które z tym kolekcjonerem negocjują, na jak długo u niego zostaną i za ile.

Zachłystujemy się handlem piłkarzami, a lekceważymy biznes przedłużania umów. Tam się toczy fascynująca czasem gra o zdobycie przewagi – klubu nad piłkarzem i odwrotnie. Klub zawsze chce mieć z piłkarzem jak najdłuższy kontrakt. A piłkarz – jak najkrótszy. Im więcej czasu zostało do końca kontraktu, tym drożej można takiego piłkarza odsprzedać zdeterminowanemu nabywcy. Im bliżej końca kontraktu, tym większa władza piłkarza nad własnym losem. Dlatego jeśli piłkarz przedłuża kontrakt o kolejny rok, dwa czy trzy, to z reguły nie jest to informacja, że do tego czasu w klubie zostanie. To informacja, że piłkarz zgodził się ograniczyć wpływ na własną przyszłość w zamian za podwyżkę. A jeśli nie przedłuża, to znaczy zwykle, że ma dużo lepszą propozycję i już się wstępnie z nowym pracodawcą porozumiał. Pół roku przed końcem kontraktu może oficjalnie, z wyprzedzeniem, podpisać umowę z nowym pracodawcą. Tak jak Robert podpisał w styczniu 2014 roku umowę na przejście do Bayernu. Stając się jednym z najlepszych piłkarzy sprowadzonych bez sumy odstępnego, od kiedy obowiązuje tzw. prawo Bosmana.

•••

– To jest klucz w rozwoju piłkarza: trzeba pilnować, by żadna strona nie stała się zakładniczką drugiej. Piłkarz nie może zdać się na łaskę działaczy. Bo oni niemal zawsze chcą go posłać tam, skąd dostaną więcej pieniędzy. Staraliśmy się zawsze trzymać taką równowagę – mówi Kucharski. Gdy się związał z Robertem, Znicz właśnie chciał przedłużyć kontrakt. Kucharski to Robertowi odradził. – On trochę chciał przedłużyć, bo dostałby podwyżkę, trochę nie chciał. Ja uważałem, że to nam ograniczy swobodę – wspomina.

Tak się zaczynała ich wspólna podróż w górę. Nieraz się po drodze przekonają, że można wypisać wszystkie plusy i minusy, ale potem i tak się zaczyna ucieranie tego planu z życiem, slalom między oczekiwaniami różnych stron. Gdyby to zależało tylko od Znicza, pewnie władze tego klubu sprzedałyby Roberta do Legii. Ale on sam z trzech klubów, między którymi wybierał: Legii, Wisły i Lecha, wobec tego pierwszego miał największe opory i chciał wyższej pensji. A w Legii nie do końca byli przekonani do wykładania pieniędzy, bo to oznaczałoby przyznanie się do błędu z lata 2006, gdy się Lewandowskiego pozbywali.

– Lech był najbardziej zdeterminowany, ja uważałem, że to najlepsze miejsce, bo szedł w górę, miał dobrych piłkarzy, w ataku Hernana Rengifo, obok którego było miejsce dla kogoś jeszcze. A Legia miała Takesure'a Chinyamę, który strzelał bramki, ale nikomu nie podawał. Ale gdyby przy Łazienkowskiej byli naprawdę zdeterminowani, kto wie, jak by to się skończyło – mówi Kucharski.

Rozmowy z Wisłą rozbiły się z kolei o prowizję dla niego. Standardową, taki sam procent od kontraktu zgodził się zapłacić Lech Poznań. Ale Wisła nie chciała zapłacić, właściciel klubu zatrudniał wtedy Jacka Bednarza jako dyrektora sportowego i ktoś mu podszepnął, że Bednarz i Kucharski jako znajomi legioniści będą chcieli go oskubać. Stanęło na Lechu.

Gdyby potem następny transfer Roberta też zależał tylko od Lecha, to Robert nie trafiłby do Borussii, bo zapłaciła mniej, niż proponowały inne kluby: Fenerbahçe, Szachtar Donieck, Zenit Sankt Petersburg.

– Ja od początku czułem, że to powinna być Borussia – mówi Robert. – Coś mi w środku podpowiadało, że trzeba tam. Może przez chwilę pomyślałem o Wschodzie czy o Fenerbahçe. Ale tylko przez chwilę. Mnie zawsze Zachód interesował.

– Kiedyś jako dziecko jeździł na wymianę na pogranicze niemiecko-holenderskie. Mieszkał u rodziny, wracał zachwycony – wspomina Iwona Lewandowska. – Mówił mi: „Mamo, jak ja bym chciał tam być, na takich boiskach trenować. Tam nawet do obory jest kostka położona. Ja zrobię wszystko, żeby tam grać". Zawsze lubił geografię i pokazywał na mapie: tu muszę pojechać, to zwiedzić.

Mariusz Lewandowski, który był piłkarzem Szachtara Donieck, gdy rozstrzygały się losy transferu Roberta z Lecha do zagranicznego klubu, mówi, że on sam zrobił wiele, żeby młodszy Lewandowski nie trafił na Wschód.

– Wiem, to zabrzmi nieskromnie, ale oferta Szachtara dla Lecha była już właściwie gotowa, gdy do mnie podszedł nasz właściciel Rinat Achmetow. Chciał dać za Roberta 8 mln euro (Borussia zapłaciła ok. 4,5 mln plus 250 tys. euro bonusu po awansie do rundy grupowej Ligi Europy – P.W.), mnie chciał tylko zapytać, jak ja to widzę, czy Robert byłby potrzebny. Powiedziałem, że byłby potrzebny, ale nie będzie tu szczęśliwy, bo nie będzie grał. Nasz trener Mircea Lucescu miał sposób na budowanie ataku w oparciu o Brazylijczyków. I zawsze rządziła ta czwórka, piątka naszych Brazylijczyków. Znali się jak łyse konie i błyszczeli na boisku. Nasza filozofia ataku była latynoska, a nie latynosko-polska. Rozmawiałem o tym z Robertem na zgrupowaniu kadry. Śmiesznie wyszło, jeden Polak zniechęcił drugiego. Ale wyszło na dobre. To nie problem kupić piłkarza, problem go potem nie zmarnować. Mógłby nie grać w najważniejszych meczach – wspomina tamte rozmowy Mariusz Lewandowski.

Propozycje z zagranicy Robert miał już wtedy, gdy odchodził ze Znicza. Ale wówczas wyjazdem nie byli zainteresowani.

– Za duże ryzyko. Za dużo komplikacji, za dużo zmian. Ania studiowała, Robert studiował. Nie był ani gotowy, ani chętny. Ja się bałem, że przystosowanie się do tej zmiany zablokuje jego rozwój jako piłkarza – mówi Kucharski.

Chcieli najpierw coś osiągnąć w polskim klubie, żeby z zagranicy przyszły naprawdę dobre oferty. Lech wydawał się idealnym miejscem. Nie był wtedy najlepszy w Polsce, mistrzem była Wisła. Nie proponował najwięcej pieniędzy ani Zniczowi, ani im. Ale proponował dość i kusił najlepszymi perspektywami. Na liście plusów wypisali sobie, że w Poznaniu grają ofensywnie, a drużyna będzie szła w górę. Wśród minusów: że u znanego z ciężkiej ręki Franciszka Smudy młodzi nie zawsze radzą sobie na treningach. I legijną przeszłość Lewandowskiego.

W czerwcu 2008 roku Robert przeszedł do Lecha za niespełna 1,5 mln złotych. A żegnający się ze sztabem kadry Bogusław Kaczmarek mówił tego lata do Beenhakkera na lotnisku w Wiedniu, gdy reprezentacja czekała na samolot powrotny z nieudanego Euro 2008:

– Boss, ja tu kończę pracę. Ale pamiętaj: nasza dziewiątka na najbliższe lata to Lewandowski.

Lech to był przeskok do innego świata: ekstraklasa, europejskie puchary, już po kilku tygodniach debiut w reprezentacji. – W Poznaniu nabrałem pazerności na karierę – mówi Robert. Zdjęcie z pucharowego meczu Lecha z Grasshoppers Zurych, sierpień 2008 roku.

ROZDZIAŁ 8

Lech, czyli na budowie

– Dziś znasz ich tylko z telewizji.
Ale po dwóch tygodniach zobaczysz,
że niewiele was dzieli.

Z kamerami się oswoił, bo już mecze Znicza w drugiej lidze były transmitowane. Ale to jego nowi koledzy z szatni Lecha byli piłkarzami z telewizji, a nie on. Oglądał ich w ekstraklasie. Piotra Reissa, który pierwsze gole dla Lecha strzelał, gdy Robert miał sześć lat. Manuela Arboledę, zdobywcę mistrzostwa Polski z Zagłębiem Lubin, najtwardszego obrońcę ligi, który właśnie przenosił się do Poznania. Niektórych oglądał w meczach reprezentacji, i to w wielkich turniejach: Bartosza Bosackiego, Rafała Murawskiego. A teraz sam wchodził w ten świat.

Pierwszy mecz ekstraklasy, który pamięta do dziś, to było nieprawdopodobne 2:3 na Łazienkowskiej, gdy w 1997 roku Legia przegrała z Widzewem, tracąc trzy gole i mistrzostwo Polski w pięć minut. Widzew prowadził wtedy Franciszek Smuda, który teraz czekał na niego w Lechu.

– Tak, piłkarzy Lecha znasz dziś tylko z telewizji, ale poćwiczysz trochę z nimi i po dwóch tygodniach się przekonasz, że wiele cię od tego poziomu nie dzieli – usłyszał od Cezarego Kucharskiego, gdy jechał na pierwsze zgrupowanie. I przekonał się po tych dwóch tygodniach, że Kucharski ma rację. A po dwóch miesiącach przekonali się wszyscy. Bo wszystko mu się wtedy udawało. Wszedł do ekstraklasy łatwiej niż kiedyś do trzeciej ligi. Nie musiał się odbudowywać, odzyskiwać wiary, gryźć z wątpliwościami. Po prostu strzelał, raz za razem, jakby to ciągle był Znicz. Wysoka fala, którą złapał w Pruszkowie, dalej go niosła. Nabierał coraz większej pewności siebie. Debiut w ekstraklasie – przepiękny gol piętą z GKS-em Bełchatów, w pełnym biegu. Debiut w europejskich pucharach – zwycięski gol z Chazarem Lenkoran. Z 15 metrów, po ziemi, przy prawym słupku.

– Robert przeskoczył łatwo z drugiej ligi do ekstraklasy, bo już potrzebował takiego wyzwania. W Zniczu zaimponował mi tym, że się za każdym razem zabierał z piłką, w ruchu, ciągnęło go do bramki. Z resztą mu trzeba było pomóc, ale najbardziej mu w tym pomogło właśnie przejście do ekstraklasy. Musiał walczyć o pozycję w nowym miejscu, a do tego gra w ekstraklasie jest bardziej płynna niż w niższych ligach, napastnik dostaje dokładniejsze piłki. W Zniczu Robert był czasem zdany na własne siły. W ekstraklasie nie i dużo szybciej mógł się rozwijać – tłumaczy Franciszek Smuda. – Lech był drużyną w tamtym momencie idealną dla niego. Grającą ofensywnie, stwarzającą mnóstwo sytuacji, pełną piłkarzy głodnych sukcesu. Do ataków włączali się obrońcy, pomocnicy dużo widzieli i nie grali egoistycznie – wylicza Andrzej Juskowiak.

Po pięciu pierwszych meczach w lidze Lewandowski miał pięć goli, z czego trzy wyprowadzające zespół na prowadzenie. Po trzech pierwszych meczach w europejskich pucharach – trzy gole. W kilka miesięcy w Lechu Robert zapracował na tytuł odkrycia roku 2008 w plebiscycie „Piłki Nożnej". Zaczął się uczyć nowego świata: wywiadów, zainteresowania mediów, wkrótce dostał pierwsze propozycje sponsorskie.

Otrzymał powołanie do reprezentacji – i oczywiście również strzelił w debiucie gola. Już po siedmiu minutach od wejścia na boisko. 10 września 2008 roku w meczu wyjazdowym z San Marino w eliminacjach do mundialu 2010. Najszybciej doskoczył do piłki odbitej od słupka po strzale Euzebiusza Smolarka i golem na 2:0 zakończył męki reprezentacji w meczu ze słabeuszem. Polska była w tym spotkaniu bliska straty bramki przy 0:0 (Łukasz Fabiański obronił rzut karny), prowadziła 1:0 po golu Smolarka i dopiero bramka Lewandowskiego z 67. minuty sprawiła, że można było przestać się bać.

To była kadra, która walczyła o awans do mundialu w RPA, ale najpierw musiała się podnieść po ciosach z Euro 2008. Leo Beenhakker stracił po tym turnieju wiele czaru. Jeszcze go na chwilę odzyska dzięki zwycięstwu nad Czechami późną jesienią. Ale kilka dni później przegra w dramatycznych okolicznościach ze Słowacją, potem zmienią się władze PZPN, zaczną się kłótnie trenera z nowym prezesem Grzegorzem Latą. Spokój już tu nie wróci, zwycięstwa też nie, Beenhakker odejdzie jesienią 2009. Robert nie był u niego piłkarzem pierwszoplanowym. Miejsce w podstawowym składzie dostawał w towarzyskich meczach, w tych o punkty rzadko. Beenhakker go cenił, ale wprowadzał do wielkiej gry powoli.

– Wystarczyło kilka jego meczów w Lechu, żeby dostrzec talent i możliwości. Wysłałem powołanie, ale brałem żółtodzioba, który dopiero skończył 20 lat. Świetnego żółtodzioba, ale brałem go na momenty. Wprowadzałem krok po kroku. Zlatana braliśmy do Ajaxu właśnie w tym wieku i też potrzebował czasu, żeby się stać tym dzisiejszym Zlatanem – wspomina Leo Beenhakker. – Robert miał już wtedy wszystko, czego potrzebuje napastnik. Po pierwsze, umiejętność przyjęcia długiego podania i utrzymania piłki nawet w tłumie obrońców. Dawał w ten sposób czas na podprowadzenie reszty wojska pod bramkę. Po drugie, zawsze grał z podniesioną głową. Zawsze był w stanie wychwycić, że na pozycję wbiega któryś z kolegów. Po trzecie, w polu karnym był groźny, bo potrafił zdobywać bramki obiema nogami i głową. Po czwarte, potrafił stwarzać sobie szanse z niczego. To są cztery cechy najważniejsze dla napastnika. A on miał cały pakiet. Potem musiał tylko rozwinąć te cechy, wzmocnić się, nabrać doświadczenia i dojrzałości. Jak Zlatan – mówi Beenhakker.

Do Ibrahimovicia ciągle wraca, bo to jeden z najsłynniejszych piłkarzy, których odkrył. Wiele w Robercie jest podobieństw do Zlatana, ale i wiele różnic. Ibrahimović, syn imigrantów z Bałkanów, dorastający w jednej z najgorszych dzielnic Malmö, dzięki futbolowi wyrwał się do innego życia. Miał za sobą młodzieńcze bunty, kradzieże, mówiono o nim, że na boisku jest raz gangsterem, raz baletnicą. To nie była może kariera od pucybuta do milionera, jak w starych czasach, ale bliska takiej. Robert, nauczycielskie dziecko, to przykład innej drogi w piłce, coraz popularniejszej – z klasy średniej na szczyty. Z Europy znikają dzieci ulicy, trenerzy mówią, że coraz rzadziej trafia się w szatni piłkarz z prawdziwej biedy. I nie ma reguły, że dostatnie dzieciństwo zabija motywację. Mistrzami świata z Niemcami w 2014 roku zostali m.in. Mario Götze, syn profesora politechniki, i Mats Hummels, syn piłkarza i piłkarskiej ekspertki telewizyjnej. Dwaj koledzy Roberta z Borussii Dortmund. Mistrzem wszystkiego z Hiszpanią i Barceloną był Gerard Piqué, syn biznesmena i lekarki, cenionej neurochirurg. Najlepszy piłkarz świata Leo Messi jest synem inżyniera i pochodzi z zupełnie innego świata niż poprzedni argentyński bóg futbolu Diego Maradona.

Leo Beenhakker wspomina, że Robert był cichy i nieśmiały.

– Ale to kwestia wieku – opowiada były trener reprezentacji. – Dopiero poznawał ekstraklasę w Lechu. Uczył się podejścia, myślenia o futbolu, zachowania. On przestawał być nastolatkiem, był jeszcze niezapisaną kartką. Cichy, ale twardo chodził po ziemi. On zawsze pilnuje, żeby być sobą. Nie odchodzić za daleko na bok – dodaje Beenhakker.

Pod swoją opiekę wziął Lewandowskiego inny Lewandowski – Mariusz, kapitan kadry.

– Powiedziałem mu, że „Lewi" muszą się trzymać razem. Młodzi wchodzący do reprezentacji potrzebują bratniej duszy. I on też potrzebował. Nie pomocy, tylko znaku, że jest potrzebny reprezentacji. Teraz widzę, że to on w kadrze wprowadza młodych tak jak ja jego. Był nieśmiały, ale nigdy na boisku. Poza boiskiem on jest raczej słuchaczem niż mówcą. Obserwatorem. I nie zmienił się jako człowiek od tamtego pierwszego spotkania. Zmienił się jako piłkarz, nabrał doświadczenia. Zmienił trochę sposób na życie. Narzucił sobie taki reżim, żeby uprzedzać problemy, a nie szukać z nich wyjścia. Ale wszystko, co miał najlepszego, dalej ma. Wciąż widzę tego samego chłopaka – mówi Mariusz Lewandowski.

On zniknął z reprezentacji razem z odejściem Beenhakkera. Wróci do niej dopiero po latach, tylko na chwilę, za kadencji Waldemara Fornalika. A Robert dopiero po odejściu Beenhakkera stanie się

– To był w Lechu czas budowy: stadion w budowie, drużyna w budowie – mówi Andrzej Juskowiak, wówczas trener napastników w Lechu. Na zdjęciu mecz z Wisłą Płock we Wronkach, gdzie drużyna grała czasami, gdy stadion w Poznaniu był przebudowywany na Euro 2012.

ORLEN
WARKA
8

naprawdę ważnym piłkarzem kadry. Wtedy gdy reprezentację na Euro 2012 zacznie budować trener, który sprowadził go do ekstraklasy, Franciszek Smuda.

•••

Kadra wezwała Smudę już po pierwszym roku jego pracy z Robertem w Lechu. Zdążyli zdobyć razem Puchar Polski, awansować do rundy grupowej Pucharu UEFA. Lewandowski z 14 golami został trzecim najlepszym strzelcem ligi. Przegrał tylko z napastnikami drużyn, do których nie poszedł poprzedniego lata: Pawłem Brożkiem z Wisły i Takesure Chinyamą z Legii. I już wpadł w oko szefom Borussii Dortmund.

– On mi z meczu na mecz rósł – wspomina Smuda. – Widzieli to też ci z Dortmundu. Przyjeżdżali, oglądali. Było jasne, że odejście Roberta to kwestia czasu. Ale on tylko mi się uśmiechał, kiedy pojawiał się temat Borussii. Nie chciał ani przytaknąć, ani zaprzeczyć. On taki jest: „Jak będę miał papier podpisany, to powiem". Ale widać było, że bardzo chce coś szybko osiągnąć. Robił sobie plan, miał swoje cele i postanowienia. Już wtedy to w sobie miał: jeszcze poprzeczkę w górę, jeszcze lepszy klub.

Według ligowej legendy, gdy Franciszek Smuda po raz pierwszy przyjechał obejrzeć grę Roberta w Zniczu, nazwał go głośno „drewnem". I dodał, że ci, którzy go namówili na przyjazd, będą mu zwracać za benzynę. Ale dziś przekonuje, a Cezary Kucharski potwierdza, że to była tylko gra. Chodziło o to, żeby inni pomyśleli, że Lechowi aż tak bardzo nie zależy.

– Smuda od razu mi powiedział tam na stadionie: „Muszę go mieć" – wspomina menedżer Roberta. – A potem na niego stawiał.

Kucharski miał wtedy ze Smudą częsty kontakt, rozmawiali o tym, jak z Robertem pracować. – Smuda ma duży wkład w jego sukcesy. Wprowadził go do poważnej piłki, wystawiał go na Manuela Arboledę na treningach, żeby Robert uczył się twardej walki.

– Czarek mi powiedział, że mają propozycje z wielu klubów, ale on by chciał, żeby Robert trafił do mnie – wspomina Smuda.

Nie wystawiał Roberta jako najbardziej wysuniętego napastnika. Takim był Hernan Rengifo, reprezentant Peru, bardzo silny i skoczny. – Chciałem, żeby to na Rengifo koncentrowali się obrońcy. Wtedy Robert miał więcej miejsca – mówi Smuda.

Pamięta też, co się działo, gdy decydował, że w niektórych meczach Lech zagra tylko z jednym napastnikiem, i będzie nim Rengifo, a nie Lewandowski.

– Już wtedy Robert mi okoniem stawał. Czułem te spojrzenia. Bo „Lewy" był bardzo zamknięty w sobie, wolał patrzeć, niż się odzywać, ale jak było trzeba, potrafił walczyć o swoje. Jeśli ktoś chce coś osiągnąć, to tak właśnie trzeba. Tak samo się na mnie boczył, gdy go na treningach wystawiałem na Arboledę, żeby się z nim obijał, i nie odgwizdywałem im fauli. Arboleda go przewracał, taranował, a ja celowo nie gwizdałem. Żeby nauczył się walczyć. Więc on się zawziął i postawił sobie za punkt honoru, że da radę. Teraz walkę z obrońcami, gubienie ich, osłanianie piłki ma doprowadzone do perfekcji – opowiada Smuda.

Robert już w pierwszym sezonie w Lechu strzelił w lidze 14 goli, czyli o jednego więcej niż Rengifo w swoim najlepszym sezonie w Poznaniu.

•••

Gdy po tym jednym roku wspólnej pracy Smuda odszedł, żeby prowadzić kadrę narodową i przygotowywać ją do Euro w 2012 roku, jego miejsce zajął w Poznaniu Jacek Zieliński. Robert był akurat na najostrzejszym wirażu w Lechu. Tak jak na początku pierwszego sezonu wszystko dodawało mu skrzydeł, tak na początku drugiego czuł, że przyhamowuje. Już po jednym sezonie chciał iść wyżej, do Borussii, która proponowała wtedy za niego 2,5 mln euro. Ale Lech miał inne zdanie i nie wypuścił go do Niemiec latem. Robert niechętnie, ale dał się przekonać, że lepiej będzie odejść rok później, za to za dużo większe pieniądze. W zamian klub obiecał mu podwyżkę. Lewandowski uznał tę obietnicę za gwarancję. Ale Lech o podwyżce zapomniał. Napięcie w klubie rosło, bo w przeciwieństwie do poprzedniego sezonu nie udało się awansować do fazy grupowej Ligi Europy. W decydującym meczu Lech przegrał po rzutach karnych z Club Brugge. Wcześniej Robert zmarnował dogodną sytuację. Więc kiedy dopytywał o podwyżkę, jednemu z działaczy wyrwało się: „Twoja podwyżka została w Brugii".

Zabolało. Na długo.

– Słowa są ważne. To, co ktoś mi mówi, jest dla mnie wiążące. Jak zapis w umowie – mówi Robert. – Kiedy ja coś powiem, też uważam, że to jest wiążące. Dlatego trzy razy się zastanawiam, zanim się odezwę. Tymczasem Lech nie dotrzymał słowa. Dla mnie, młodego

Walka na treningach z potężnie zbudowanym Manuelem Arboledą była dobrą nauką przed starciami z innymi obrońcami w lidze. Na zdjęciu Robert w walce z Marcelo z Wisły Kraków.

chłopaka, było to trudne do zrozumienia. Dlatego początek sezonu był nieciekawy. Chodziłem zamyślony, sfrustrowany.

– Jego rozmowy z klubem o przyszłości szły opornie, trafił się ten feralny mecz z Brugią i Robert był trochę nastroszony – wspomina trener Jacek Zieliński. – Czarek Kucharski przypilnował, żeby nie ucierpiała ani drużyna, ani wizerunek Roberta. Rozwiązaliśmy to wspólnie.

Andrzej Juskowiak, który przyszedł tego lata co Zieliński, żeby ćwiczyć z piłkarzami ofensywnymi Lecha, pamięta, że w tamtym czasie pierwszy i ostatni raz usłyszał od Roberta na treningu: ja tego nie potrafię zrobić.

– Bolało go to wszystko. Był zniechęcony. Ale zadziałała gorąca linia z Warszawą, rozmowy z Kucharskim. Wszystko dobrze się skończyło – opowiada Juskowiak.

I rzeczywiście im dalej w sezon, tym było lepiej. Lech się rozpędzał, a w Roberta, coraz bardziej przekonanego, że wkrótce odejdzie do Dortmundu, wstąpiły nowe siły. Gdy informacja o transferze do Borussii wyciekła do mediów, Robert akurat miał gorszą serię, zmarnował kilka szans na strzelenie gola. I zdarzyło się, że jeden z ważnych kibiców Lecha zadzwonił do klubu i zapytał, co z tym młodym, czy się przypadkiem nie oszczędza, czy kibice nie powinni z nim porozmawiać.

– Gdy w mediach pojawił się temat transferu, graliśmy akurat we Wronkach. Kibice gwizdali. Ale nie miałem pretensji. Poznań żyje piłką, a to była dobra szkoła wytrzymałości psychicznej – opowiada Robert.

– W sumie okazało się, że ta bliskość transferu wszystkim nam pomogła, a nie zaszkodziła – wspomina Andrzej Juskowiak.

Robert przygotowywał się do Bundesligi, chciał już pracować w jej rytmie, a korzystał na tym cały zespół.

– Mimo że odchodził, to się nie oszczędzał, nie unikał walki. Tak samo jak Maciej Rybus, który gdy odchodził z Legii, dawał z siebie czasem więcej, niż miał, ryzykował, grał na granicy. Traktował to jako przetarcie przed nowym zadaniem. Niewielu jest zawodników, którzy to umieją. Inni podświadomie się oszczędzają – uważa Juskowiak.

– On wiedział, że cokolwiek w Polsce osiągnie, to i tak nie będzie miało wielkiej wagi w szatni Borussii. Dlatego musi harować za dwóch, żeby mieć tam dobre wejście – tłumaczy Jacek Zieliński.

Ostatni trener Lewandowskiego w polskiej lidze mówi, że lubi dziś usiąść przed telewizorem i popatrzeć na grę chłopaczka, którego miał w szatni, a który dziś jest twarzą Bayernu, i powspominać, jaki był w Lechu. – To jest gość, który zadaje bardzo dużo pytań. Dlaczego tak, dlaczego teraz. Ale sam nie jest wylewny. Pamiętam i Roberta uśmiechniętego, i takiego, któremu coś nie pasowało i pół dnia się nie odzywał. Przepadał wtedy za tą swoją ścianą. My wiedzieliśmy, ile dla nas robi, i przymykaliśmy na to oko. Na 13 meczów wiosną dziesięć wygraliśmy i trzy zremisowaliśmy, a Robert był napastnikiem jak szwajcarski zegarek. Po każdym treningu zostawał i ćwiczył sytuacje sam na sam. Niby w Lechu było fajnie, bo graliśmy odważnie, było dużo sytuacji. Ale trzeba było z tego jeszcze skorzystać. On był idealny do gry z Semirem Stiliciem, urodzonym asystentem. Wychodził do podań, oddawał piłkę, pokazywał się do kolejnego zagrania Stiliciowi. No i krążył cały czas jak ten sęp wokół bramki, niektóre jego gole z Lecha to majstersztyki. Z Jagiellonią, na boisku jak pole ryżowe, strzelił taką bramkę, że tylko brawo bić. Klasa światowa.

Zieliński zastał go w Lechu jeszcze szczuplutkiego. Robert, który odjeżdżał z Poznania rok później, był już mocno zbudowany.

– Bardzo dużo nad tym pracował. Dostrzegł, że liczy się nie tylko nos do bramek, nie tylko strzał. Ale też fizyczność. Granie na Maniego Arboledę bardzo go rozwijało – mówi Zieliński.

Zdaniem Juskowiaka treningowe bitwy Arboleda – Lewandowski dały Robertowi szansę, by już w Polsce trenować z taką intensywnością jak w Bundeslidze.

– Bo Manuel zmuszał Roberta, żeby wszystko robił szybciej, sprytniej. Wchodziło mu w nawyk szybkie przyjęcie, automatyzm. Potem, w Borussii, trafił na jeszcze lepszych obrońców i znów się czegoś uczył. Musiał trzymać piłkę coraz bliżej nogi, bo inaczej kończyłoby się stratą. Nie kochali się z Arboledą, bywało między nimi ciekawie. Ale na boisku pełen szacunek, dogadywali się. Również dzięki ich współpracy zostaliśmy mistrzami Polski. A Robert królem strzelców.

Lech był wówczas klubem w budowie.

– Właśnie powstawał stadion na Euro 2012, graliśmy czasami we Wronkach – wspomina Andrzej Juskowiak. – Ale trybuny w Poznaniu rosły i rósł też zespół. Robert na tym skorzystał. W Poznaniu miał już przedsmak wielkiej presji. Gdy napastnik strzela, to mu się miło po mieście spaceruje. A gdy nie strzela, przestaje być miło. Nie można sobie pozwolić na myślenie: nie wyszło w jednym meczu, wyjdzie w następnym. Robert się przekonał, że to tak nie działa. Musi ci się udać już teraz. I pod tym względem w Lechu było już jak w wielkim klubie. Robert w pierwszym sezonie w Lechu nie strzelił w lidze ani razu więcej niż jednej bramki w meczu. W drugim sezonie nie był już zadowolony po jednym golu. Była w nim ta pazerność na więcej. I to mu zostało.

Robert odjeżdżał z Lecha do Dortmundu latem 2010 po strzeleniu 32 goli w dwóch sezonach w ekstraklasie. I po bardzo długich negocjacjach. Jego transfer szef Borussii Hans-Joachim Watzke nazwie najtrudniejszym, jaki kiedykolwiek przeprowadzał. Borussia kupowała za 4,5 mln euro króla strzelców, mistrza Polski, po drodze Robert zdobył też z Lechem Jacka Zielińskiego Superpuchar Polski.

Mistrzostwo z Poznania, pierwsze dla Lecha od 17 lat, wspomina jako najbardziej wyjątkowe w karierze.

– Oczywiście nie powiem, że te z Borussią były gorsze. Fety w Dortmundzie to niesamowite przeżycie. Ale w Poznaniu się czuło, jak bardzo ludzie na to czekali. Nie było łatwo odejść, kibice prosili, żebym

Luty 2010 roku, wiceprezes Lecha Arkadiusz Kasprzak wręcza Robertowi nagrodę dla najlepszego piłkarza klubu w 2009 roku.

został, jeszcze na ostatnim meczu. Mnie tam było naprawdę dobrze. Byli przyjaciele, była przygoda. Traciłem szansę walki o Ligę Mistrzów. A może udałoby się awansować? Ale to byłoby wszystko na krótką metę. Czułem, że wzywa mnie większy futbol. Przyszła pora, by zrobić krok do przodu.

Starcie Roberta z Janem Muchą w wygranym 1:0 meczu z Legią, kwiecień 2010. Lech na finiszu sezonu wyprzedzi Wisłę Kraków, zdobywając pierwszy od 17 lat tytuł mistrza Polski, Robert zostanie królem strzelców z 18 bramkami. To jego ostatnia runda w polskiej lidze.

„Strzelcem gola dla Borussii Robert Lewandowski”. W Bundeslidze było tak przez cztery sezony gry w Dortmundzie aż 74 razy.

ROZDZIAŁ 9

Zakład z Kloppem

– Wszystko mnie denerwowało, ale wiedziałem jedno: chcesz coś osiągnąć, to naucz się tego języka jak najszybciej. Nie mogłem wytrzymać, że nawet nie wiem, z czego się towarzystwo śmieje. Czy nie ze mnie.

Padało, padało, padało. Czasami, dla odmiany, lało. A potem znów padało. Trzy miesiące jak z koszmaru. W klubie nie szło, w hotelu już dostawał szału, czekając, aż wreszcie się przeniesie do nowego domu. Nawet słońca w środku lata nie można się było doczekać.

– Już nigdy później nie było w Dortmundzie tak kiepskiej pogody jak wtedy, gdy się tam urządzałem – mówi Robert.

Przyjechał tu z Lecha jako mistrz i król strzelców, by podbijać wielki świat, a nawet swojego małego świata nie mógł urządzić, jak chciał.

Dziś mówi o Borussii: – Nauczyła mnie wielkiego futbolu. Ale najpierw nauczyła mnie życia za granicą. To było coś nowego. Po tamtej szkole już wiem, że wszędzie sobie poradzę. Spodziewałem się, że będzie łatwo jak w Polsce. Jak w Poznaniu, gdzie urządziłem się w tydzień. Tu dawałem sobie dwa czy trzy tygodnie. A to się ciągnęło. Na każdym kroku było jakieś opóźnienie. Mieliśmy dwa treningi dziennie, a w przerwie, zamiast odpoczywać, jeździliśmy oglądać mieszkania. Znaleźliśmy już miejsce, które nam się podobało, to zaczęło się czekanie na meble. Niby nie było mi źle w hotelu, wszystko podane na stół. Ale ja się nie nastawiałem na hotelowe życie, miałem dość tej tymczasowości. Nie znałem jeszcze niemieckiego, a znajomość angielskiego niewiele pomagała. Ani gdzieś wyjść, ani coś załatwić: samochód, nowy telefon. Niecierpliwiłem się. Dziwiłem się, że muszę to wszystko robić sam. I jeszcze ten deszcz...

– Pomagał Robertowi mój wspólnik Maik Barthel, bardzo pomagały rodziny Kuby Błaszczykowskiego i Łukasza Piszczka. Ale wiele rzeczy musiał rzeczywiście zrobić sam. I bardzo dobrze, że musiał – mówi Cezary Kucharski. Chciał, żeby Robert przerobił to wszystko.

Wielkie kluby często starają się otoczyć piłkarzy wszelką pomocą. Zwłaszcza młodych. Piłkarze dostają asystenta odpowiedzialnego za wszystko, zapisującego ich na kursy językowe, znajdującego miejsca w przedszkolach dla dzieci.

– Gdy piłkarz chce, to i pizzę zamówią. Ale jeden z takich opiekunów opowiadał mi, że to nie działa. Że piłkarze traktują go jak sługusa, zupełnie nie doceniają tej pomocy, to ich nie zachęca do pracy nad sobą. Jeden z zawodników dorastających w Arsenalu wspominał, że na początku byli przez klub zmuszani do nauki języka, ale jako 17-latkowie dostali profesjonalne kontrakty i do niczego ich już nie można było zmusić. On był jedynym, który został na kursie – opowiadał mi Ronald Reng, autor bestsellerowej książki o życiu i tragicznej śmierci bramkarza reprezentacji Niemiec Roberta Enkego. Książki o tym, jak można być samotnym w futbolu. Nawet będąc idolem.

Piłkarze ze Wschodu mają – a może: mieli – szczególnie złą opinię, jeśli chodzi o przystosowywanie się do życia w nowym otoczeniu. Wielu z nich po wyjeździe do lig zachodniej Europy pozostawało głową w ojczyźnie, nie integrowało się z drużyną, nie uczyło języka. Jak w opowieści z Chelsea o Rosjaninie Juriju Żyrkowie, który pierwsze trzy miesiące po transferze do Londynu spędził w butiku Dolce & Gabbana, bo sprzedawca mówił tam po rosyjsku, a to był czas, gdy żona Żyrkowa jeszcze czekała na wizę. Jak w opowieściach z wielu klubów o nudzie piłkarzy zabijanej kupowaniem kolejnych samochodów. Albo jak w opowieści z Barcelony o Białorusinie Aleksandrze Hlebie, który ociągał się z nauką języka, choć czasu miał dość. Nie rozumiał kultury klubu. Po latach przyznał, że zachowywał się jak kompletny idiota. A to nie był jego pierwszy klub na Zachodzie. Grał w Niemczech w Stuttgarcie, w Anglii w Arsenalu.

Z polskich piłkarzy, którzy wracali z zagranicznego kontraktu, nie znając dobrze języka kraju, w którym grali dwa, trzy lata, też dałoby się ułożyć cały poczet.

– Decydowanie jest męczące, zgadzam się. Samodzielność jest męcząca. Ale tylko tak możesz się rozwinąć. Piłkarze późno dojrzewają, bo ciągle mają jakąś poduszkę bezpieczeństwa. A w Bundeslidze piłkarz jest odpowiedzialny za dużo więcej rzeczy. Dzięki temu zaczyna rozumieć świat, który go otacza, rozumieć, jak funkcjonuje jego klub. Tu jest inaczej niż w Anglii, gdzie kluby odrywają piłkarzy od życia, zanadto ich rozpieszczają. Oni sobie nie radzą, gdy to się kończy – mówi Cezary Kucharski.

Mirosław Trzeciak, którego akurat w sprawie Roberta przeczucie zawiodło, powiedział kiedyś trafnie, że angielska ulica ściąga swoich piłkarzy w dół, a hiszpańska ciągnie ich w górę. O niemieckiej można powiedzieć to samo co o hiszpańskiej. Piłkarz tam nie jest królewiczem, tylko obywatelem. Ma pamiętać, że jest bardzo ważny, ale ci, którzy płacą za bilety, karnety czy karty członkowskie klubu, również są ważni.

Tak było w robotniczej Borussii z Zagłębia Ruhry, tak też jest w gwiazdorskim Bayernie.

– Piłkarze w Niemczech jeżdżą na spotkania z kibicami, ze sponsorami. Taki Bayern świetnie wie, skąd się bierze jego siła, i dba o tych, którzy mu tę siłę dają. Czy święta, czy Oktoberfest, Bayern jest w to zanurzony. To lekcja: panowie, oto ludzie, którzy dają nam na chleb, i trzeba ich szanować – mówi Kucharski.

Co roku w okolicach Bożego Narodzenia gwiazdy Bayernu rozjeżdżają się do miasteczek z fanklubami Bayernu. Każdy od dawna wie, jakie miasteczko przypada mu w danym roku. I nie jedzie tam, żeby odbębnić swoje, odpowiedzieć półsłówkami na kilka pytań. Robertowi w pierwszym roku w Bayernie kibice z fanklubu zrobili na takim spotkaniu chrzest: założyli mu wiadro na głowę i miał się świetnie bawić, gdy kibice bili w to wiadro łyżkami.

Nawet Pep Guardiola, w Barcelonie raczej niechętny takim imprezom, dbający o swoich własnych sponsorów, w Bayernie jeździł do fanklubów i na klubowe imprezy sponsorskie.

•••

W Borussii Dortmund nie było umyślnych na usługach nowych piłkarzy, nie wspominając o całym wydziale ds. rozwiązywania problemów piłkarzy, który swego czasu stworzył Manchester United. Nie było prowadzenia za rączkę ani niańczenia. Nie dlatego, że Borussii było obojętne, czy Lewandowski sobie poradzi, czy nie. Przeciwnie. Wydała na niego 4,5 mln euro, a wtedy dopiero dźwigała się z długów i to było dla niej mnóstwo pieniędzy. Ale szukała twardziela, a nie królewicza. Zanim go kupiła, miesiącami oglądała, wypytywała, analizowała, zamawiała opinie i kontropinie.

– Przyszedł taki moment, gdy poczułem, że nie mogę tego tak zostawić. Czego właściwie ten Klopp ode mnie wymaga? Poszedłem na męską rozmowę. I tak padła bariera między nami.

Jürgen Klopp bardzo się interesował tym, jakim Robert jest człowiekiem, czy będzie pasował do klubu budowanego jako duża rodzina. Szef Borussii Hans-Joachim Watzke, który zna dobrze Leo Beenhakkera, wypytywał ówczesnego trenera polskiej kadry o charakter piłkarza. Wypytywali Kubę Błaszczykowskiego, który przyszedł do Borussii rok przed Kloppem, w 2007.

Klopp kiedyś odrzucił zawodnika, którym Borussia się interesowała, bo zobaczył, że zbyt samolubnie świętuje gola.

– Nie wiem, jak dobrym by ktoś musiał być piłkarzem, żebym zniósł, że jest dupkiem. Nigdy tego nie spróbowałem. Staram się też unikać idiotów, bo za często przebywamy razem – tłumaczył kiedyś trener Borussii.

W pierwszych miesiącach gry Roberta w Lechu do Poznania przyjeżdżał jeszcze dyrektor sportowy Michael Zorc. Potem zaczął też jeździć trener. Gdy wiosną 2009 roku Lech grał z Legią w Warszawie, Leo Beenhakker przy wejściu na trybunę starego stadionu Legii zobaczył Kloppa. Niemiec powiedział, że przyjechał dla Roberta (Lech zremisował 1:1 po jego golu) i jest już w Polsce jego tropem któryś raz.

Klopp przyjeżdżał raz oficjalnie, raz incognito, bo to były te zamierzchłe czasy, gdy jeszcze mógł być gdziekolwiek na świecie nierozpoznany. Dopiero stawał się tym trenerem, którym jest teraz. Przejmował Borussię nad strefą spadkową, w pierwszym sezonie wprowadził ją do szerokiej czołówki, w drugim wywalczył europejskie puchary. Rośli razem, on i klub.

– Pod koniec 2009 roku byłem w Borussii na stażu – wspomina Artur Płatek, dziś skaut Borussii. – Klopp zagadnął mnie: „No to kto z tej Polski?". „W lidze jest tylko jeden zawodnik, który tu może przyjść i od razu pomóc" – odpowiedziałem. A on: „Lewandowski, co?". Usiedliśmy, a on wypytywał o Roberta. W szczegółach. O to, jaki to jest człowiek. Już było jasne, że go mocno obserwują. Przefiltrowali go wzdłuż i wszerz. Czytałem później ich raporty o Robercie. Nie wszystkie były pozytywne. Nie wszyscy umieli dostrzec jego mocne strony. Cechy, które Robert potem rozwinął.

Lewandowskiego obserwowało więcej klubów z Niemiec. Ale się na jego talencie nie poznały. Tylko szefowie Borussii byli do niego przekonani.

– Już wtedy, podczas tej pierwszej rozmowy z Jürgenem o Robercie, padło pytanie, czy on mógłby też ewentualnie grać jako dziesiątka, za plecami napastnika. Odpowiedziałem, że tak, ale to jednak jest

EVONIK
SPORTWETT

typowy napastnik, dziewiątka. Gdy po dwóch miesiącach wróciłem na kolejny staż do Dortmundu, Klopp spytał raz jeszcze: „Jesteś pewien, że nam pomoże?". „Pomoże. Tylko daj mu czas. Musi złapać wasze tempo treningu i gry. Jest u Franciszka Smudy, trenera z niemieckiej szkoły, będzie mu łatwiej, ale daj mu czas" – wspomina Płatek.

– Daj mu szansę, a w pierwszym sezonie strzeli ci 10 bramek. Ale poczekaj na drugi sezon. W drugim dostaniesz 20 – mówił Kloppowi Cezary Kucharski, gdy w 2009 roku w hotelu Sheraton w Krakowie rozmawiali o przyszłym transferze.

Siedzieli w większym gronie, wszyscy się zaczęli śmiać. Borussia była bardzo zdeterminowana, miała zaufanie do polskich piłkarzy, bo jak mówi Kucharski, Kuba Błaszczykowski i Ebi Smolarek (grał tu w latach 2005-2007) zrobili dobrą robotę. Właśnie przychodził do Dortmundu Łukasz Piszczek z Herthy Berlin, w której zmienił się z napastnika w obrońcę.

Klopp gwarantował Robertowi miejsce w pierwszym składzie obok argentyńskiego Paragwajczyka Lucasa Barriosa. Ale mimo wszystko obietnica 20 goli w sezonie od polskiego piłkarza brzmiała zabawnie. Tyle uzbierał w jednym sezonie Bundesligi polski rekordzista Jan Furtok. W 1991 roku.

Klopp jeszcze po pierwszych miesiącach pracy z Robertem nie bardzo był w stanie sobie wyobrazić, że Lewandowski zbliży się choćby do tych 10 goli. Irytował się, że jest flegmatyczny, zamknięty w sobie, że jego twarz nie wyraża żadnych emocji. Uważał, że Robert zbyt wolno integruje się z drużyną, był za tym, żeby przestał wszędzie krążyć z Błaszczykowskim i Piszczkiem.

Kuba i Łukasz to już były papużki nierozłączki. Ten sam rocznik 1985, znajomi z reprezentacji młodzieżowej i internatu w Zabrzu. Opiekowali się o trzy lata młodszym Robertem. On, gdy w końcu znajdzie mieszkanie w Dortmundzie, będzie z Łukaszem Piszczkiem sąsiadem przez ścianę. W szatni miał szafkę obok Kuby. Łukasz, jak Robert, dopiero się w Dortmundzie urządzał. Ale znał już niemiecki. I obaj z Kubą grali w podstawowym składzie. Robert nie. Klopp nie mógł dotrzymać słowa, że będzie dla niego miejsce na boisku albo za Lucasem Barriosem, albo obok Paragwajczyka w ataku.

W pierwszym sezonie w Borussii zdobył osiem goli. W każdym z trzech następnych już ponad 20.

– Moja forma po obozie przygotowawczym poszła w dół, a Shinji Kagawa przyjechał po mistrzostwach świata świeży, zwinny i z miejsca wskoczył do składu – wspomina Lewandowski.

– Robert nie był wtedy w dobrej dyspozycji, obietnica nie mogła być aktualna. Niecierpliwił się, irytował, że Klopp go trochę oszukał – wspomina Kucharski. – Prosiłem, żeby był spokojny i czekał na szansę.

•••

– Nauczyłem się wiele, rzucony na głęboką wodę. Ale nie ma co ukrywać, przez pierwsze pół roku wyglądałem słabo. Właściwie to można powiedzieć, że dołączyłem do Borussii z półrocznym opóźnieniem. Dopiero po tych kilku miesiącach zacząłem się odkręcać. Treningi u Kloppa były bardzo wymagające. Potem z roku na rok zmniejszał obciążenia, bo sam sobie zdawał sprawę, że było za ciężko. Ale wtedy jeszcze dokręcał śrubę. Ja, młody, chciałem się pokazać. Inni, jak ich coś bolało, to brali dzień wolny, odpoczywali. A ja nie, do pracy. Zamiast trenować głową, trenowałem sercem. To nie było piłkarskie myślenie, tylko pójście na żywioł. Przez opóźnienie z mieszkaniem chodziłem podminowany, wszystko mnie denerwowało, ale już wiedziałem jedno: chcesz coś osiągnąć, to naucz się tego języka jak najszybciej. Póki nie znałem języka, zależałem od innych, a tego nie znoszę. Nie mogłem wytrzymać, że nawet nie wiem, z czego się towarzystwo śmieje. Czy nie ze mnie. Był Kuba, był Łukasz, bardzo mi pomagali. I za to zawsze byłem i jestem im wdzięczny. Ale zostawało jeszcze mnóstwo dupereli, którymi nie chciałem ich obciążać. A potem przyszła liga i opadłem z sił. Potrzebowałem trzech miesięcy sezonu, żeby dojść do siebie. Pamiętam ten dzień, było już bardzo zimno, a mnie się tak dobrze ćwiczyło na treningu. Usłyszałem, jak chłopaki mówią: „O, wrócił". Zacząłem znowu wyglądać tak jak na początku okresu przygotowawczego. Wreszcie miałem swój kąt w Dortmundzie, wreszcie byłem gotowy do walki o miejsce w składzie. Borussia dobrze grała, Klopp nie chciał nic zmieniać, więc ta walka łatwa nie była. Nie wiem, czy trener w ogóle wiedział, że jestem zmęczony. Ale ja się zawziąłem. Nie czułem się gorszy. Chciałem grać – opowiada Robert.

•••

Z paterą za drugie mistrzostwo Niemiec, wiosna 2012 roku.

– Sala to kwadrat o boku 9-10 metrów. Stoisz w środku. Zapala się zielone światło. Zaraz wystrzeli w twoją stronę piłka. Musisz przyjąć ją tak, żeby już być w kierunku podania. I kopnąć piłkę do tego okna, które ci wskaże maszyna światełkiem. Sygnał dźwiękowy to znak, że musisz się obrócić. Piłka może do ciebie wyskoczyć z kilku miejsc. Z dołu, z góry. Odkopnąć ją możesz też do okien na dole i na górze. Możesz być w środku sam, możecie wejść we dwóch i walczyć o piłkę bark w bark. Możesz ustawić w maszynie program dla pięciolatków, dwunastolatków i tak dalej. Im wyższy poziom ustawisz, tym szybciej maszyna wystrzeli piłkę. Wyrabiasz technikę, podzielność uwagi, koordynację, ale i wytrzymałość. Prawie cały czas jesteś na palcach, to bardzo męczy. Sesję możesz ustawić na od 30 sekund do czterech minut. Cztery minuty to masakra. Tętno już mocno skacze. Sześć serii po półtorej minuty to jest dobra porcja – mówi Artur Płatek o maszynie, którą rozsławiła Borussia.

Nazwano ją „Footbonaut", a powstała dzięki temu, że wynalazca z Berlina i jego żona namówili Kloppa do wydania miliona euro na ich projekt. Potem zbudowali też podobną maszynę dla TSG Hoffenheim.

„Footbonaut" stanął w ośrodku treningowym Borussii w 2012, czyli roku drugiego mistrzostwa z rzędu, a jeszcze przed wielkim rajdem Kloppa i jego piłkarzy do finału Ligi Mistrzów. Był symbolem tego, jak w Dortmundzie budowali klub. Nie dziesiątkami milionów euro na transfery, bo ich nie mieli, tylko pomysłem. Szukając każdej, nawet najdrobniejszej przewagi nad bogatym Bayernem.

Bij silniejszego. Klopp skrzykiwał swoich piłkarzy na to hasło. Bij bogatszego, sławniejszego, bardziej aroganckiego. Jego Borussia była wtedy najlepiej kontratakującą drużyną na świecie. Kwitła, gdy przyjeżdżał jakiś wielki rywal i można go było złapać za szyję, sprowadzić do parteru i okładać. Jak mówił Klopp, my mamy łuk, a Bayern ma bazookę. Ale nawet gdy przeszedł do Liverpoolu i już mógł szastać milionami, powtarzał, że futbol jest zepsuty łatwością kupowania nowych piłkarzy, że on woli uczyć, a nie handlować.

– Jeśli ci się nie układa z żoną, to nie kupujesz sobie nowej następnego dnia – mówił.

W takiej Borussii i jej trenerze zakocha się pół Europy, a trójka Polaków z Dortmundu wyląduje na największych scenach, z finałem Ligi Mistrzów włącznie. Robert spędzi tu cztery lata, w żadnym klubie poza Varsovią nie był dłużej. I te cztery lata były w jego karierze jak lot rakietą.

Cezary Kucharski mówił mu przed każdym transferem, że różnica klas na boisku tak naprawdę sprowadza się do dbałości o detale. I tak było. Ale różnica detali na boisku często oznacza różnicę dwóch światów poza boiskiem. Robert uczył się futbolu na zaniedbanym boisku w Varsovii, ale czego wymagać od małego klubu, jeśli w wielkiej Legii, w czasach gdy tam był, druga drużyna ćwiczyła na boisku klepisku.

Do Niemiec odchodził z Lecha, który dopiero zmieniał się na lepsze, boiska treningowe w Poznaniu były w opłakanym stanie. W Borussii było 12 nienagannie zadbanych boisk.

– Pamiętam, jak zobaczyłem w pierwszych miesiącach trening dzieciaków Borussii. Wszyscy byli ustawieni na jednej linii i ćwiczyli tylko ruch rąk. W miejscu, jak do biegu, w idealnie równym rytmie. Takich ćwiczeń było kilka. Zobaczyłem wtedy, jaką oni wagę przywiązują do dokładności. Jakości wykonania. Właśnie do tych detali, które nas dzielą – mówi. – Do „Footbonauta" też najczęściej wchodzili młodzi piłkarze i ci wracający po kontuzji, to było budowane z myślą o nich.

Ale w „Footbonaucie" szalał też Mario Götze, śrubując rekordy, a Roman Weidenfeller stał się w tej maszynie innym bramkarzem.

– Gdy Weidenfeller przyszedł do Borussii, bardzo źle grał nogami. A pod koniec już bardzo poprawnie. Tyle że on właściwie codziennie siedział w „Footbonaucie". Non stop: przyjęcie, podanie – mówi Artur Płatek. Żadnych cudów: detale i wytrwałość. Weidenfeller miał 31 lat, gdy Borussia sprawiła sobie tę maszynę. I na swoje szczęście nie wierzył w bzdury, że ćwiczenie techniki ma sens tylko do pewnego wieku.

•••

Robert też musiał się w Dortmundzie rozstać z kilkoma mitami na temat treningu.

– Wyjeżdżałem z Polski przekonany, że ćwiczenia strzeleckie polegają na tym, by za wszelką cenę kopnąć z pierwszej piłki. Że to jest symbol doskonałości i mam do tego dążyć, niezależnie w jakiej pozycji byłem. Tak byłem uczony. Uderz z pierwszej. Jak najszybciej. Jak najmocniej. A Klopp mi zwrócił uwagę, że nie tędy droga – mówi Robert.

Klopp zrobił to po swojemu, biorąc go pod włos. Zaczęli się zakładać. „50 euro, że nie strzelisz na treningu 10 goli?".

Robert przyjmował zakład. Strzelał trzy gole. Cztery. Pięć.

– I zacząłem się po którejś kolejnej porażce rozglądać na boki. Wyciągać wnioski z tego, co robili inni. A inni, kiedy trzeba było, piłkę sobie przyjęli i strzelali tam, gdzie chcieli. Bez zbędnego pośpiechu. Zacząłem też tak robić. Po pewnym czasie Klopp przestał się ze mną zakładać. Bo za każdym razem przegrywał. Teraz już wiem: żeby oddawać strzał z pierwszej piłki, musisz najpierw przejść jakąś drogę. Nauczyć się trafiać tam, gdzie chcesz, po przyjęciu. A gdy już to umiesz, możesz przechodzić do woleja. Pomijanie tego etapu nie ma sensu. Szkoda, że nauczyłem się tego tak późno. Jakości w przyjęciu, w podaniu, w odwróceniu się z piłką, w przyjęciu razem z ruchem moi koledzy z Niemiec uczyli się od najmłodszych lat. A ja to zdobyłem dopiero później.

13 maja 2012 roku, dzień po zwycięstwie nad Bayernem 5:2 w finale Pucharu Niemiec. Borussia ma podwójną koronę, mistrzostwo i puchar, a Robert pierwszy mecz jak pomnik: strzelił Bayernowi w finale trzy gole.

Druga rzecz to poruszanie się po boisku. W Polsce był nacisk na to, żeby biegać jak najwięcej. Tutaj – jak najmądrzej. Kolejna rzecz to motywowanie się i nakręcanie. Po polskich rozgrzewkach czasem jeszcze na początku meczu się dyszało. Ale też skąd mieliśmy się tego uczyć? Polacy rzadko wtedy grali w naprawdę topowych klubach. Nasi trenerzy tam nie pracowali. To od naszego pokolenia wiedza może na dobre zacząć schodzić w dół. Może się też w końcu nauczymy, żeby w szkoleniu młodzieży stawiać właśnie na szkolenie, a nie wyniki.

•••

Zanim się przez te wszystkie zmiany po swojemu przegryzł, oswoił je, to zmarnował tyle sytuacji, że stał się ulubieńcem szyderców z niemieckich mediów. Miał nawet dziewięć meczów bez gola. Poznał się bliżej z „Bildem", dowiedział się po deprymujących pudłach w meczu ze Stuttgartem, że jest fajtłapą Lewandoofskim („doof" znaczy: durny, głupkowaty), nie umie nawet rano trafić w budzik, niesie śmierć szansom na gola.

To wtedy Cezary Kucharski wysyłał mu płyty z golami z Lecha. A Klopp, Watzke i Zorc powtarzali sobie w dyskusjach: niech on wreszcie pokaże w meczu 70 procent tego, co pokazuje na treningach. Więcej nie trzeba.

Im dalej w sezon, tym grał więcej i lepiej, wywalczył sobie od grudnia miejsce w składzie, Borussia zdobyła mistrzostwo. Ale nie uzbierał tych 10 goli, zatrzymał się na dziewięciu, z czego w lidze strzelił osiem.

Był szczęśliwy, że gra. I rozdrażniony, że gra w pomocy.

– Poprzedni raz byłem tak ustawiany jeszcze w Varsovii. Wiele się dzięki temu nauczyłem, ale cierpiałem. Chciałem strzelać bramki, a miałem podawać. Nie byłem zadowolony. Ale okazało się, że to tak jak z wuefem u mojego taty. Dlaczego robimy te wszystkie ćwiczenia, zamiast grać w piłkę, zrozumiałem dopiero później. Żeby zrozumieć Kloppa, też musiałem najpierw zobaczyć efekty.

– W Varsovii go wystawiałem w pomocy właśnie po to, żeby poznał, jak to jest – mówi Krzysztof Sikorski. – Jaki Robert był niezadowolony. A chodziło o to, żeby poznał życie napastnika od innej strony, ale też żeby się włączał do ataku z innego miejsca. Pięknie to wychodziło, tyle miał stuprocentowych sytuacji. Tylko marnował je, do dziś mu to jeszcze trochę zostało. Jemu czasem łatwiej przychodzi strzelić gola w trudnej sytuacji niż w oczywistej.

– Robert był zniechęcony grą za Barriosem. Nie pasowała mu ta pozycja. Ale Jürgen mówił, że mimo wszystko się nie cofnie. „Zobaczysz, kilka miesięcy grania na tej pozycji wyjdzie mu na dobre" – twierdził. Robert tego wtedy nie rozumiał, miał jeszcze słaby kontakt z Kloppem, było widać frustrację – wspomina Artur Płatek. – Barrios był na wyższym poziomie niż Robert. Ale Barrios zadowolił się tym, co miał. Nie chciał iść dalej. A Robert bardzo chciał.

I gdy Paragwajczyk przed następnym sezonem wrócił z kontuzją z Copa América, Robert dostał miejsce w ataku, złapał swoją szansę i już nie puścił.

Czego nie dał Kloppowi w pierwszym sezonie, od drugiego oddawał z nadwyżką. W lidze zdobył 22 gole, bijąc wspomniany rekord Furtoka. W Pucharze Niemiec zebrał siedem bramek, w tym trzy w finale z Bayernem (na opisanie tego meczu jeszcze przyjdzie pora). Wygrał rywalizację z Barriosem, w której czasem trzeba się było zetrzeć i na pięści, w szatni. Już do końca gry w Borussii był niekwestionowanym numerem jeden w ataku.

Ale to nie wygrana walka z Paragwajczykiem go najbardziej odmieniła. Musiał się jeszcze odważyć i zrobić coś, co mu od małego przychodziło z trudem.

•••

Obchodził domek raz, drugi, trzeci.

– Bobek, co ty tak krążysz? – pytali trener Sikorski i kierownik Zawiślak. Byli na letnim obozie z Varsovią, sierpień, oni siedzą na werandzie, a on kursuje wokół ich domku. Głowa spuszczona, ale widać, że chce, żeby go zauważyli i zagadywali.

– No chodź, o co chodzi?

– Nic, nic, wszystko w porządku – i dalej robi te swoje kółka.

– No chodź!

– Nie, nie, naprawdę wszystko w porządku.

– Masz tu przyjść i mówić!

– Bo się moje urodziny zbliżają... I zapomnieliśmy z mamą spakować cukierki, nie mam czym chłopaków poczęstować.

– To nie można było tak od razu? Jedziemy po cukierki.

DANKE
ROBERT
LARM

•••

– Robert jest skryty. Ma wokół siebie klosz i lubi trzymać ludzi na dystans, to jest jego broń. Tak jak w pracy trzeba wiedzieć, z kim warto przejść na ty, a z kim nie. On to wie. Ma zachęcający uśmiech. Ale bardzo nie lubi o nic prosić – mówi Ania.

– On był zawsze nieśmiały, nie zabiegał o względy kolegów ani trenera, nie potrzebował do szczęścia nikogo innego. Nie napraszał się. Ale nigdy nie miał problemów z towarzystwem, ludzie raczej do niego lgnęli. To dobrze widać, gdy są obok małe dzieci. On im nie nadskakuje, a dzieci są tym zaintrygowane. Gdy przyjeżdża do niego mały chrześniak Leon, potrafią przepaść razem i na trzy godziny – opowiada Tomek Zawiślak.

– Dziadek był taki sam – wzdycha Iwona Lewandowska.

– Tak, kiedy byłem młodszy, nie miałem śmiałości – mówi Robert. – Nie mogłem się przemóc, żeby pójść do trenera i porozmawiać o problemach. To się zmieniło w Borussii. Był taki moment, gdy poczułem, że coś tu nie pasuje i nie mogę tego tak zostawić. Nie wiedziałem, czego ten Klopp właściwie ode mnie wymaga. To był początek drugiego sezonu. Miałem już swoje wyczekane miejsce w ataku, ale to ciągle nie było to. Graliśmy w Lidze Mistrzów z Olympique Marsylia na wyjeździe i wtedy poszedłem do niego na męską rozmowę. O co chodzi, czego oczekuje, co ja mam poprawić. Usiedliśmy i rozmawialiśmy długo.

Ta rozmowa go odmieniła. Zrzucił z siebie ciężar. Nabrał pewności siebie.

– Padła bariera między nami, zbliżyliśmy się z trenerem. Od tej pory nie byliśmy już dla siebie tylko szefem i pracownikiem. Potrzebowałem tego. Szybko straciłem tatę. Musiałem stać się z dnia na dzień mężczyzną. Nie miałem kogoś starszego, z kim mógłbym porozmawiać. I nagle: jest ktoś taki. Po tej rozmowie wiedziałem już, czego on oczekuje, co mu we mnie nie pasuje. On też mnie poznał lepiej. W środę graliśmy wspomniany mecz z Olympique. A w sobotę był mecz z Augsburgiem i pierwszy raz strzeliłem w Bundeslidze trzy gole.

3 maja 2014 roku, mecz z TSG Hoffenheim. Robert ostatni raz gra na stadionie w Dortmundzie w koszulce Borussii. – Odchodziłem do Bayernu, którego wszyscy nienawidzą. Ale kilkadziesiąt tysięcy ludzi skandowało moje nazwisko.

Zniknęła blokada, która mi nie pozwalała sięgnąć po więcej. Złapałem grunt pod nogami. Przestałem chować wszystko w sobie. Bo od małego chowałem na potęgę, wolałem się nie odzywać. A wtedy odkryłem siłę rozmowy. Ile ona daje obu stronom. Że gdy prosisz o rozmowę, nie jesteś petentem, bo druga strona też zyska – mówi Robert.

To jest częsty problem w sporcie, nie tylko w piłce: brak dobrej rozmowy. Czasem nawet wielki sportowiec niczego tak nie potrzebuje jak właśnie normalnej rozmowy.

– Poproś o rozmowę. Masz coś do trenera, powiedz mu to. Lepiej podziała niż narzekanie za jego plecami – mówi Cezary Kucharski.

Piłkarze zamykają się w sobie, nawet przed takimi trenerami jak Klopp. Shinji Kagawa po powrocie do Dortmundu z Manchesteru United strzelał tylko lewą nogą, kontuzję prawej ukrywał, bo bał się, że go w Borussii odstawią jak w Manchesterze.

– Jürgen miał plan na Roberta. Ale komunikacja szwankowała. Może Kloppowi trudno było się na początku postawić w sytuacji Lewandowskiego, zrozumieć, jak mu jest ciężko z tymi wszystkimi oczekiwaniami: wyjeżdżał jako najlepszy napastnik ligi, kibice liczyli na cuda – mówi Artur Płatek. – Robert mimo wszystko dobrze przeszedł próbę pierwszego sezonu. W niemieckich klubach często jest tak, że jak komuś nie idzie, to odsuwają go na bok. Sprawdzają, czy powalczy, podejmie wyzwanie. Jeśli tak, to dostaje drugą szansę. Często ten manewr stosują. U Roberta było widać dwie rzeczy: że chce walczyć i że chce się kumplować z Niemcami. Bardzo szybko złapał język. Przestał lgnąć tak do Kuby i Łukasza. Moim zdaniem nie chodziło o jakieś szczególne animozje. Nie widziałem żadnej niechęci ani na treningu, ani w szatni. Normalnie się zachowywali, rozmawiali ze sobą. Takie rzeczy się wyczuwa. Nawet Jürgen się mnie kiedyś spytał: „Widzisz coś między nimi?". „Nie, ja nic nie widzę".

•••

Polacy z Borussii pisali piękną historię, w Bundeslidze zdobyli dwa mistrzostwa, podbijali Europę, rozbijali Bayerny i Reale, zagrali w finale Ligi Mistrzów 2013, zmieniali sposób, w jaki w wielkiej piłce patrzyło się na piłkarzy znad Wisły. Poza boiskiem poszli w inne strony: Kuba i Łukasz w swoją, Robert w swoją.

Na początku było inaczej: Robert był z Anią na weselu Kuby Błaszczykowskiego, przychodził na obiady do Błaszczykowskich i Piszczków. Z czasów mieszkania przez ścianę z Piszczkami, przez pierwszy rok w Borussii, pamięta ten dzień, gdy rodziła się córka Ewy i Łukasza.

– Oglądaliśmy z Łukaszem mecz. Ewa mówi: „Chyba zaczynam rodzić". Ja się aż poderwałem, a ona na to: „Ale spokojnie sobie obejrzyjcie pierwszą połowę, w przerwie pojedziemy" – śmieje się Robert.

– Święta spędzaliśmy razem z Kubą i Łukaszem. Całe rodziny się znały. Mama Roberta, rodzice chłopaków. Ja uwielbiam tatę Agaty Błaszczykowskiej i tatę Łukasza, zawsze były ciekawe dyskusje – wspomina Ania.

Ona utrzymuje kontakt z dziewczynami, zwłaszcza z Agatą Błaszczykowską, choć dziś już mniejszy. Kiedyś podczas wyjazdów na Ligę Mistrzów mieszkały razem w pokoju, wychodziły razem wieczorami. Robert, Kuba i Łukasz potem już razem tylko pracowali. On złapał lepszy kontakt z Niemcami. Chłopaki miały mu za złe, że w wywiadach narzekał na początki w Dortmundzie, tak jakby mu wówczas nie pomagali. Słyszeli, że Cezary Kucharski przykazał mu, żeby nie tworzył polskiego klanu. To też ich zabolało.

– Nie chodziło o nic osobistego, tylko o to, żeby Robert uczył się życia i języka. Oni chcieli się nim opiekować, on się niechętnie poddaje opiece. Różnica charakterów, wieku, oni mieli dzieci, Robert nie. Do tego potem doszło trochę rywalizacji samców, bo w jednej szatni się rozstrzygało, kto jest najlepszym polskim piłkarzem – mówi Cezary Kucharski. – Ale chyba akurat ten wywiad, o który miało pójść, Kuba i Łukasz źle odczytali. Robert nie chciał im w niczym uchybić. On po prostu rzadko mówi „dziękuję". Albo inaczej – rzadko wtedy mówił „dziękuję". Ostatnio to się zmieniło.

Różniło też Polaków z Borussii to, że Kubie i Łukaszowi było cały czas dobrze w Dortmundzie, a jego już ciągnęło gdzie indziej. Czuł, że lepiej odejść za wcześnie niż choćby o rok za późno. Odchodził po 103 golach w 186 meczach, po transferowej sadze o nim i Bayernie, po sporach z Hansem-Joachimem Watzkem i Michaelem Zorkiem. Ale też z głową pełną dobrych wspomnień. Tych chwil, gdy 30-tysięczna trybuna południowa skandowała jego nazwisko, a jego jakby prąd przechodził.

Do Bayernu szedł z marszu, gotowy. Wiedząc, że kończy się etap drużyny rodziny, bandy z łukami, że pewnie już nie da się nigdy w karierze zainwestować aż tylu uczuć w nowe miejsce. Ale czuł się już

17 maja 2014 roku, Stadion Olimpijski w Berlinie. Finał Pucharu Niemiec między Borussią a Bayernem, do którego Robert po tym meczu odchodzi. Borussia przegrała 0:2 po dogrywce.

na tyle dojrzały, żeby się sprawdzić w innej sytuacji. Daj Lewandowskiemu wyzwanie, a będzie szczęśliwy. Daj mu podwójne zadanie, a będzie najszczęśliwszy na świecie. Tak jak w Lechu, tak i w Borussii najlepszy był wtedy, gdy już wiedział, że odchodzi do innego klubu, i starał się jednocześnie przygotować na to, co nowe, i jak najlepiej pożegnać stare.

Z Lecha do Borussii odchodził jako mistrz i król strzelców. Z Borussii do Bayernu jako król strzelców. Pierwszy polski król strzelców Bundesligi. W Lechu zaczynał pożegnalny sezon od wielkiego żalu o brak podwyżki. W Borussii – od sporów, zniechęcenia, żalu do szefów o to, że po niespodziewanym odejściu Mario Götzego do Bayernu nie dotrzymali danego wcześniej słowa i nie pozwolili, by Bayern kupił latem 2013 również Lewandowskiego. Ale w końcu pogodził się z tym, że jeszcze rok zostanie. Szefowie docenili to podwyżką, a on postanowił na pożegnanie zostać pracownikiem roku.

Gdy rozstrzygała się sprawa jego odejścia do Bayernu właśnie latem 2013, jeszcze przed wygaśnięciem kontraktu, Jürgen Klopp powiedział, że woli dostać 20 goli od Lewandowskiego niż 20 mln za Lewandowskiego. Więc Lewandowski dał mu 20 w lidze i osiem w pucharach.

Był wdzięczny trenerowi, że w końcu pogodził się z koniecznością rozstania, zresztą Klopp już w następnym sezonie posmakował, co to znaczy zostać w klubie, nawet ukochanym, o rok za długo.

Futbol to twarda gra i sentymenty. Ale z przewagą twardej gry.

Kuba Błaszczykowski był dortmundzki, swój, kochany. Ale przyszedł nowy trener Thomas Tuchel i Kuba musiał odejść i szukać okazji do gry w Fiorentinie, bo Tuchel znalazł lepszych.

Robert nigdy nie był taki dortmundzki i swój. Miłości klubom nie wyznawał. Dla niego futbol to ludzie i miejsca, a nie kluby. Nie całuje klubowych herbów. Nie robił tego nawet w Borussii, w której na każdym kroku wisi hasło „Echte Liebe", „prawdziwa miłość". To Götze kochał, zostawił i zranił. Robert tak zranić nie mógł.

– Nie całuję herbu na koszulce, bo wiem, że to może nie być mój ostatni klub w karierze. Piłka to momenty. Dziś jest dobrze, całujesz, kochają. Kiedyś będzie źle i wszystko do ciebie wróci. Ja nigdy nie ukrywałem, że w piłce jestem po to, żeby osiągnąć jak najwięcej, i będę szukał spełnienia w różnych miejscach. Już w dzieciństwie chodziłem oglądać mecze dla piłkarzy, nie dla drużyn – mówi Robert.

Götzego w Dortmundzie kochali, a potem go wygwizdywali. Po ogłoszeniu odejścia musiał dostać ochronę. Dla Roberta, gdy wraca do Dortmundu, są brawa, choć w pięciu pierwszych meczach po odejściu z Borussii strzelił jej pięć goli.

– Za to, jak się zachowywał przez ostatnie pół roku, jak pracował, jak grał, co dał kibicom – ma u nich szacunek na zawsze – mówi Artur Płatek. – Ma zawsze drzwi do Borussii otwarte. I zostanie przyjęty, jakby nigdy nie odchodził.

•••

Żegnali go w Dortmundzie owacją na stojąco.

– Nawet się wzruszyłeś – zagaduje Ania.

– Aha. Jak na mnie to się wzruszyłem. Wtedy dotarło do mnie, czego tu dokonaliśmy. W Lechu hamowałem łzy podczas ostatniego meczu, też się wzruszyłem mocno. Ale tutaj, w Dortmundzie, było jeszcze coś. Odchodziłem do Bayernu, którego wszyscy nienawidzą. Jakbym odchodził z Lecha do Legii. Ale kilkadziesiąt tysięcy ludzi skandowało moje nazwisko. Jestem z tego dumny.

Stadion Narodowy, ostatni trening reprezentacji przed otwierającym Euro 2012 meczem z Grecją. – Ten stadion jest dla mnie jak dom. Jeden z najpiękniejszych na świecie.

ROZDZIAŁ 10

Już nigdy nie będzie takiego lata

– Zgubiło nas nasze typowo polskie myślenie: jakoś to będzie.

Poszedł na żywioł. Poniosło go. Zwykle świętuje gole tak, jakby się nie chciał zdradzić, że strzelanie robi na nim wrażenie. Ale wtedy w odstępie niespełna czterech tygodni dwa razy oszalał z radości. To był ten drugi raz: zadarł lekko koszulkę, zrobił kilka śmiesznych podskoków w sprincie w stronę narożnika boiska i tam wybił się w górę, w stronę trybun, z gestem zwycięzcy. Potem poczekał, aż przybiegną koledzy. Wylądowała na nim cała reprezentacja. Nawet rezerwowy bramkarz Przemysław Tytoń zdążył go wyściskać w narożniku boiska. Jeszcze nie podejrzewając, że za niewiele ponad godzinę to jego będą ściskać, i to on będzie schodzić z boiska jako ten, który uratował Polskę.

Na razie jest 17. minuta, Ludovic Obraniak zabrał piłkę Grekom, podał do Kuby Błaszczykowskiego, ten dośrodkował, a Robert Lewandowski głową, po koźle, strzelił swoją najważniejszą do tej pory bramkę w reprezentacji. Już piętnastą, ale inną niż wszystkie. Pierwszą bramkę w takim meczu, na otwarcie Euro 2012. Pierwszą oficjalną bramkę na nowym Stadionie Narodowym, z którym czuje się związany jak z żadnym innym.

Grał tu kiedyś, na tym, co zostało ze Stadionu Dziesięciolecia. Grali w środku jarmarku, przy tych wielkich pustych trybunach. Tutaj Varsovia przyjeżdżała na mecze z PKS Praga. Mecze z PKS pamiętało się z dwóch powodów: bo grała tam na prawej pomocy dziewczyna, Sandra, przez ładnych kilka lat. I z powodu tego stadionu. Na co dzień kopali na boiskach bez trybun, a tutaj trybuny ledwo obejmowali wzrokiem. Przechodzili tym słynnym długim tunelem, który prowadził z szatni starego stadionu na boisko. Byli tam, gdzie kiedyś grała reprezentacja Polski, Pele i jego Santos, gdzie były wielkie mecze lekkoatletyczne, gdzie kończyły się Wyścigi Pokoju. Biegali po ruinie, która z tego została. Zdarzało się, że ktoś z targowiska na koronie schodził w dół na trybuny, by odwrócić się tyłem do ich dziecięcego meczu i załatwić potrzebę. A teraz stoi tu stadion jak z bajki i Robert wychodzi na boisko otwierać Euro 2012.

Mówi, że Narodowy jest dla niego jak dom. Że to jeden z dwóch, może trzech najpiękniejszych stadionów na świecie. Stał wtedy w tunelu prowadzącym na boisko, myśląc, jak każdy obok niego: już nigdy czegoś takiego nie przeżyję, nie będzie za mojej kariery drugiego takiego turnieju w Polsce.

•••

Od rana niebo było granatowe i dach stadionu zasunięty, żeby w burzy nie ucierpiały ceremonie otwarcia i sam mecz. Na Okęciu lądował jeden samolot za drugim, dziesiątki tysięcy kibiców ciągnęły przez most Poniatowskiego na stadion, dziesiątki tysięcy w drugą stronę: do strefy kibica w centrum. Jeszcze nie kopnęli piłki, a już było wiadomo, że Euro się udało. Stadiony stanęły. Z opóźnieniem, ale stanęły. Powstały centra hotelowo-treningowe. Niby nic, ale nie w kraju, który swojej reprezentacji już po trzecim miejscu na świecie w 1974 roku obiecał ośrodek przygotowań i do dziś nie dotrzymał słowa. Goście mistrzostw dotarli, turystom się podobało, miasta nie udusiły się w korkach.

Dzień przed meczem otwarcia autostrada z Berlina dotarła do Warszawy. A droga z Warszawy do Chopinowskiej Żelazowej Woli, ta droga przez Leszno, niedaleko której był dom Lewandowskich, stała się dzięki temu po prostu drogą do Żelazowej Woli, a nie jednym z ważnych objazdów do Poznania.

Gdy wiosną pięć lat wcześniej Polska i Ukraina dostawały Euro 2012, Robert miał właśnie swoje wielkie tygodnie. Gdy Michel Platini wyciągał z koperty kartkę „Poland/Ukraine", Lewandowski był właśnie po serii sześciu goli w trzech meczach. Sześć bramek strzelił: Drwęcy Nowe Miasto Lubawskie (jedną), Pelikanowi Łowicz (trzy) i Mazowszu Grójec (dwie). W trzeciej lidze. Ale wreszcie znów był sobą. Znów miał w głowie marzenia i stał pewnie na kontuzjowanej wcześniej nodze. Przez całą rundę jesienną strzelił, jeszcze kulejąc, trzy gole. A teraz, wiosną – sześć z rzędu. Jego Znicz szedł po awans do drugiej ligi, a Robert po tytuł króla strzelców I grupy III ligi (grały w tej grupie drużyny z Mazowsza, z Łódzkiego, Podlasia, Warmii i Mazur). Pierwszy w karierze seniorski tytuł.

Lewandowski już od tej pory nie będzie się oglądać za siebie. Przez pięć lat do Euro zostanie królem strzelców w trzeciej lidze, drugiej lidze i ekstraklasie, mistrzem Polski, dwukrotnym mistrzem Niemiec. Polska będzie w tym czasie jedną wielką przebudową. Zacznie się szał na stawianie stadionów, nie tylko tych na Euro. Nagle się okaże, że szkolenie młodzieży jest ważne, i zaczną przyjeżdżać na konferencje i szkolenia specjaliści z najlepszych akademii. Zwykle zresztą na zaproszenia wielkich firm, które się przekonały, że futbol w Polsce nie musi brudzić rąk. Atmosfera wokół polskiej piłki się zmieniała, a Robert jechał w górę. I akurat wtedy, gdy już było jasne, że z budowaniem stadionów i dróg zdążymy i największą niewiadomą stawała się reprezentacja Polski, on sobie postawił pierwszy w karierze mecz pomnik. Strzelił trzy gole dla Borussii Dortmund w wygranym 5:2 finale Pucharu Niemiec z Bayernem. Gole na 3:1, 4:1, 5:2. Bayernowi, który za kilkanaście dni zagra w finale Ligi Mistrzów. Robert zrobił to w ostatnim swoim meczu o stawkę przed Euro 2012. Do tego Kuba Błaszczykowski był bohaterem początku meczu, gdy asystował przy pierwszym golu i wywalczył rzut karny na 2:1. A Łukasz Piszczek podawał przy bramce Roberta na 5:2. I ten gol to była próba generalna tego, co się stanie niecałe cztery tygodnie później na Narodowym: i akcji bramkowej, i radości. Piszczek dośrodkował jak Kuba Błaszczykowski na otwarcie Euro, z tej samej strony boiska, choć w innych okolicznościach (piłka wymknęła się Manuelowi Neuerowi, Piszczek ją zabrał i kopnął, odwracając się), a Robert uderzył – też głową jak z Grekami, przy tym samym słupku. A potem ruszył – za bramkę, górą przez bandę reklamową, sprintem przez bieżnię Stadionu Olimpijskiego, pod trybunę kibiców Borussii, żeby tam pokazać na palcach: mam trzy. On miał trzy gole, wszyscy trzej Polacy trafili wówczas razem do jedenastki całego sezonu w Niemczech. Borussia pierwszy raz w historii zdobyła w jednym sezonie mistrzostwo i puchar, a Robert pierwszy raz dał o sobie tak mocno znać całemu światu.

– My się w nim wtedy zakochaliśmy. Skopał nam tyłek i już wiedzieliśmy, że musimy go mieć. Bayern nie nawykł do takich wysokich porażek – mówi szef Bayernu Karl-Heinz Rummenigge.

Mówi to, gdy Robert już jest jego piłkarzem, rozmawiamy w salce dla mediów w ośrodku treningowym, Bayern zaprosił tutaj grupę dziennikarzy z Polski, by im pokazać pracę Lewandowskiego od kuchni. Po finale Pucharu Niemiec się w nim zakochali, ale rozmowy na temat transferu zaczęli już wcześniej. Po trzech golach w finale tylko przybyło im konkurentów. Trener Manchesteru United Alex Ferguson przyjechał na tamten mecz dla Shinjiego Kagawy, ale po trzech golach zaczął też dzwonić do Roberta i jego menedżerów.

– Ja wtedy pierwszy raz zobaczyłem w Robercie nie przyjaciela, którego znam od dzieciństwa, tylko piłkarza z telewizji. Piłkarza, który obija Bayern trzema golami, na wielkiej scenie, bo Niemcy zamieniają finał pucharu w całodniowe święto, Stadion Olimpijski w Berlinie był pełny po brzegi. A jego to w ogóle nie speszyło, on chciał głównej roli – mówi Tomasz Zawiślak.

– Nic się nie może równać z atmosferą finału Pucharu Niemiec. Nie ma drugiego takiego finału pucharu w Europie. Z taką oprawą, takimi tłumami. Grałem w finale Ligi Mistrzów na wielkim, legendarnym Wembley. I to finałowe Wembley nie zrobiło na mnie takiego wrażenia jak pucharowe finały w Berlinie – mówi Robert.

•••

Przez niecałe cztery tygodnie między polską szarżą w finale Pucharu Niemiec a otwarciem Euro poznikały nagle znaki zapytania znad reprezentacji. Że łatwo traci gole? Że rozhartowana graniem tylko towarzyskich meczów? Że młoda? Że trener Franciszek Smuda do ostatniej chwili szukał piłkarzy z podwójnym obywatelstwem, którzy wspomogą Polskę? A co tam, przecież jest trójka z Borussii, jest Wojciech Szczęsny z Arsenalu, już dawno przyszłość nie była tak jasna. I tak dalej.

Ten mit przeżył potem tylko 45 minut turnieju. Ale trzeba przyznać, że to było wyjątkowo piękne 45 minut. Na trybunach dziewczyny z Borussii siadły w jednym rzędzie, z flagami na policzkach, które sobie nawzajem wymalowały w mieszkaniu Ani Lewandowskiej, razem z żonami Dariusza Dudki i Grzegorza Wojtkowiaka. A na boisku Kuba podał do Roberta i był gol. Rywale kończyli pierwszą połowę zamroczeni i w dziesiątkę, po czerwonej kartce dla Sokratisa Papastathopoulosa. Polacy prowadzili 1:0, a mogli 3:0, Robert miał jeszcze przed golem świetną sytuację, a potem Damien Perquis – niemal całą pustą bramkę przed sobą. Ale i tak była euforia. Polska wcześniej tylko raz pierwsza zdobyła gola w meczu, którym rozpoczynała wielki turniej. Bramkę Argentynie w mundialu 1974 strzelił na 1:0 Grzegorz Lato, który teraz siedział na trybunie honorowej jako prezes PZPN i – formalnie – szef komitetu organizacyjnego polskiej części mistrzostw.

Wspomniany gol Laty z 1974 roku był początkiem czegoś wspaniałego. Tak polski futbol wchodził na wielką scenę, piłkarze Kazimierza Górskiego skończyli mundial 1974 jako trzecia drużyna świata. Gol Roberta okazał się początkiem i końcem tego, co dobre. W drugiej połowie Grecy wyrównają po zamieszaniu w polu karnym i zderzeniu Marcina Wasilewskiego ze Szczęsnym. Potem Wojciech Szczęsny sfauluje strzelca gola Dimitrisa Salpingidisa i wyleci z boiska z czerwoną kartką. Przemysław Tytoń wejdzie za niego, obroni karnego i remis, zostanie bohaterem. Ale pozostanie też jedynym Polakiem, który w Euro przerósł oczekiwania.

Polska już do końca mistrzostw nie odzyska kontroli nad biegiem spraw. Drugi mecz z Rosją też zremisuje 1:1, odrabiając straty po pięknej walce. A potem przegra we Wrocławiu mecz o awans z Czechami 0:1.

Skład na mecz z Grecją. Od lewej w górnym rzędzie: Robert Lewandowski, Wojciech Szczęsny, Łukasz Piszczek, Damien Perquis, Sebastian Boenisch, Eugen Polanski. W dolnym rzędzie od lewej: Ludovic Obraniak, Maciej Rybus, Marcin Wasilewski, Jakub Błaszczykowski, Rafał Murawski.

POLSKA
9
1
POLSKA
POLSKA
20
RESPECT

POLSKA
2
7
16
11
RESPECT
PZPN
Poland v Greece

Robert nie strzeli już gola, choć w meczu z Czechami będzie miał sytuacje, a po mistrzostwach udzieli „Gazecie Wyborczej" wywiadu bardzo krytycznego wobec Franciszka Smudy. Powie m.in., że piłkarze sami ustalali, jak mają grać, nie zostali też przygotowani jak należy pod względem fizycznym, za dużo było zajęć na siłowni, za mało ćwiczeń z rozegrania ataku, trener nie pomagał zmianami.

Dziś Lewandowski widzi więcej odcieni nieudanego Euro. Choć co do zbyt dużych obciążeń na treningach zdania nie zmienił.

– Ciężary dźwigałem wtedy jak nigdy. Byłem zaprawiony, ale to nawet dla mnie było za dużo – mówi. – Zgubiło nas nasze typowo polskie myślenie: jakoś to będzie. Z Grekami zagraliśmy świetne 45 minut i się wypompowaliśmy. Przytkało nas. Z Czechami było to samo: ruszyliśmy z kopyta i po przerwie zabrakło sił.

Cezary Kucharski miał do niego wtedy żal o ten wywiad, uważał, że trzeba go było autoryzować, Smuda nie zasługiwał na aż tak ostre słowa.

– Ja żalu nie mam – mówi Smuda. – Robert zadzwonił, powiedział, że trochę co innego myślał, a co innego z tego wyszło. On nie ma pretensji i ja też nie mam. Nie było w kadrze łatwiejszego chłopaka do prowadzenia niż on. W klubie może bym znalazł takiego. W reprezentacji nie było. Zresztą wszyscy trzej z Dortmundu byli super. Ale oni stracili dużo zdrowia w tamtym sezonie. Przyjechali na zgrupowanie przed Euro wypruci. A Robert nie był jeszcze takim piłkarzem jak teraz. Był rasowym napastnikiem, ale teraz to jest piłkarz kompletny. Dziś w takich sytuacjach, jakie miał na początku meczu z Czechami, trafiłby do bramki nawet z zasłoniętym okiem.

•••

– A ja myślę, że Smuda ich nie zajechał. Że tu po prostu kluczowy był mecz z Grecją. Wymknął się spod kontroli i zatruł Euro – mówi Cezary Kucharski. – W przerwie piłkarze usłyszeli komunikat: spokojnie. Nie rzucamy się, żeby ich dobić. Kontrolujemy grę. A ja nigdy nie wiedziałem, co to znaczy: grać spokojnie. Trenerzy mi to mówili w szatni, ale ich nie rozumiałem. Drużyna przestała być sobą. Zamiast dobić, pozwoliła Grekom nabrać wiatru w żagle. Oni nie mieli nic do stracenia. No i stało się.

Zdaniem Kucharskiego główny problem polegał na tym, że Smuda z kadry przestał być Smudą, którego wszyscy znali i cenili za pracę z klubami. – Stracił w ostatnim momencie kontrolę nad drużyną. Tyle osób mu mówiło, że sobie nie poradzi, że kadra go przerasta, że pozostał trenerem naturszczykiem, a świat się zmienia. I w końcu ustąpił, zgodził się zaangażować sztab specjalistów, między innymi Barry'ego Solana, Irlandczyka od przygotowania fizycznego. (Solan pracował dla amerykańskiej firmy Athletes' Performance, wynajętej przez PZPN – P.W.). Nie był do tego przekonany. Ale zwątpił w siłę swojej intuicji. Znam Smudę, wiem, że jego trzeba długo do czegoś przekonywać, robić to taktownie. Ale jeśli to mądre, w końcu Smuda uzna to za swoje. A tego moim zdaniem nie uznał. Zrobił to, bo wiedział, że jeśli się uprze, to wina za ewentualną przegraną w Euro spadnie tylko na niego. Był tym przytłoczony. Prawdziwy Smuda by to udźwignął. Robert mi w którymś momencie powiedział: trener chodzi zestresowany. „No to go klepnij po plecach. Powiedz: trenerze, wszystko będzie dobrze". Każdy trener potrzebuje wsparcia od ludzi, z którymi współpracuje – mówi Kucharski.

– Gdyby Smuda pozostał Smudą... To właśnie chciałem powiedzieć – mówi Robert. – Miał swój pomysł, graliśmy coraz lepiej, stwarzaliśmy sytuacje, strzelaliśmy bramki, a potem coś się zacięło i zepsuło. Po trzech latach budowania na finiszu stało się coś złego. Widziałem w jego oczach strach podczas jednego z meczów Euro. Chyba w przerwie we Wrocławiu, z Czechami. Przygniotło go to. Wiem, jak trudno mu było jako trenerowi. Presja była trzy razy większa niż na nas, piłkarzach. Chciał dobrze.

– Może w tym o Barrym i doradcach jest trochę prawdy – zamyśla się Franciszek Smuda. – Ale takie były wtedy nastroje w zarządzie PZPN, oni nie chcieli, żebym sam przygotował drużynę. Chcieli mieć profesjonalistę, a była moda na amerykańskie firmy od przygotowania fizycznego i na to poszliśmy. Po czasie mogę powiedzieć: lepiej, jakby sobie Smuda zrobił tak, jak robił w Lechu Poznań. Ale gdyby nie wyszło, toby przecież od razu powiedzieli, że to moja wina, bo robiłem jak w klubie. To się tak łatwo mówi. Ktoś dawał pieniądze, tyle wiary było w narodzie, a ja miałem głowę położyć za to wszystko? Ja wolałem to mieć w swoich rękach, ale usłyszałbym, że selekcjoner musi mieć więcej czasu, po co się ma brać za przygotowanie fizyczne. Działacze mieli komfort, bo sobie zapewnili poczucie, że zrobili wszystko. A we mnie to wszystko siedziało długo. Najgorsze było, że się zgodziłem na kontrakt tylko do mistrzostw

Prywatnie różnie się między nimi układało. Ale na boisku zawsze współpracowali dobrze: Robert i Kuba Błaszczykowski w meczu z Grecją, obok Kyriakos Papadopoulos.

i odejście, jeśli nie wyjdziemy z grupy. Powinienem się umówić na dłuższą pracę. Również po Euro. Wtedy byłaby szansa dokończyć to, co zaczęliśmy budować. Zawsze wolałem klub. Muszę swoje roboczogodziny wyrobić. Ale gdy się przygoda z kadrą kończyła, to polubiłem ten rytm, miałem pomysły. W jakimś sensie za szybko ten turniej przyszedł. Jeszcze nie czas był na Krychowiaka, na Milika, na innych – mówi Smuda. Po Euro pożegnał się z kadrą, jego miejsce zajął Waldemar Fornalik.

•••

– Ta drużyna nie była jeszcze gotowa na taki turniej. Wydaje mi się, że Robert też nie był gotowy. Zespół nie miał kiedy dojrzeć – mówi Tomasz Zawiślak.

– Byliśmy drużyną, która już umiała grać, ale jeszcze nie umiała wygrywać. Tego też się trzeba nauczyć. Potrzebowaliśmy zbyt wielu szans, by zdobyć gola – mówi Kuba Błaszczykowski. I dodaje: – Nie skarżyliśmy się na brak sił ani po meczu z Grecją, ani z Rosją, więc nie ma co po odpadnięciu z turnieju właśnie w przygotowaniu fizycznym szukać przyczyn porażki.

– Ta drużyna nie miała swoich właścicieli – mówi Zbigniew Boniek. – Działacze byli od niej daleko. Piłkarze byli na kontrze do działaczy. Franek Smuda, fajny trener, został z tym sam. Przytłoczyło go to. Piłkarze, też zostawieni sami sobie, nie byli w stanie tego ogarnąć. A do tego, zamiast się zastanawiać, jak Polacy mają grać, za długo się zastanawialiśmy, kto jeszcze może dla Polski grać.

Robert dziś bardziej się skupia właśnie na tym, o czym mówi Boniek: nie na tym, jak ta drużyna grała, ale jak powstawała. – To, że do ostatniej chwili czekaliśmy na piłkarzy z drugim paszportem... Dziś widzę, że lepiej było zaufać naszym chłopakom. Zacząć dwa, trzy lata przed Euro i ich sobie wychować dla kadry. Oni by popełniali na początku dziesięć błędów, potem pięć. Ale na Euro byliby gotowi. Wypracowaliby pewność siebie, a ona jest podstawą. A my szukaliśmy do ostatniej chwili kogoś z zewnątrz. Wtedy byłem młody, tak się nad tym nie zastanawiałem. Dopiero po awansie na Euro 2016 to do mnie dotarło: a gdyby teraz, przed turniejem finałowym, wskakiwał do kadry ktoś nowy? Może być dobry, ale jednak coś się od tego w środku psuje. Może my tego nie widzieliśmy, a już się psuło. Wszyscy chcieli dobrze. Ale inaczej gra ktoś zżyty z drużyną, a inaczej ktoś nowy – mówi Robert.

Tym ostatnim piłkarzem podstawowego składu, który dołączył do drużyny kilka miesięcy przed Euro, był Sebastian Boenisch – zadebiutował u Smudy wcześniej, ale potem długo leczył kontuzję i wrócił niedługo przed Euro.

W kadrze, która wywalczyła awans do Euro 2016, nie było żadnego piłkarza z podwójnym paszportem z czasów Euro 2012. Ani Boenischa, ani Obraniaka, ani Eugena Polanskiego, ani Damiena Perquisa czy Adama Matuszczyka.

•••

Błaszczykowski do Lewandowskiego i Polska prowadzi z Grecją 1:0. Była 17. minuta, Euro zaczynało się znakomicie. Ale skończy się dla Polski jak zwykle.

Franciszek Smuda ogląda od czasu do czasu tamte mecze. Przypomina sobie, ile było sytuacji z Grecją, jak się wszystko zaczęło psuć w drugiej połowie, jak dziękował Bogu za Tytonia.

– Najwięcej krzywdy mi zrobił mecz z Rosją. Bo po wyrównaniu i po tym, jak graliśmy, wystrzelił optymizm przed meczem z Czechami. Każdy myślał, że ich rozpierniczymy. A ja wiedziałem, że nie będzie łatwo – mówi.

Szanse na wyjście z grupy przetrwały do ostatniego meczu. I tam dopiero wszystko runęło, po bramce Petra Jiráčka dla Czechów.

Tuż po meczu Kuba Błaszczykowski opowiedział o nieporozumieniach z działaczami PZPN w sprawie biletów na mecze dla rodzin i przyjaciół piłkarzy, o tym, jak trzeba było o te wejściówki walczyć przed każdym meczem. Poskarżyć się na to chciało wielu piłkarzy reprezentacji, ale głos zabrał on jako kapitan i potem na lata został „bileterem".

Anna Lewandowska wspomina, że gdy długo po meczu patrzyły z Magdą Wojtkowiak na autobus zabierający przegraną drużynę ze stadionu, już je wszystko bolało w środku: no, to się zaraz zacznie. Zamiast turnieju życia – wielka zadra. Zamiast świętowania awansu – pożegnalna wizyta w strefie kibica pod Pałacem Kultury i Nauki. Stanęli tam na scenie na kilka minut, z niewyraźnymi minami, i dopiero pierwsze „Dziękujemy, dziękujemy" z tłumu trochę ich ośmieliło. Oni też dziękowali, za to, „że w nas wierzycie, czy nam idzie, czy nie". Ale każdy miał z tyłu głowy podobną myśl: przegraliśmy marzenia i jeszcze długo o tym nie zapomnimy.

„Na ciemnym dla Realu niebie w Dortmundzie świeciła tylko jedna gwiazda. Real nigdy nie zapomni nazwiska Lewandowski" – napisał madrycki dziennik „Marca" o czterech golach Roberta w półfinałowym meczu Ligi Mistrzów 2013. Na zdjęciu Robert cieszy się razem z Marcelem Schmelzerem z bramki na 3:1.

ROZDZIAŁ 11

Kuszenie, czyli cztery razy z Realem

– Usiadłem w szatni i śmiałem się sam do siebie.
Czy to się zdarzyło naprawdę?
Strzeliłem cztery gole?

Gorąca linia wyglądała tak: rozgrywali między sobą wirtualne mecze na konsoli, na odległość. Jeden w domu w Niemczech, drugi w Polsce i przez Skype'a dyskutowali przy tym graniu: co robić? Po kilka godzin dziennie, przez kilka najbardziej nerwowych dni. Co robić?

– Jeśli nie jesteś pewny, jakie są twoje marzenia, to możesz przynajmniej spełnić moje – żartował Tomek Zawiślak, kibic Realu. Ale Robert dalej nie wiedział, miał już mętlik w głowie. Co zrobić? Wybrać Bayern, jak chciał od dawna, czy jednak Real, który wpadł na ostatnią prostą z transferową ofertą marzeń?

Kończył się rok 2013, na decyzję zostało niewiele czasu. Z jednej strony dane słowo, z drugiej złote góry. Z jednej zwycięzca Ligi Mistrzów 2013, z drugiej klub, który za kilka miesięcy wygra Ligę Mistrzów 2014. Z jednej miliony euro, z drugiej jeszcze więcej milionów euro. A po obu stronach – najsłynniejsze ofiary Roberta. Dwie wielkie drużyny, które postanowiły go zdobyć, gdy nastrzelał im bramek.

•••

W niebo spojrzał dopiero po drugim golu. Pierwszej bramki nie uznał za wystarczający powód. Mimo że gol Polaka w półfinale Ligi Mistrzów zdarzył się pierwszy raz od 17 lat. Poprzedniego strzelił Krzysztof Warzycha w meczu Panathinaikos – Ajax w 1996 roku, gdy mały Bobek trafił do Varsovii. Teraz, w kwietniu 2013, Bobek miał już pseudonim „The Body" i strzelał Realowi Madryt kolejnego gola w sezonie. Pierwszą bramkę zdobył jesienią 2012, gdy Real przyjechał do Dortmundu na mecz rundy grupowej Ligi Mistrzów. Tamten mecz Borussia wygrała 2:1. Prowadzenie dał Robert, jeszcze przed przerwą wyrównał Cristiano Ronaldo, zwycięstwo zapewnił Marcel Schmelzer. Wiosną Real wrócił do Dortmundu na półfinał i wyglądało to jak powtórka filmu z jesieni. Lewandowski na 1:0. Cristiano przed przerwą na 1:1.

A po przerwie zaczął się zupełnie inny film. Z każdą minutą jego widownia rosła. Włączajcie telewizory: Real dostaje lanie od Polaka.

Zatrzymał się na czterech golach. Nikt tylu jeszcze nie strzelił Realowi w Lidze Mistrzów. Nikt tylu nie strzelił w żadnym półfinale LM.

– Zszedłem z boiska, usiadłem w szatni i zacząłem się śmiać sam do siebie. Kurczę, czy to się zdarzyło naprawdę? Strzeliłem cztery gole w półfinale Ligi Mistrzów? Przez kilka dni to do mnie nie docierało – wspomina Robert. Sam do tych bramek nie wraca, ale gdy gdzieś je powtarzają, zatrzymuje się przed telewizorem.

Pierwszego gola zdobył w locie i w zamieszaniu pod bramką, rzucając się wślizgiem, żeby wyprzedzić Pepe, który też już sunął wślizgiem. Drugiego strzelił z niemal tego samego miejsca tuż przed bramką, w zamieszaniu, gdy doskoczył do ni to podania, ni to strzału Marco Reusa, a obrońcy Realu jeszcze mieli złudzenia, że mógł być spalony. To wtedy podniósł ręce i spojrzał w niebo. Była 55. minuta.

Borussia grała z Realem tak, jak tego zawsze od niej chciał Jürgen Klopp: macie przebiec więcej niż rywal, macie znać sposób na rozegranie akcji, jeszcze zanim odbierzecie przeciwnikowi piłkę, macie opaść go jak szerszenie.

– Ale nie takie, które żądlą gdzie popadnie. My najpierw rywala związujemy, potem żądlimy – tłumaczył kiedyś Klopp.

Im większy rywal, tym lepiej. Borussię Kloppa nazywano „Mentalität-Monster". Oni nikogo się nie bali. Ale w pierwszych sezonach Kloppa w europejskich pucharach to była odwaga straceńców. Szarżowali i przegrywali. Aż wreszcie się nauczyli, kiedy trzymać gardę, kiedy wyprowadzić cios. Serię ciosów, z każdej strony pola karnego. Piłkarzom Realu już się kręciło w głowie od tego ciągłego zamieszania. A Lewandowski strzelał. Trzeciego gola, najładniejszego, też zdobył w zamieszaniu: przyjął piłkę lewą nogą, przetoczył ją sobie prawą podeszwą, żeby zostawić wszystkich obrońców z boku, i strzelił pod poprzeczkę.

Klopp już nie miał pomysłu, jak świętować kolejne bramki, po trzeciej chodził przy ławce w dziwnej pozie, jak zgarbiony.

Gdy potem Marco Reus padł w polu karnym po faulu Xabiego Alonso, trener polskiej reprezentacji Waldemar Fornalik powiedział do siedzącego obok niego na trybunach Cezarego Kucharskiego, że Robert nie powinien podchodzić do rzutu karnego. Że to już za dużo. Wokół nich na trybunach wielu kibiców Borussii stało odwróconych tyłem do boiska, nie byli w stanie na tego karnego patrzeć. Odwróciła się Ania, odwrócił się też w pierwszym odruchu Kucharski. A potem pomyślał: co ja robię, przecież ja wiem, że „Lewy" strzeli. Odwrócił się z powrotem w stronę boiska.

Robert strzelił bardzo mocno w środek bramki. 4:1. A mógł być jeszcze piąty gol, ale bramkarz Realu Diego López świetnie obronił strzał Polaka zza pola karnego. To o tej sytuacji Robert mówił potem w nocy Tomkowi Zawiślakowi, niezadowolony. „Szkoda, że nie było piątej...".

– Sergio Ramos w rewanżu w Madrycie chciał mi dużo pokazać, a sędzia rzadko gwizdał. To samo miałem z obrońcami Wolfsburga, gdy graliśmy przeciw sobie pierwszy raz po strzeleniu im pięciu goli – wspomina Robert. W rewanżu Ramos strzelił jedną z bramek, Real wygrał 2:0, ale to Borussia awansowała.

Fly
Emirates

RESPECT
adidas
Fly
Emirates
Credit

Zostawał jeszcze rewanż w Madrycie, ale droga do finału Ligi Mistrzów 2013 była otwarta. Sergiusz Ryczel, komentator stacji nSport, po kolejnych bramkach Roberta wpadał w ekstazę, krzycząc „gooooooool" kilkanaście sekund. Gdy w nocy po meczu rodzina i przyjaciele Lewandowskiego świętowali wygraną w ogródku jego domu w Dortmundzie, każdy chciał siedzieć przy laptopie i puszczać powtórki tych „goooooooooli". Toast, „gooooooool", śmiechy. Nie mieli tego dość.

To się wszystko wymykało temu, do czego przywykliśmy. Wydawało się, że trzy bramki Polaka w finale Pucharu Niemiec z Bayernem to już jest wystarczająca abstrakcja. Albo to, że Polak w Bundeslidze może gonić rekord wielkiego Gerda Müllera. A Robert gonił go w tamtym sezonie, strzelając gole w 12 meczach Bundesligi z rzędu. Jeszcze niedawno każdy gol Polaka w Lidze Mistrzów, nawet w mało ważnych meczach, był wydarzeniem. A on w tamtym sezonie strzelał każdemu rywalowi, z którym Borussia grała w LM, w każdej rundzie poza finałem. Realowi, Manchesterowi City, Ajaxowi, Szachtarowi, Maladze. I znów Realowi, cztery naraz. Tylko pięciu piłkarzy przed Robertem dostało kiedykolwiek od dziennika „L'Équipe" notę 10 oznaczającą, że wyszedł im mecz ideał.

„Oddaję Lewemu tytuł bello di notte" – napisał na Twitterze Zbigniew Boniek. Tak Bońka nazywano w latach 80., „bello di notte". „Piękność nocy", bo najlepszy był w meczach przy jupiterach, czyli tych w europejskich pucharach. On był ostatnim przed Robertem polskim piłkarzem z pola, w którego w wielkie pucharowe wieczory wstępował ten demon.

Nowy „bello di notte" wrócił z meczu do domu bardzo późno. Impreza trwała, usiadł przed telewizorem. „Robert, czterrryyyyy! Robert, cztery bramki! Z Realem! Robert, drinka?".

– Zjadłbym naleśniki, bezglutenowe.

W tamten wieczór kibice zaczęli na niego patrzeć nie jak na kolejnego skutecznego napastnika, ale jak na kogoś, kto może być naprawdę wielkim piłkarzem. To wtedy pierwszy raz dziennikarze i fotoreporterzy koczowali przed blokiem Ani, a telefony dzwoniły bez przerwy. Wkrótce mieli się też oboje przekonać, że kończy się ich urlopowy spokój. Od tej pory gdziekolwiek na świecie rozpoznali ich Hiszpanie, bardzo chcieli im powiedzieć, co sądzą o tych czterech golach.

Ci, którzy byli przy Robercie po meczu, wspominają, że przyjął to wszystko zupełnie spokojnie. Jakby się nie stało nic wielkiego.

On ma inne wspomnienia. – Za dużo było wtedy emocji z zewnątrz. Uległem temu i to się na mnie odbiło w następnym meczu, w Bundeslidze. Nie byłem z siebie zadowolony. Obiecałem sobie, że następnym razem do tego nie dopuszczę.

•••

Po końcowym gwizdku w Dortmundzie pierwszy z gratulacjami podszedł nie Klopp, tylko trener rywali José Mourinho. W następnych tygodniach namawiał w esemesach i telefonach: chodź do mnie. Nie do Realu, choć był jeszcze jego trenerem, tylko do Chelsea, gdzie odchodził po sezonie i już wszystko układał po nowemu.

To nie był pierwszy raz, gdy Chelsea kusiła Roberta. Interesowała się nim już wtedy, gdy trenerem w Londynie był Carlo Ancelotti, w 2011 roku. W kolejnych sezonach kontaktowali się z Robertem i Cezarym Kucharskim dyrektor sportowy Chelsea Michael Emenalo, kontaktowała się Marina Granowskaja, prawa ręka Romana Abramowicza.

Nie poddawał się też Manchester United, dołączył Manchester City. Sezon 2012/2013 był dla Roberta trzecim w Dortmundzie, miał już ochotę spróbować sił w nowym miejscu, coraz więcej klubów o tym wiedziało. Wreszcie – włączył się do tego wyścigu również Real, po półfinale z czterema bramkami.

Ale wtedy Lewandowski z Kucharskim byli już po słowie z Bayernem.

•••

– Chcemy go mieć. Musimy go mieć. Mamy tu dla Roberta pełną szkatułę – powiedział Uli Hoeneß. Człowiek, który zbudował wielki Bayern, ten, który znamy – z sukcesami, a bez długów.

Była wczesna wiosna 2012, jeszcze przed finałem Pucharu Niemiec z trzema golami Lewandowskiego. Cezary Kucharski siedział w gabinecie prezesa zarządu Bayernu Karla-Heinza Rummenigge, był tam też menedżer klubu Christian Nerlinger. Hoeneß, wieloletni menedżer Bayernu, też był prezesem Bayernu, ale on szefował stowarzyszeniu FC Bayern München, a Rummenigge spółce akcyjnej Bayern,

Borussia z wiosny 2013 to jedna z najpiękniejszych historii, jakie się zdarzyły w Lidze Mistrzów. Zabrakło tylko spełnienia w finale na Wembley. Tam wygrał Bayern 2:1.

czyli był tym prezesem, który miał więcej władzy. Hoeneß panował, Rummenigge rządził. Hoeneß wpadł do jego gabinetu przelotem, zrobił wrażenie i wrócił do swoich spraw. To on pierwszy w Bayernie miał pewność, że Lewandowski jest piłkarzem dla tego klubu, i on najmocniej o jego transfer zabiegał. Spotkanie w gabinecie Rummenigge to było pierwsze kuszenie. Po finale Pucharu Niemiec zaczęły się już konkretne starania.

– Ale Borussia w ogóle nie chciała rozmawiać o sprzedaży. Jeszcze wierzyli, że Roberta zatrzymają – wspomina Cezary Kucharski. – Ja uważałem, że koniec drugiego sezonu to był dobry moment, by pójść dalej. Dyskontować pozycję na rynku. Ale Borussia nie miała zmiennika dla Roberta, poprosiła o rok na znalezienie następcy. Mieliśmy słowo Kloppa, Zorca, Watzkego. Określili nawet warunki: jeśli ktoś zapłaci co najmniej 28 mln euro, Robert może odejść w 2013 roku.

Nadszedł 2013, ale okazało się, że Robert jednak odejść nie może. Dzień przed pierwszym półfinałem z Realem „Bild" ujawnił, że do Bayernu odchodzi Mario Götze, największa wówczas gwiazda Borussii. Bayern zdecydował się zapłacić klauzulę odstępnego z kontraktu Götzego, 37 mln euro. I tym sposobem zamknął sobie drogę do negocjacji z Borussią w sprawie sprzedaży Roberta. Kucharski w dniu półfinału przyjechał na rozmowy o odejściu, a usłyszał, że nic z tego.

– Dortmund był postawiony pod ścianą. Woleli się wycofać ze słowa danego Robertowi, niż puścić drugiego piłkarza do Monachium. Więc my też musieliśmy się inaczej umówić z Bayernem – mówi Kucharski. Inaczej, czyli na przejście, gdy Robertowi skończy się kontrakt w Dortmundzie, w czerwcu 2014 roku. A umowę z Bayernem Robert mógł podpisać oficjalnie 1 stycznia 2014.

– My od początku byliśmy z Borussią szczerzy: chcemy przyjść z Lecha właśnie do was, zrobimy wszystko, żeby Borussia miała z nas radość, ale nie traktujemy jej jako klub docelowy. Chcemy stąd odejść wyżej. Nigdy nie obiecywaliśmy, że nie odejdziemy do Bayernu. Bo ja się nie godzę na takie ograniczenia swobody decyzji. Oczywiście, Borussia to proponowała. Ale propozycję odrzuciliśmy – mówi Kucharski.

Borussia robiła wszystko, żeby Robert jednak zmienił zdanie i odszedł gdzie indziej, nie do najgroźniejszego rywala w kraju.

Po półfinałowym rewanżu w Madrycie prezes Watzke zaaranżował spotkanie na stadionie Realu, w pokoju przy szatniach. Umówił się tam z prezesem Realu Florentino Pérezem, z wiceprezesem José Angelem Sánchezem, prawą ręką Péreza. Zawołali Roberta z szatni. Chcieli, żeby rozważył przejście do Madrytu. Namawiali go na to potem nawet koledzy z drużyny i trener Klopp. Ale on chciał do Bayernu. Jeszcze nie miał rozterek. Pojawiły się później.

•••

Pierwszy półfinał z Realem, ten z czterema bramkami, zapadł wszystkim w pamięć tak mocno, że czasem zapominamy o rewanżu. A w nim Real był bardzo blisko odrobienia strat i wyeliminowania

Borussii. Zaczął strzelać późno, w ostatnich minutach, ale zdążył zdobyć dwa gole. Przy 2:0 do awansu potrzebował już tylko jednej bramki, sędzia doliczył pięć minut.

„Gdyby doliczył jeszcze kilka, tobyśmy strzelili tę trzecią" – pisał potem Mourinho w esemesie do Roberta.

„Raczej trudno było się spodziewać, że pozwoli grać 100 minut ;-)" – odpisał Robert.

Miał w rewanżu szanse na kolejne gole, ale ich nie wykorzystał.

Przez cały mecz próbował uciekać pilnującemu go Sergio Ramosowi (strzelił na 2:0 dla Realu). To był fascynujący pojedynek, Ramos tak się zawziął, że momentami traktował Polaka tak, jak bokser traktuje worek treningowy. Jürgen Klopp powiedział później, że Ramos powinien dostać siedem żółtych kartek, a Lewandowski był Übermenschem, że na te prowokacje nie zareagował.

– Grając przeciw Realowi, nigdy nie miałem żadnych zatargów z Pepe, choć to o nim często mówi się, że gra zbyt ostro. Wobec mnie był zawsze fair. Z Ramosem w rewanżu sporo się działo, ale to normalna sprawa. Tak samo będzie później w pierwszym meczu z Wolfsburgiem, po tym jak strzeliłem mu pięć goli – miałem wrażenie, że piłkarzom Wolfsburga bardziej zależało na tym, żebym już nie strzelił kolejnego gola, niż na tym, żeby wygrać spotkanie. I Ramos w Madrycie też chciał mi dużo pokazać, a sędzia rzadko gwizdał – wspomina Robert.

W pewnym momencie Borussia znalazła się w takim oblężeniu, że żony piłkarzy na trybunach zaczęły pochlipywać ze strachu, a prezes Watzke wstał ze swojego miejsca w loży honorowej, obok króla Juana Carlosa, i zamknął się w toalecie na ostatnie 20 minut. Poczuł, że jego serce tego meczu nie wytrzyma.

Serce wytrzymało, Borussia wytrzymała. Awansowała do finału Ligi Mistrzów na Wembley, gdzie spotkała się z Bayernem. W pierwszym niemieckim finale Pucharu Mistrzów. Meczu, który był intronizacją Bundesligi – królowej piłkarskich hipsterów. Ligi pełnych trybun, tanich biletów, zrównoważonych budżetów, ofensywnej gry. Borussia tamten finał przegrała 1:2, rozstrzygnął o tym geniusz Arjena Robbena. Holender był wtedy w nieziemskiej formie, strzelił decydującego gola. Borussia nie mogła wystawić kontuzjowanego Götzego.

– Mocno zaczęliśmy tamten finał, od 70. minuty zaczęło brakować nam sił. Ale też wyszły wtedy trudy sezonu. Każdy piłkarz Bayernu zagrał przeciętnie dwa mecze mniej niż każdy u nas w tamtym sezonie. Do tego ostatnie dwa tygodnie przed finałem trenowaliśmy mocno.

To był najmniej zaskakujący transfer ostatnich lat w Bundeslidze. Po ponad dwóch latach od pierwszych rozmów z Bayernem Robert został w lecie 2014 zaprezentowany w Monachium jako nowy piłkarz mistrzów Niemiec.

Mocniej niż zwykle. Może za mocno. Mnie nigdy nie łapały skurcze. A w Londynie złapały. I nie tylko mnie. Miałem z nimi problem akurat wtedy, gdy Ilkay Gündoğan strzelał dla nas karnego na 1:1, musiałem zejść do linii bocznej. Analizowałem sobie to potem. Może tu była przyczyna – wspomina Robert.

– Widziałem w oczach chłopaków wielki żal. Żal, że rywal był do pokonania. Siedzieli po meczu jak bokser, który już miał rywala tam, gdzie chciał, ale padł po ciosie w ostatniej rundzie. Zdecydował jeden błąd przy golu na 1:2. Trener Bayernu Jupp Heynckes miał Robbena i dobrych zmienników, Klopp nie miał – mówi Artur Płatek, który był wtedy z Borussią w Londynie.

Robert kończył mecz bez gola, ze łzami w oczach i postanowieniem, że to ostatni taki finał.

– Chcę tam wrócić i tym razem już wygrać. W tamtym finale jakoś nie mogłem poczuć wyjątkowości chwili. Na pewno to było jakieś przeżycie, popłakałem się na koniec. Ale jednak inaczej sobie wyobrażałem swój pierwszy finał Ligi Mistrzów. Może chodziło o to, że graliśmy z Bayernem, a dla nas wielkie mecze z nimi to była wtedy codzienność – wspomina Robert.

Oni płakali po końcowym gwizdku, Bayern świętował pierwszą w historii Niemiec potrójną koronę: mistrzostwo, Puchar Niemiec, Puchar Europy.

– Wyczyn tak rzadki jak „Błękitny Mauritius" – mówi o tej potrójnej koronie prezes Rummenigge. W muzeum Bayernu na Allianz Arenie można usiąść w niewielkim kinie, popatrzeć i posłuchać, jak w okolicznościowym hymnie opiewają wiosnę potrójnej korony chór i orkiestra monachijskich filharmoników pod batutą wielkiego dyrygenta Lorina Maazela ubranego w klubową koszulkę.

I ten Bayern, „Błękitny Mauritius", już pewny zatrudnienia od nowego sezonu Pepa Guardioli w miejsce Juppa Heynckesa, dalej bardzo chciał, żeby dołączył do niego Robert. A Real chciał to storpedować. Po bardzo burzliwej przerwie letniej 2013 Robert został w Borussii na jeszcze jeden sezon i już było jasne, że odejdzie z Dortmundu za darmo, po wygaśnięciu kontraktu.

1 stycznia 2014 roku miał oficjalnie ogłosić, jaki będzie jego nowy klub. A im bliżej tej daty, tym się robiło ciekawiej. Real w listopadzie 2013 roku przy okazji meczu z Brøndby w Kopenhadze zaprosił Cezarego Kucharskiego na rozmowy. Przygotował last minute królewską ofertę, 81 mln euro dla Roberta za sześć lat gry.

Ruszyła gorąca linia Niemcy – Polska przez Skype'a. Gdy Kucharski i Maik Barthel powiedzieli Bayernowi, jaką mają kontrpropozycję, Uli Hoeneß już nie był taki czarujący. Ale Bayern dorzucił jeszcze trochę do swojej oferty.

– Każdy miał wtedy rozterki. Real Madryt jest wielkim klubem. Wywołuje emocje. Gdy zgłasza się po ciebie kolejny raz, to działa na poczucie własnej wartości. Ale z Bayernem byliśmy umówieni i chcieliśmy grać fair, dotrzymać słowa. Ja szybko to sobie wyjaśniłem, Robert potrzebował trochę więcej czasu. Kiedyś daliśmy słowo Borussii Dortmund, że chcemy tylko do tego klubu. Tak samo daliśmy słowo Bayernowi. Wiedziałem, że na dłuższą metę na dobre nam wyjdzie, jeśli dotrzymamy obietnicy. Roberta kosztowało to jakieś 20 mln euro. Mnie też sporo. Ale żaden z nas nie żałował – mówi Kucharski.

Real jeszcze się do nich odezwie, gdy Robert będzie już piłkarzem Bayernu.

Najlepszy polski piłkarz przeszedł latem 2014 do Monachium bez sumy odstępnego. Polski rekord transferowy, 5 mln funtów – ówczesną równowartość 7,4 mln euro – które Liverpool zapłacił w 2001 roku za Jerzego Dudka, pozostał niepobity.

– Pewnie, że byłoby miłym śladem w historii, gdyby Robert został sprzedany przez Borussię do Bayernu za te 30 mln euro – mówi Kucharski. – Byłby to największy transfer w historii polskiej piłki. Nie miałem jednak wpływu na to, że Borussia nie dotrzymała słowa i nie pozwoliła na odejście Roberta latem 2013. A transfer i tak był największy w historii polskiej piłki. Tyle że te pieniądze nie przeszły z klubu do klubu, tylko w dużej części do kieszeni Roberta.

Kilka miesięcy po odejściu Roberta Kucharski i szef Borussii Hans-Joachim Watzke spotkali się przypadkowo w Hamburgu. Borussia była wtedy akurat na dnie Bundesligi. Zaczynała się runda rewanżowa, w której Jürgen Klopp ogłosi, że odchodzi z Dortmundu po sezonie. Nie był już w stanie zmotywować piłkarzy Borussii tak jak wcześniej.

Watzke uśmiechnął się przy powitaniu z Kucharskim:

– Gratulacje. Wiedzieliście, kiedy uciec z mojego okrętu.

Najtrudniejszy moment w reprezentacyjnej karierze Roberta: 14 sierpnia 2013 roku, towarzyski mecz z Danią w Gdańsku. Sfrustrowany kolejnym meczem bez gola w kadrze poprosi o zmianę i zostanie wygwizdany przez kibiców przy zejściu z boiska. Na zdjęciu z debiutującym wtedy Łukaszem Szukałą.

ROZDZIAŁ 12

Lepiej mądrze stać, niż głupio biegać

**– Byłeś kiedyś tak zniechęcony,
żeby pomyśleć o odejściu z reprezentacji?
– A kiedy ta książka się ukaże?**

– Gwizdy? Jakie gwizdy? Nie słyszałem – odpowiadał dziennikarzom po meczu, wyczekując momentu, gdy będzie mógł wreszcie stamtąd pójść. Już na boisku ledwo doczekał momentu, gdy można będzie sobie pójść. Rozkładał ręce, patrząc na kolegów, którzy nie podawali tak, jak oczekiwał. Patrzył nieobecnym wzrokiem na trenera, gdy ten czegoś od niego chciał. Kręcił się jak w matni. Tak jak mu się czasem zdarza, gdy coś się układa wybitnie nie po jego myśli. Nie chce wybuchnąć, bo poczułby się przegrany, że nie zapanował nad nerwami. Ale też już nie może z tym wszystkim wytrzymać.

– To tylko wrażenie, że po nim wszystko spływa. Jest nerwowy. Tylko nie jest wybuchowy. Umie odczekać, aż będzie można odreagować gdzieś na uboczu. Jest bardzo dobrym aktorem – mówi Iwona Lewandowska.

Ale tamtego dnia Robert nie potrafił udawać spokojnego.

To był typowy mecz na zakończenie wakacji. Mecz na przypomnienie, że zaraz się skończą urlopy, znów rozkręci się na dobre sezon w wielkich ligach, wystartuje Liga Mistrzów, reprezentacyjne mecze o punkty, zacznie się coś nowego. Jest połowa sierpnia 2013 roku, Gdańsk, Polska gra towarzysko z Danią. Niedługo czeka ją w eliminacjach kolejny mecz z gatunku „zwycięstwo albo nic". Z Czarnogórą. Wiosną grała o „zwycięstwo albo nic" z Ukrainą. Było nic, 1:3. Potem, na początku czerwca, grała o „zwycięstwo albo" nic z Mołdawią. Też było nic. 1:1 w Kiszyniowie. Ale szanse na awans na mundial 2014 wciąż żyją, trzeba tylko wygrać z Czarnogórcami w Warszawie i droga do Brazylii się wyprostuje. Przecież zaczyna się coś nowego.

Może i się zaczyna, reprezentacja wreszcie wygrywa z mocnym rywalem, młodzi rezerwowi Piotr Zieliński i Mateusz Klich strzelają bramki, dzięki którym Polska ze stanu 1:2 wyrywa Duńczykom zwycięstwo 3:2.

Ale u Roberta nic nowego się nie zaczyna. Znów skończy mecz bez gola. Na bramkę z gry czeka od 14 miesięcy, od otwarcia Euro 2012 i gola z Grecją. Czeka całą kadencję trenera Waldemara Fornalika. Już 12 meczów, w międzyczasie strzelił tylko słabeuszom z San Marino, dwa razy z rzutów karnych (w tamtym meczu kibice też na niego gwizdali). W Borussii wyrósł przez te 14 miesięcy na jednego z najlepszych napastników w Europie, strzelił cztery gole Realowi Madryt, zagrał w finale Ligi Mistrzów. A w kadrze nic.

Cztery dni przed meczem kadry strzelił dla Borussii w Bundeslidze. Cztery dni po meczu kadry strzelił dla Borussii w Bundeslidze. A w biało-czerwonej koszulce nie może. I coraz trudniej sobie wyobrazić: jak on w końcu strzeli tego gola, gdy już go strzeli? Sytuacji ma coraz mniej, a gdy się trafiają, jest tak spięty, że nie potrafi zrobić tego, czego od siebie wymaga. Gra oderwany od drużyny. Każdy mecz bez gola jest dla napastnika deprymujący. Kilka meczów bez gola to już tortura. A 12 meczów z ledwie dwoma golami? Wbitymi jednego wieczoru San Marino?

•••

Za dużo złego się wtedy zebrało. Przed meczem z Duńczykami rozpętała się kłótnia o reklamówkę dla Orange, sponsora kadry. Robert i jego menedżerowie nie zgodzili się, by w reklamie miał być znowu tylko on, Kuba Błaszczykowski i Wojtek Szczęsny. Albo niech kręci reklamy większa grupa piłkarzy, albo niech będą jakieś wynagrodzenia dla tych, którzy występują, bo tak, jak jest, jest niesprawiedliwie. Kuba Błaszczykowski i jego menedżerowie też zaprotestowali. Ale złość się skupiła na Lewandowskim. Zaczęły się przecieki z PZPN, artykuły sugerujące, że napastnik Borussii może wylecieć z kadry. I dopiero po przeciekach – rozmowy ze związkiem o rozwiązaniu problemu.

A i tak były to rozmowy przyjemniejsze niż te, które Robert prowadził w tym czasie ze swoimi pracodawcami z Dortmundu. Był na nich zły, że nie dotrzymali danego słowa i nie pozwolili mu odejść tamtego lata do Bayernu Monachium. Potem złość przeszła we wściekłość, gdy przysłali pierwszą propozycję podwyżki, z podstawą wynagrodzenia niewiele odbiegającą od dotychczasowej pensji. Co mu nie przeszkadzało w strzelaniu dla Borussii kolejnych bramek, bo jak czasami tłumaczył: biznes to biznes, a futbol to futbol.

W strzelaniu dla kadry kłótnia o reklamę Orange też nie byłaby żadną przeszkodą. Gdyby się udawało być w reprezentacji Robertem z Borussii, tym, który wykorzystuje swój dar wybierania momentów na wyłączenie się z akcji i powrót do niej, bo inni koledzy odciągają od niego uwagę rywali. W Gdańsku z Danią znów się nie udało. I tym razem, inaczej niż zwykle, przestał w pewnym momencie próbować. Zupełnie zeszło z niego powietrze. Poprosił o zmianę, zszedł w 78. minucie. Oczywiście, że słyszał gwizdy. Polska już wygrywała 3:2. Wszyscy inni piłkarze dostali brawa.

– Lecieliśmy wtedy razem z Gdańska do Dortmundu – wspomina Artur Płatek. – Ja już byłem na lotnisku, oni przyjechali we trójkę: Robert, Kuba, Łukasz Piszczek. Robert był strasznie przygnębiony. Powiedziałem mu: „Nie martw się. Polska. Musisz przywyknąć". Ale tylko machnął ręką: „Idę spać". Bardzo go ta sprawa przytłoczyła.

•••

– Byłeś kiedyś tak zniechęcony, żeby pomyśleć o odejściu z reprezentacji?

– A kiedy ta książka się ukaże? – pyta Robert i na chwilę milknie.

Zbliża się Euro 2016, wszystko świetnie się układa, może już nie warto wracać do tych czasów, gdy się nie układało.

– No tak, przyznaję, były takie momenty, gdy było trudno to znieść. Zastanawiałem się, o co chodzi. Biegam, walczę, wracam bardziej zmęczony niż po meczach w klubie. A gdy coś nie idzie, wszystko skupia się na mnie. I zacząłem się zastanawiać: po co to wszystko? Po co się tak starać, gdy jesteś goniony za wszystko. Dlaczego dyskusja o grze naszej reprezentacji jest taka prosta? Chce nam się grać albo nam się nie chce. Kochamy orzełka albo nie kochamy. Naprawdę to takie proste? A skąd ci wszyscy ludzie wiedzą, czy mi się chciało, czy mi się nie chciało? Dlaczego zamiast analizy, jak gramy, są wyroki: on nie jest „Lewym" z Borussii. A czy ja w Borussii nie miałem meczów, w których nie strzelałem goli? Oczywiście, że miałem. A czy mecze się wygrywa tylko sercem i bieganiem, czy może też sprytem? Dlaczego tak mało osób chciało zrozumieć, że trzeba umieć wyłączyć się z gry i to wcale nie oznacza, że ci się nie chce. Mam trochę żalu do niektórych mediów, że patrzą jak kibice, nie są przewodnikami, nie podpowiadają, za rzadko chce im się sięgnąć głębiej. To nie jest łatwe, trzeba być w szatni, żeby zrozumieć wszystko z meczu. Ale nie można się zatrzymywać na poziomie: wygrali, czyli grali dobrze. Przegrali, czyli grali źle – mówi Robert.

– Był taki moment, gdy przestałeś śpiewać hymn.

– Tak. Nie czułem w tamtym momencie potrzeby śpiewania. To nie był bunt. Po prostu nie czułem potrzeby. Bardziej wtedy przeżywałem hymn, gdy go nie śpiewałem, tylko słuchałem. Swój patriotyzm chciałem w tamtym momencie przeżywać w środku. Bez licytowania się, kto głośniej zaśpiewa. Tak wtedy czułem.

•••

Nie jest w tych bojach o uznanie w reprezentacji odosobniony wśród gwiazd piłki. Dla niego lato 2013 było tym, czym dla Leo Messiego lato 2011 i przegrane Copa América na stadionach Argentyny. Danią i Gdańskiem Messiego był remis 0:0 z Kolumbią w Colón. Najlepszy piłkarz świata został wtedy wygwizdany przez własnych kibiców. Pierwszy raz tak głośno i wyraźnie dali mu odczuć to, co dotychczas szeptano za jego plecami. Że nie jest w Argentynie Messim z Barcelony, że za mało się stara, że wyjechał z Argentyny podczas kryzysu gospodarczego, do bogatego życia w Europie, więc co on może wiedzieć o byciu Argentyńczykiem. Jest zwykłym *pecho frio*, dosłownie: zimna pierś. Tak się tam mówi o tych, którzy na boisku nie dają z siebie wszystkiego.

– Pewnie tuż po meczu to mogło zostać tak odebrane, że jest między nami konflikt. Dlatego nie robi się niczego tuż po meczu, bo można tylko naubliżać. Rozmawialiśmy o tym, nie udawaliśmy, że wszystko jest w porządku – wspomina trener Waldemar Fornalik (na zdjęciu z Robertem).

Takie głosy wracały potem jeszcze wiele razy, Messi nadal nie jest do końca rozliczony z kadrą, wciąż za mało było meczów, w których był w niej Messim z Barcelony. Z prostego powodu: bo to nie jest Barcelona. Messi nie ma wokół siebie piłkarzy, którzy jego ruchy znają na pamięć, którzy są od lat nastawieni na granie na niego, nie boją się zaryzykować trudnego podania do niego. Cristiano Ronaldo też rzadko jest w reprezentacji Cristiano z Realu Madryt. Trudno być zbawcą własnej kadry.

– Od zawsze miałem wrażenie, że Robert się w reprezentacji nawet bardziej stara niż w klubie. Bardziej mu zależy – mówi Tomasz Zawiślak. – Widziałem, co się z nim działo, gdy przez trzy mecze nie strzelał w klubie. I co było po trzech meczach bez gola w kadrze.

– Robert strasznie się tym wszystkim gryzł – mówi Cezary Kucharski. – Wracał ze zgrupowań wymęczony psychicznie i fizycznie. Czuł się bardziej doceniany w Niemczech niż w Polsce. Nie rozumiał tego. Nie mógł się z tym pogodzić. Coś w nim siedziało. Mecz z Danią był dla niego bardzo trudny, górę wzięło niezadowolenie. Również niezadowolenie z sytuacji z reklamą Orange, bo lekko zmanipulowano akcję medialną przeciw niemu. Było ich kilku niechętnych, on, Kuba, Piszczek, Szczęsny, ale główne uderzenie było w niego. To był czas, gdy musieli wiele spraw w reprezentacji ustalić na nowo.

– To był mój pierwszy rok na stanowisku prezesa PZPN – mówi Zbigniew Boniek. – Sprawa reklam była jednym z problemów do rozwiązania. Spotkałem się wtedy z Lewandowskim, Szczęsnym, Błaszczykowskim. I widziałem, że oni są tak generalnie trochę niechętnie nastawieni. Patrzyli na mnie takim wzrokiem: o, przyszedł następny nas poustawiać. Mieli różne zaszłości z PZPN, choćby te bilety dla rodzin i przyjaciół na Euro 2012, które im działacze obiecali, a potem przed kadrowiczami uciekali. Powiedziałem: ja się nie przyszedłem z wami kłócić. Wynegocjujmy coś. I wynegocjowaliśmy. Nie może być mniej niż sześciu piłkarzy w reklamie, reklama nie może być skrojona pod jednego piłkarza, żaden zawodnik w 30-sekundowym filmiku nie może być dłużej niż 12 sekund. Nie można też z udziałem zawodnika reklamować żadnego konkretnego produktu. Tylko markę. Kto uczestniczy w filmie, ma dodatkową kasę. Wcześniej nic nie było ustalone. Ilu piłkarzy, którzy, na jakich zasadach, ile filmów. Więc było jasne, że każdy sponsor chce Roberta. I jasne, że Robert się zbuntuje. Ma swoją markę i nie może tego rozdrabniać.

•••

– Nie dziwię się, że w nim rosła frustracja. We wszystkich nas rosła. Byliśmy krytykowani za wszystko – mówi ówczesny trener Waldemar Fornalik.

Rozmawiamy w przededniu meczu Ruchu Chorzów z Legią. Fornalik wrócił z kadry do ligi i znów jest tym trenerem, który umie osiągać wyniki ponad stan. Znów z Ruchem Chorzów, z którego odchodził do kadry jako Waldek King. Cudotwórca z Chorzowa. Ale w kadrze trudno mu było o cuda. Szybko pojawiły się głosy, że być może trener i sztab nie są w stanie zaimponować piłkarzom, porwać ich za sobą. Gdy zmieniły się władze PZPN i Grzegorza Latę zastąpił Zbigniew Boniek, było jasne, że Fornalik, wybrany przez poprzedni zarząd, dotrwa tylko do końca eliminacji mistrzostw świata.

Zwycięstwo nad Danią nie okazało się początkiem czegoś nowego. Mecz o zwycięstwo albo nic z Czarnogórą skończył się remisem. Czyli znów niczym. Robert strzelił ładnego gola po indywidualnym rajdzie, ale to nie wystarczyło do zwycięstwa. A po golu pokazał w stronę trybun gest uciszania.

– Bolało mnie wtedy, że kibice tak mnie ocenili za sytuację z Orange. Pojawiły się w mediach dość stronnicze relacje na ten temat, a ja na to nie odpowiadałem, nie przedstawiałem swojej wersji. Nie chciałem. Liczyłem, że kibice będą mieli więcej wiary we mnie. My walczyliśmy wtedy o to, żeby wreszcie były normalne warunki współpracy reklamowej. Dla wszystkich. O to, żeby zakończyć czasy chaosu. Wiele osób w kadrze na to narzekało, nie tylko ja. Trzeba było pójść walczyć. Może naiwnością było liczyć, że ktoś to doceni. Ale nie spodziewałem się takiej krytyki – mówi Robert.

Lewandowski potem już do końca eliminacji nie zdobył bramki, kadra do końca walki o mundial w Brazylii nie wygrała już meczu. Całe eliminacje to było dużo fragmentów dobrej gry i dużo błędów, które kończyły się golami rywali i paniką. Kadra jak bokser ze szklaną szczęką – waleczny, dopóki nie spadną na niego pierwsze ciosy. Tacy sami byli kibice – wspierali, póki szło dobrze. Z tego cielęcego zachwytu, który wybuchł przed Euro 2012: „będziemy mieli kadrę jak Borussia!", przeszliśmy do rozpaczania: „dlaczego nie mamy kadry jak Borussia?". Najczęściej z prostym wytłumaczeniem. Bo Lewandowski...

– Biegam, walczę, wracam bardziej zmęczony niż po meczach w klubie. A gdy coś nie idzie, wszystko skupia się na mnie. I zacząłem się zastanawiać: po co to wszystko?

– Czułem się podczas tamtych eliminacji, jakby to był pod względem wyników ciąg dalszy Euro 2012. Nie było żadnego wstrząsu. Nie nabraliśmy rozpędu. Cały czas czegoś brakowało. Było trochę dobrej gry, ale to się nie przekładało na wyniki. Gdy dziś to wspominam, widzę, że im więcej w kadrze walczyłem, tym dalej byłem od gola. Im bardziej chciałem, tym mniej z tego wynikało. A gdy zacząłem myśleć bardziej rozsądnie, pojawiły się efekty. Lepiej mądrze stać, niż głupio biegać – to naprawdę na mnie podziałało. Jakość, jakość przede wszystkim – tłumaczy Lewandowski.

Trener Fornalik mówi, że był w reprezentacji człowiekiem od czarnej roboty, w trudnym czasie:

– Po Euro 2012 kadra podczas eliminacji mundialu zmieniała się diametralnie. Niech pan weźmie jedenastkę, która kończyła Euro, która kończyła moje eliminacje i która wygrała eliminacje u Adama Nawałki.

Biorę te wymienione jedenastki. Euro 2012 Polska kończyła w składzie: Tytoń – Piszczek, Wasilewski, Perquis, Boenisch – Błaszczykowski, Polanski, Dudka, Murawski, Obraniak – Lewandowski. Tylko czterech z tych piłkarzy miało miejsce w kadrze, która wygrała eliminacje Euro 2016 (Tytoń jako czwarty/trzeci bramkarz, Piszczek, wracający po kontuzji Błaszczykowski oraz Lewandowski). Jedenastka którą Waldemar Fornalik wystawił w swoim ostatnim meczu, z Anglią na Wembley, wyglądała tak: Szczęsny – Celeban, Glik, Jędrzejczyk, Wojtkowiak – Lewandowski, Krychowiak – Błaszczykowski, Mierzejewski, Sobota – Lewandowski. Z nich żołnierzami Nawałki stało się sześciu: Szczęsny, Glik, Jędrzejczyk, Krychowiak, Błaszczykowski, Lewandowski. Siedmiu, jeśli uwzględnić, że Łukasz Piszczek grałby na Wembley w miejsce Celebana, gdyby był zdrowy. Nawałka powoływał też początkowo Waldemara Sobotę, od czasu do czasu potrzebował na ławkę rezerwowych Grzegorza Wojtkowiaka.

– Krychowiak, Glik, Arek Milik, Piotr Zieliński – trener wymienia obecnych reprezentantów, którzy u niego stawali się ważnymi piłkarzami kadry albo debiutowali. Debiutował u Fornalika również Łukasz Szukała, który długo był u Nawałki podstawowym obrońcą.

– Oni u mnie zdobywali doświadczenie. A czas był trudny, odchodziły bardzo niepopularne władze PZPN, ja byłem z nimi kojarzony, nowa władza dostała mnie w spadku. Nie mam poczucia, że ten czas zmarnowaliśmy. Krychowiak był innym piłkarzem niż dziś. Nie wszyscy w PZPN byli entuzjastami powoływania Kamila Glika.

Ale zostawmy to. Gdy odstawiałem od gry Ludovica Obraniaka, to słyszałem, że to są jakieś animozje między nami albo że wykonuję polecenia prezesa Bońka, który Obraniaka nie ceni. A ja się pytam: gdzie ten Ludo jest teraz? Przepadł. Życie zweryfikowało tę decyzję – mówi Fornalik.

•••

– Z Danią to było apogeum. Weszli młodzi zawodnicy: Piotr Zieliński, Mateusz Klich. Strzelili gole. A Robert w tym uczestniczył i gola nie strzelił, może nie dostał takich piłek, jak chciał – mówi Waldemar Fornalik. Na zdjęciu z Robertem od lewej: Waldemar Sobota, Przemysław Kaźmierczak i Mateusz Klich.

Z Lewandowskim wszystko sobie wyjaśnili. Zły nastrój i prośbę o zmianę w meczu z Danią również.

– Z Danią to było apogeum. Weszli młodzi zawodnicy: Zieliński, Klich. Strzelili gole. A Robert w tym uczestniczył i gola nie strzelił, może nie dostał takich piłek, jak chciał. Oczekiwania były ogromne, a nie wyszło. Na Roberta była taka presja kibiców i mediów, że najsilniejszy by zwątpił. Robiliśmy z nim szczegółową analizę tego meczu. Zwracaliśmy uwagę, co można poprawić. Rozmawialiśmy, nie udawałem, że wszystko było w porządku. Robert widział problem, ja widziałem problem i szukaliśmy rozwiązania. Pewnie tuż po meczu to mogło zostać tak odebrane, że jest konflikt. Dlatego nie robi się niczego tuż po meczu, bo można tylko naubliżać. Tak samo myślę, że te rozterki Roberta dotyczące reprezentacji ustąpiły, gdy głowa trochę się schłodziła po meczu. Rozmawialiśmy długo o tym, co się stało z Danią, nie zostawiliśmy tego – mówi Waldemar Fornalik. Pod koniec jego pracy powstawały nawet specjalne filmy na odprawy taktyczne reprezentacji: jak najlepiej wykorzystywać w grze Lewandowskiego. Kiedy Robert wychodzi na dogodne pozycje, kiedy najlepiej odgrywać mu piłkę. Takie filmy montował dla kadrowiczów Hubert Małowiejski, szef banku informacji. – Jeśli ktoś myśli, że powiem o Robercie pół złego słowa po naszej wspólnej pracy, to się nie może bardziej pomylić. Ja mu cały czas próbowałem jakoś pomóc. On był strasznie tym wszystkim spięty. Determinacja go usztywniała. W Borussii był dwa razy bardziej swobodny. Stawał się automatem, piłka wpadała do siatki. A w kadrze był spętany. Na Wembley z Anglikami mógł strzelić dwie bramki. W Borussii by takie strzelił. Nie mówię, że miał optymalne warunki cały czas. Pod koniec mojej pracy już jednak miał dobre, a i tak piłka nie wpadała. Ale był cały czas gotowy, do dyspozycji kadry. Będę się upierał: to jeszcze wtedy był inny piłkarz niż dziś. Ale nawet wtedy mógł dać kadrze więcej, to jego wielkie chcenie nie pozwoliło mu wykorzystać szansy. Jest wrażliwy, przeżywał to bardzo. Dla mnie to jest dobra cecha. To go wzmocniło na przyszłość. Cieszę się, gdy go teraz widzę jako przywódcę reprezentacji. Ja nie miałem tej przyjemności. Szedłem z nim przez kryzysowy czas. Pewne rzeczy mogę sobie zarzucić. Ale też wiele spraw nie zależało ode mnie, trudno być trenerem kwestionowanym

– Robert strasznie się tym gryzł. Nie rozumiał, dlaczego w Niemczech jest bardziej doceniany niż w Polsce – mówi Cezary Kucharski.

z każdej strony. Też chciałem grać dwójką napastników, jak potem Adam Nawałka. Próbowaliśmy Marcina Robaka, Artura Sobiecha, Arka Milika, który niestety potem na jakiś czas przepadł – opowiada Waldemar Fornalik.

– Nie było problemów między Fornalikiem a „Lewym" – mówi Cezary Kucharski. – Trener dostał po Euro drużynę, która się ciągle uczyła. Zagrała trzy mecze na Euro, dostała nokautujący cios. Każdy trener czeka na swój mecz przełomowy. U Fornalika taki mógł być już pierwszy, z Czarnogórą na wyjeździe. Prowadziliśmy, wszystko było super. I wtedy Przemek Tytoń dostaje od kibiców petardą, Ludo Obraniak daje się sprowokować i wylatuje z boiska, robi się dramat. Remisujemy mecz, który powinniśmy wygrać. Gdybyśmy wygrali, może by się to wszystko potoczyło inaczej. Fornalik swojego mitu, swojego meczu z Niemcami się nie doczekał.

Przełomem mógł być remis z Anglikami w Warszawie, ale nie był. – To była szkoła życia, z której kadra do dziś korzysta – dodaje Kucharski.

Robert to zresztą wcześniej przerobił w klubie: podobnie, z zachowaniem wszelkich proporcji, wyglądała gra Borussii w europejskich pucharach przez pierwsze sezony pracy Jürgena Kloppa, aż do przełomu w sezonie 2012/2013. Borussia była wtedy bardzo odważna, momentami całkiem atrakcyjna i bardzo, bardzo naiwna.

Prezes Zbigniew Boniek widzi to nieco inaczej: – Bardzo Waldemara Fornalika lubię i szanuję. Ale po prostu zabrakło strategii. Piłkarze pojawiali się nagle w tej kadrze i nagle znikali. Jak Radosław Majewski. Jak Mariusz Lewandowski powołany na mecz z Ukrainą. Drużyny niepoukładane nie wygrywają. Nawet jeśli są Barcelonami i Realami. Piłka tej kadry nie łączyła, to był główny problem. A że poza boiskiem grupa zaczęła się rozłazić w szwach, to przy braku wyników raczej naturalne. Podobnie jak to, że trzeba trochę poczekać, zanim młodym zawodnikom rola lidera zacznie dodawać skrzydeł, przestanie być ciężarem.

•••

Boniek też wie, jak to jest być kwestionowanym w reprezentacji. Przekonał się na mundialu 1982. Tak, tym, który Polska skończyła na trzecim miejscu. Ale zaczęła turniej sennie i po drugim remisie, z Kamerunem, pojawiły się dyskusje, czy Bońka nie trzeba odsunąć od składu.

– Bo właśnie przechodziłem do Juventusu i wiadomo: na pewno myślami jestem już w Turynie, nie chce mi się walczyć. A ja z Kamerunem zagrałem jeden z lepszych meczów w kadrze, tylko gola zabrakło – wspomina Boniek.

Dlatego prezes PZPN cały czas powtarzał: Lewandowski nie jest żadnym problemem tej kadry. Jest największym problemem dla rywali kadry. Ale dyskusji o tym, co się dzieje z Lewandowskim w reprezentacji, a nawet czy nie powinien meczów zaczynać na ławce, to jeszcze długo nie uciszyło.

– Dzięki temu ci, którzy wątpili, mogli się przekonać, czy Robert ma orła w sercu, czy nie. Gdybym nie miał orła w sercu, tobym się pogniewał na reprezentację po aferze na Okęciu (Boniek, Stanisław Terlecki i Władysław Żmuda stanęli w 1980 roku w obronie Józefa Młynarczyka, który został wykluczony z kadry za to, że przyjechał na zgrupowanie pod wpływem alkoholu) i mojej rocznej dyskwalifikacji. Gdyby Robert Lewandowski nie miał orła w sercu, to też by się za gwizdy mógł pogniewać. A przyjeżdżał dalej na każde wezwanie. Albo to czujesz, albo tego nie czujesz. Robertowi zależy, kocha Polskę, więc wiadomo, że to przeżywał. Wrażliwość dobrych piłkarzy jest większa niż wrażliwość przeciętnych. I było mu z tym nieswojo, bo czytał wszystko, co o nim wypisywali – mówi Zbigniew Boniek.

Ówczesnych głosów, że trzeba Lewandowskiego posadzić na ławkę, Boniek nie komentuje. Ucina sprawę śmiechem. Dla niego było jasne, że w grę wchodzi tylko ucieczka do przodu. Trzeba reprezentację jeszcze mocniej budować wokół Lewandowskiego.

Albo inaczej: trzeba wreszcie zacząć ją wokół Lewandowskiego budować mądrze.

Od czasów Zbigniewa Bońka w Juventusie z lat 80. nie było Polaka w tak wielkim klubie w tak ważnej roli.

ROZDZIAŁ 13

Republika piłkarska Bayernu Monachium

– Polak nie może zarabiać więcej niż Niemiec.
3,3 mln euro to przecież w Polsce dużo pieniędzy,
po co się targować dalej? – słyszał w Borussii.
– W Bayernie to, czy jestem Polakiem, nie miało znaczenia.

Z okien siedziby Bayernu przy Säbener Straße widać boiska treningowe. A z boisk treningowych widać czasami, jak stają w tych oknach Złote Piłki, Puchary Europy, mistrzostwa Europy i świata. W ciepłe miesiące z okien najważniejszych gabinetów wychylają się legendy, żeby popatrzeć na trening. Prezes Karl-Heinz Rummenigge, dwukrotny zdobywca Złotej Piłki. Menedżer Bayernu Matthias Sammer, ostatni niemiecki zdobywca Złotej Piłki. Uli Hoeneß, były prezes, który po wyroku za unikanie podatków zajmuje się w klubie drużynami młodzieżowymi, ale biura ma tam, gdzie najważniejsi działacze. On akurat nie zdobył nigdy Złotej Piłki, ale był mistrzem świata i Europy z reprezentacją Niemiec, a z Bayernem wygrywał Puchary Europy. Każdy z tej trójki był w swoim czasie mistrzem Europy z reprezentacją i zdobył przynajmniej jeden Puchar Europy z klubem. Rummenigge i Hoeneß z Bayernem, Sammer z Borussią Dortmund. A kiedyś pojawiał się jeszcze w tych oknach Franz Beckenbauer, dwukrotny zdobywca Złotej Piłki, „Der Kaiser", mistrz wszystkiego, czego się dotknął.

Teraz Beckenbauer już nie działa we władzach Bayernu, bywa jego honorowym gościem. Ale i tak nie ma na świecie drugiego klubu, w którym tyle legend piłki sprawowałoby władzę. I to nie jako paprotki przy stołach zawodowych działaczy. Oni tutaj naprawdę rządzą. I to modelowo. Mają wielkie ego, niewyparzone języki i dobre pomysły.

To Uli Hoeneß zbudował taki Bayern, jaki znamy. Gdy z piłkarza stał się z konieczności (poważna kontuzja) menedżerem, zamienił Bayern w przedsiębiorstwo prowadzone twardą ręką: nigdy nie wydajemy więcej, niż zarobiliśmy, a zarobić próbujemy na wszystkim.

Hoeneß, jeden z pierwszych piłkarzy, którzy sprzedali prasie prawa do relacji ze swojego ślubu, wprowadził w klubie marketing i handel pamiątkami, tak jak się tego uczył na studiach i praktykach w USA. On Bayern wyciągnął z długów, również dzięki temu, że korzystnie sprzedał Rummenigge do ligi włoskiej. Bayern za jego czasów stał się potężną sportową korporacją – chcą się z nią przyjaźnić najpotężniejsi politycy Bawarii, udziały w niej wykupują giganci biznesu tacy jak Adidas, Allianz i Audi. Oni są też największymi sponsorami klubu, rocznie płacą mu według aktualnych umów: 60 mln euro Adidas i po 31 mln euro Allianz i Audi. Ale stając się korporacją, Bayern nie przestał być republiką piłkarzy. Menedżer Bayernu od lat siada podczas meczów nie na trybunach, tylko na ławce rezerwowych, między piłkarzami i sztabem trenerskim. W biurach innych klubów ze szczytu szczytów futbolu rządzą biznesmeni. Jedni są mocno związani ze sportem, inni mniej, ale przede wszystkim są biznesmenami. A tutaj rządzą wielcy piłkarze, którzy wyuczyli się na menedżerów i biznesmenów.

To brzmi jak wyswatanie ognia z wodą, ale działa. To nie biznesmeni, lecz byli piłkarze zbudowali klub, który jest wzorem gospodarności

Pep Guardiola powtarzał swoim piłkarzom w Bayernie: – Chcę od was jakości. Chcę, żebyście się zaprzyjaźnili z piłką, bawili się nią.

Jesień 2015, mecz z VfB Stuttgart na Allianz Arenie. Po pięciu golach strzelonych Wolfsburgowi Robert stał się na wiele tygodni twarzą Bayernu.

i od dawna rok w rok przynosi zysk, podczas gdy rywale produkują straty. To ci byli piłkarze zbudowali taki klub, który stał się symbolem buty, arogancji, a jednocześnie przez tych, którzy tu grali, bywa nazywany najbardziej ludzkim z wielkich klubów (tak go nazwał Markus Babbel, później piłkarz Liverpoolu). Mówi się, że jest tylko jedna większość w Niemczech ponad wszelkimi podziałami – większość nienawidząca Bayernu. Kibice rywali śpiewają Bawarczykom: „Ściągniemy wam te skórzane portki!". A kibice Bayernu wypisują sobie na koszulkach i szalikach: „Wasza nienawiść jest naszą dumą". Die Toten Hosen w hymnie „Bayern", którym podbili w 2000 roku listy przebojów, śpiewali: „Jakkolwiek ciężki by był mój los, nigdy nie przejdę do Bayernu. Uli Hoeneß stanie na mojej wycieraczce, a ja nie otworzę". Tak lud odreagowuje władzę hegemona.

Bayern dzięki smykałce Hoeneßa do interesów zmienił się z klubu, z którym do końca lat 70. krajowi rywale mogli rywalizować finansowo, w najgrubszą rybę w stawie. On może w Bundeslidze kupić wszystko. Jego budżet na 2015 rok wyniósł około 530 mln euro. Ponad dwa razy więcej niż budżet najgroźniejszego rywala, Borussii Dortmund (miała ok. 225 mln). Bayern ma najwięcej mistrzowskich tytułów w kraju i najwięcej w Niemczech Pucharów Europy, bywał bezlitosny w grze i negocjacjach. Ale dla swoich pozostał wielką rodziną.

•••

Ta rodzina uważa się za lepszą od innych. „Mia san mia" – „my to my", jak głosi motto Bayernu w bawarskim dialekcie. Jesteśmy dumni z tego wszystkiego, co wy uważacie za obciach: z chłopaków w skórzanych portkach, z dziewczyn w dirndlach i jodłowania. Jesteśmy stolicą najbogatszego landu Niemiec, mistrzami zarabiania, ale nazywają nas też najbardziej wysuniętym na północ miastem Włoch. Bawić się umiemy tak samo dobrze, jak zarabiać. Mamy wysokie góry i piękne jeziora na wyciągnięcie ręki. Nie będziemy przepraszać za to, że jesteśmy lepsi.

Ta sama pewna siebie i pełna besserwisserów rodzina Bayernu pomagała w potrzebie rywalom, między innymi Borussii Dortmund, dając im doraźne pożyczki albo rozgrywając towarzyskie mecze, z których dochód przeznaczano na ratowanie rywali przed bankructwem. Ale to nie ocieplało wizerunku na tyle, żeby Allianz Arena przestała być nazywana Arroganz Areną.

Uli Hoeneß jako szef klubu rządził tak, by więzy rodzinne były jak najsilniejsze. Zbierał przez lata zabłąkane owce Bayernu, ratując je z różnych opresji. Gerdowi Müllerowi, najlepszemu napastnikowi w historii niemieckiej piłki, swojemu koledze z ataku, pomógł wyjść z alkoholizmu i zatrudnił go w klubie. Gdy Müller zachorował na alzheimera, to Hoeneß był tym działaczem Bayernu, który odwiedzał go najczęściej, nawet wtedy, gdy odbywał karę za unikanie podatków.

Paulowi Breitnerowi, innemu wielkiemu napastnikowi Bayernu, którego kiedyś ukrywał w swojej piwnicy przed powołaniem z Bundeswehry, Hoeneß znalazł pracę w klubie w roli ambasadora. Gdy najbardziej wpływowy w Bayernie stał się Karl-Heinz Rummenigge, też temperamentny, ale jednak bardziej pojednawczy, rodzina nieco zmieniła strategię: „W zarabianiu na piłce w Niemczech nie mamy już sobie równych, teraz pora, żebyśmy to samo zrobili w skali globalnej".

Liga niemiecka miała przez wiele lat najwyższe na świecie dochody z rodzimego sponsoringu. Ale nie potrafiła tak dobrze przyciągać sponsorów ze świata. Bayern jest w ścisłej czołówce najbardziej dochodowych klubów na świecie, ale jako jedyny w niej jest silny głównie krajową siłą nabywczą. Barcelona, Real czy Manchester United na długo przed nim zaczęły jeździć po świecie na egzotyczne tournée, z których trenerzy mają niewiele pożytku, ale księgowi zacierają ręce.

Bayern jest gigantem w sprzedaży swoich suwenirów Niemcom. Pamiątkarski biznes przynosi mu już ponad 100 mln euro rocznie (tę granicę przekroczył w 2014 roku). Ale jeśli chodzi o podbój świata, zaczął ofensywę dopiero niedawno. Barcelona i Real większość swoich koszulek sprzedają za granicę. Bayern rzucił im wyzwanie na niektórych rynkach. I przyszły efekty. W sezonie 2015-2016 mistrzowie Niemiec, według danych firmy marketingowej Euromericas, byli w ścisłej czołówce klubów, którym sprzedaż koszulek wzrosła najbardziej.

Wielu kibiców niemiecką ligę, która się nie zaprzedaje ani szejkom, ani rosyjskim oligarchom – obowiązuje tu, z nielicznymi wyjątkami,

Czym jest gra w Bayernie, przekonał się już podczas pierwszego tournée z klubem, gdy w Stanach Zjednoczonych na sesję rozdawania autografów przyszło pół tysiąca chętnych. Na zdjęciu spotkanie z kibicami podczas zgrupowania w Katarze w 2016.

zasada, że „50 procent plus 1" udziałów w klubie musi należeć do jego członków – uważa za wzór do naśladowania dla innych.

– Członkowie naszych klubów chcą, żeby pozostały one wierne duchowi miejsca i swojej historii. Przyznaję, kiedyś nie dowierzałem, że to się utrzyma. A teraz wierzę, że się obronimy. Kibice nie mogą mieć poczucia, że klub ich zdradził. A czują to czasami w Anglii. Gdy graliśmy z Manchesterem United przejętym przez amerykańską rodzinę Glazerów, kibice na Old Trafford podchodzili do mnie, żeby powiedzieć, że nas podziwiają: „Jesteście wielcy, macie wielką historię, jesteście niezależni. Żadnych Glazerów. Zazdrościmy wam" – mówił mi w 2011 roku podczas wywiadu dla „Rzeczpospolitej" Rummenigge, nie tylko szef Bayernu, ale też Europejskiego Stowarzyszenia Klubów negocjującego w ich imieniu z UEFA i FIFA.

Jego zadaniem jako szefa Bayernu było nie stracić tego, co niemieckie i dające siłę, ale powalczyć o to, co globalne. Stąd m.in. pomysł zatrudnienia od 2013 roku Pepa Guardioli, wówczas najbardziej rozchwytywanego trenera na świecie, symbolu pięknej gry Barcelony, z którą dwa razy wygrywał Ligę Mistrzów. Zarobki Guardioli w Monachium szacowano na 17 mln euro rocznie, więcej niż jakiegokolwiek piłkarza tego klubu.

Paul Breitner, wspomniany ambasador Bayernu, który kiedyś tworzył z Rummenigge w ataku duet tak zgrany, że nazywano ich Breitnigge, tłumaczył to w „Tageszeitung" tak: – Przejęliśmy razem z Guardiolą część światowej popularności Barcelony. Bo ona i jej trener byli jednością. Jeśli Barcelona podbiła pół Azji, to my z tej połowy uszczknęliśmy 30 procent.

Pep i hiszpańska kolonia w Bayernie dali klubowi popularność nie w Hiszpanii, ale w Ameryce Południowej i wśród hiszpańskojęzycznej diaspory w Stanach Zjednoczonych. To oni umożliwili zawieranie takich telewizyjnych kontraktów jak ten z Univision, telewizją docierającą do 40 mln widzów w USA. A jednocześnie podtrzymali sportową potęgę klubu. Dla Bayernu z ostatnich lat półfinał Ligi Mistrzów stał się normą. Awansował do niego nieprzerwanie od sezonu 2011/2012, w 2016 roku również. To przez Monachium prowadziła ostatnio najlepsza z niehiszpańskich dróg do czołówki plebiscytu Złotej Piłki. Jeśli ktoś spoza Barcelony i Realu wdzierał się na podium tej klasyfikacji, to właśnie piłkarze Bayernu: Manuel Neuer i Franck Ribéry.

Wysłannicy takiego właśnie Bayernu stanęli na wycieraczce Roberta Lewandowskiego. A on otworzył.

•••

Wszystko odbyło się według od lat sprawdzonego wzoru. Bayern wzmocnił się, osłabiając jednocześnie przeciwnika, który mu przez ostatnie lata najmocniej zalazł za skórę. Borussia zabierała Bayernowi mistrzostwa i Puchary Niemiec, więc Bayern zabrał jej Mario Götzego, a potem Roberta.

Jürgena Kloppa nazywano trenerskim Hanem Solo walczącym z Gwiazdą Śmierci z Bawarii, więc Bayern przeciągnął na swoją stronę dwóch najlepszych jedi.

– Czułem od dawna, że pora zrobić kolejny krok. Wiedziałem, że mój czas w Borussii dobiegł końca. Że w Bayernie stanę się lepszym piłkarzem, a zyska na tym również reprezentacja. Wiedziałem, że jeśli się tu obronię, to moja pewność siebie wzrośnie – mówi Robert.

Chciał spróbować, jak to jest zagrać każdego roku o wielki tytuł. Kusiło go też to, że Bayern zaczyna światową ofensywę marketingową, że chce podbijać Azję i Amerykę. To mu dawało szansę powalczenia, by być w reklamach gwiazdą międzynarodową, a nie tylko lokalną.

Borussia przegapiła ten moment, gdy trzeba było o Lewandowskiego mocniej zabiegać. Nie dostrzegła tego, co Bayern – że on już dojrzał do bycia gwiazdą. W Dortmundzie Robert był zawsze piłkarzem numer trzy, cztery, za Götzem, Reusem czy Matsem Hummelsem. Borussia dostawała sygnały od ludzi, którzy dobrze znali polskie środowisko piłkarskie: przyspieszcie z przedłużeniem umowy Lewandowskiego, bo tu się na coś zanosi z Bayernem. Ale nie potraktowała tego poważnie. Robert słyszał podczas negocjacji kontraktowych, że Polak nie może zarabiać więcej niż Niemiec. Że 3,3 mln euro to przecież w Polsce dużo pieniędzy – po co się targować dalej?

– W Bayernie to, czy jestem Polakiem, nie miało znaczenia. Tu jest takie założenie: jeśli do nas trafiasz, to znaczy, że jesteś gwiazdą – tłumaczy Robert.

Już na pierwszym zgrupowaniu w USA zobaczył różnicę między starym a nowym klubem – na sesję rozdawania autografów przyszło pół tysiąca kibiców. Bayern właśnie otwierał biuro w Nowym Jorku.

Nie było od czasów Zbigniewa Bońka polskiego piłkarza w takim klubie, w takiej roli. Jeśli Polacy trafiali do klubów z samego szczytu, to byli bramkarzami, sprowadzanymi, by być znakomitymi rezerwowymi. Jak Jerzy Dudek w Realu Madryt, Tomasz Kuszczak w Manchesterze

Mistrzowska feta Bayernu w monachijskim Postpalast w maju 2015 roku. Robert świętuje z jednym z najlepszych kolegów z drużyny, Rafinhą.

United. Lewandowskiemu też wielu wróżyło rolę rezerwowego, gdy wchodził latem 2014 do szatni pełnej niemieckich mistrzów mundialu w Brazylii, do drużyny, która dwa poprzednie sezony rozegrała jak w transie, najpierw zdobywając pierwszą potrójną koronę w historii Niemiec, a w następnym sezonie, już z Pepem Guardiolą, wygrywając ligę rekordowo szybko.

– Podjął ryzyko – mówi Cezary Kucharski. – Mógł być nadal gwiazdą w Borussii, ale nie wiadomo, jak by się to potoczyło, patrząc na to, co się w następnym sezonie z Borussią stało (była w pewnym momencie ostatnia w tabeli, potem odrodziła się na tyle, by awansować do europejskich pucharów – P.W.). On chciał wyzwania. Było jasne, że pierwsze miesiące będą trudne, trzeba się odnaleźć w innym systemie gry, nastawionym bardziej na atak pozycyjny niż kontratak. Pewnie w Dortmundzie byłby królem. Ale może przestałby się rozwijać.

•••

– Miałem swoje obawy – przyznaje dziś Robert. Chodziło raczej o wspomniane odnalezienie się w innym systemie gry niż o presję sukcesu w wielkim klubie. Presji się nie bał, w Borussii grał przed jedną z największych publiczności w futbolu, przy trybunach, na których regularnie zasiada 80 tysięcy widzów. Tylko na dwóch stadionach w Europie jest ich więcej, na barcelońskim Camp Nou i madryckim Santiago Bernabéu. Ta część Zagłębia Ruhry żyje miłością do Borussii i nienawiścią do jej rywala zza miedzy – Schalke 04 Gelsenkirchen. I nie ma w Niemczech miejsca, w którym pasja do futbolu jest w takim stężeniu jak w okolicach stadionów Borussii i Schalke, oddalonych od siebie o 20 kilometrów. Ale to jest nadal sprawa lokalna.

Bayern ma 10 mln kibiców w całych Niemczech i drugie tyle na świecie. To Bayern ma najwięcej na świecie kibiców z kartami członkowskimi, ponad 270 tysięcy. To na Bayern kibice jadą z daleka, średnio ponad 200 kilometrów na każdy mecz w Monachium. Borussia w czasach sukcesów w Lidze Mistrzów dopiero rzucała Bayernowi wyzwanie pod tym względem i nastawiała się głównie na marketingowy podbój byłej NRD. To tam, w Saksonii czy Turyngii, szukała nowych kibiców i nowych chętnych na swoje pamiątki. A Bayern myślał o świecie.

Jest grudniowe popołudnie 2015 roku. Jedziemy na mecz razem z Martinem, pracownikiem Bayernu i naszym przewodnikiem po klubie. To wieczór z Ligą Mistrzów, rywalem jest Olympiakos Pireus. Martin mówi, że do końca tygodnia nuda mu nie grozi.

– Dziś Liga Mistrzów. Jutro ogłaszamy podpisanie umowy z amerykańskim sponsorem, pierwszym w historii klubu. Pojutrze będzie tu delegacja z Chin, dzień później – walne zgromadzenie udziałowców, w sobotę kolejny mecz, a w niedzielę Pep i 25 piłkarzy rozjeżdża się po naszych fanklubach w całym kraju – opowiada.

Robert pojechał na spotkanie z kibicami w pięciotysięcznym miasteczku w okolicach Norymbergi. W następnych tygodniach Bayern będzie ogłaszał podpisanie umów z Amerykanami, Chińczykami i Katarczykami. Ale ten objazd po miasteczkach i mieścinach całego kraju, który czeka Guardiolę i piłkarzy, jest równie ważny. Mimo ogromnej chęci zgarnięcia ze światowych rynków milionów euro, które teraz zgarniają kluby z Anglii i Hiszpanii, w Bayernie i innych klubach Bundesligi nadal są przywiązani do tego, co swojskie. Do zasady, że liga jest przede wszystkim dla widza na stadionie, a nie telewidza. Dla kibica, a nie płatnika. Że bez poczucia wspólnoty z kibicami to wszystko nie ma tyle sensu.

Nawet w Barcelonie, wielkiej demokracji piłkarskiej, ośrodek treningowy został wyprowadzony poza miasto. Guardiola za swoich czasów wprowadził tam zasadę, że trening otwarty dla kibiców jest tylko w Trzech Króli. Rzadko zdarzają się wyjątki. A w Monachium, w tym wyniosłym Bayernie? Siedziba klubu i ośrodek treningowy są w willowej części Giesing, dzielnicy, w której się urodził Franz Beckenbauer. Przy wąskiej Säbener Straße, na którą po treningu wyjeżdżają z garażu samochody piłkarzy: jedno audi za drugim. Na rejestracji po M jak Monachium mają DM jak Deutsche Meister albo RM jak Rekordmeister. A na końcu numeru: numer z koszulki piłkarza. Każdy zawodnik klubu ma zapisane w kontrakcie, że na trening i mecz wolno przyjechać tylko służbowym audi.

Klub pozwolił Guardioli zawiesić przy Säbener Straße płachty zasłaniające boisko, ale wymógł na nim, że zawsze po meczach treningi będą otwarte. Za to gdy już płachty są rozkładane, to nie ma przebacz. Nieważne, czy jesteś bratem Francka Ribéry'ego, czy przyjacielem Roberta: tam są drzwi. Nikt spoza klubu nie może oglądać treningu. Tu gotuje swoje dania na weekend masterchef Guardiola. Trener, o którym się mówiło, że pożera środkowych napastników, bo w Barcelonie nie wytrzymali z nim tacy wielcy łowcy bramek jak Samuel Eto'o czy Zlatan Ibrahimović. Właściwie do dziś nie wiadomo, czy bardziej oni nie wytrzymali z nim, czy on z nimi. I tym bardziej latem 2014 nie było wiadomo, dlaczego zaczynającemu pracę z Guardiolą Lewandowskiemu miałoby się udać to, czego nie potrafili Eto'o i Ibrahimović. Albo Mario Mandżukić, kolejny napastnik, z którym Guardiola się poróżnił, już w Bayernie. A zebrało się też dość dowodów, by mówić o klątwie Borussii Dortmund. Żaden piłkarz, który odchodził od Kloppa do innego trenera, nie stał się w nowym klubie tak ważną postacią jak w Dortmundzie. Wracali jak niepyszni: Shinji Kagawa z Manchesteru United, Nuri Sahin z Realu Madryt. Götze nie potrafił być w Bayernie Götzem z Borussii.

Dlaczego Lewandowski miałby potrafić?

Miał w pierwszym sezonie problemy z utrzymaniem strzeleckiego rytmu, ze zdrowiem, z dopasowaniem się do kolejnych eksperymentów w taktyce, wymuszonych kontuzjami kluczowych piłkarzy.

Franck Ribéry, z którym od razu w Bayernie zrozumieli się na boisku tak, jakby od urodzenia ze sobą grali (po pierwszych wspólnych meczach nazwali ich w Niemczech Riberowski), wypadł na długo z powodu urazu. Z szalejącym na drugim skrzydle Arjenem Robbenem o takie zrozumienie było trudno, Holendrowi nieprzypadkowo w Bayernie nadano pseudonim Aleinikov, od „allein", „sam" – bo ma pewnie największe indywidualne umiejętności w Bayernie, ale też słabość do szukania strzału, nawet gdy obok znakomicie ustawieni koledzy czekają na podanie.

Robert miał kryzys na początku rundy rewanżowej, a gdy nadeszła wielka forma, nadszedł też mecz z Borussią w półfinale Pucharu Niemiec. Grali 28 kwietnia w Monachium, Robert dał Bayernowi prowadzenie, Borussia wyrównała, potrzebna była dogrywka. A w niej pięć minut przed końcem bramkarz Mitchell Langerak, jeden z najbliższych przyjaciół Roberta z Borussii, wpadł w niego, próbując wybić piłkę, i go znokautował. Nie było rzutu karnego, Langerak w pierwszej chwili nawet nie zauważył, co zrobił.

Bayern odpadł po rzutach karnych, ale Robert ich nie strzelał. Trafił do szpitala z połamanymi dwiema kośćmi twarzy, z podejrzeniem wstrząśnienia mózgu.

Wszystko to działo się ledwie tydzień przed pierwszym półfinałowym meczem z Barceloną w Lidze Mistrzów. Robert musiał zagrać w specjalnej masce. Na Camp Nou miał świetną sytuację na 1:0, ale jej nie wykorzystał, Bayern przegrał 0:3. W rewanżu Polak już Barcelonie strzelił, ale Bayern wygrał tylko 3:2 i odpadł. Z trzech koron zdobył tylko jedną, mistrzostwo Niemiec.

– W ostatnich pięciu meczach sezonu, grając w masce, zdobyłem tylko dwie bramki (wcześniej w całym sezonie w lidze i pucharach 23 – P.W.). W polu karnym z maską było inaczej. O kilka procent byłem spóźniony. O kilka procent mniej widziałem. Ale też cieszę się, że w ogóle mogłem grać. Już w pierwszych 30 sekundach w Barcelonie musiałem wyskoczyć do walki w powietrzu i zapomnieć o obrażeniach. I wygrałem to starcie w powietrzu. Ale wiem, że bez maski półfinał z Barceloną mógł wyglądać zupełnie inaczej. Cała końcówka sezonu mogła być inna. Sędzia powinien podyktować karnego za faul Langeraka i zagralibyśmy w finale. Potem w przegranej serii karnych nie mogłem strzelać, cierpiałem po zderzeniu. Mogłem dać drużynie więcej, gdyby nie ta sytuacja z Langerakiem. Nie ma co ukrywać – mówi.

Tytuł mistrza z Bayernem był dla niego już trzecim w Niemczech, po dwóch z Borussią. Świętował ubrany cały na czarno, w kapeluszu, dając taneczne solo podczas klubowej fety w Postpalast. Swoje pierwsze solo w Monachium. Kończył sezon jako najlepszy strzelec drużyny. Ale nie obronił tytułu króla strzelców Bundesligi, wywalczonego na

Tarcza za mistrzostwo Bundesligi: pierwsze z dwóch, które wywalczył już z Bayernem.

adidas
DEUTSCHER FUSSBALLMEISTER

pożegnanie z Borussią. Zdobył 17 goli w lidze, Alexander Meier z Eintrachtu Frankfurt miał o dwa więcej.

Trudno to nazwać nieudanym sezonem, ale zabrakło jakiegoś pomnikowego meczu, takiego jak ten z pięcioma golami z Wolfsburgiem w drugim sezonie. W pierwszym roku gry Roberta w Bayernie było już widać, że przyszedł do drużyny napastnik, który otwiera jej nowe drogi w ataku, stwarza nowe możliwości. Pep Guardiola już go nazywał w prywatnych rozmowach „piłkarzem od dobrych połączeń", takim, dzięki któremu zespół gra lepiej. Ale potrzeba było czasu, by to wypolerować. Żeby błyszczało.

Błyszczało od drugiego sezonu. Od jesieni do wczesnej wiosny. To był czas bicia rekordów Guinnessa w wielkiej strzelaninie z Wolfsburgiem, czas, gdy Bayern budował przewagę w drodze po czwarte z rzędu mistrzostwo Niemiec, a Robert zapewniał mu regularną dostawę bramek. Również tych najważniejszych, otwierających wynik. Nikomu w historii Bundesligi nie udało się wcześniej być mistrzem przez cztery kolejne sezony. Dla Roberta to było drugie mistrzostwo Niemiec w Bayernie, a już czwarte w sześciu sezonach gry w Bundeslidze. Wywalczył też drugi w karierze tytuł króla strzelców niemieckiej ligi. Zabrakło jednak znów, jak w pierwszym sezonie, spełnienia w Lidze Mistrzów. Lewandowski strzelił w niej dziewięć goli, więcej miał przed finałem LM tylko Cristiano Ronaldo, ale Bayern odpadł po półfinałowych meczach z Atlético Madryt. Trzeci raz z rzędu pod ręką Guardioli odpadł na tym etapie, trzeci raz z rzędu z hiszpańskim rywalem. I znów półfinały przypadły na czas, gdy Bayern tracił impet, a trener eksperymentował, dopadało go zwątpienie. Ryzykował, rozbijał duet napastników Lewandowski – Thomas Müller, żeby dać im odpocząć i żeby czymś zaskoczyć rywala. W pierwszym meczu z Atlético, w Madrycie, Müller był tylko rezerwowym. Bayern przegrał 0:1, zaczął to spotkanie jak w letargu i za to zapłacił. Wygrał rewanż, ale tylko 2:1. Robert strzelił drugiego gola, Müller zmarnował rzut karny, awansowało Atlético. Zostało wspomnienie wielkiego meczu w rewanżu w Monachium, ale i zmarnowanej szansy w Madrycie. A Robert też nie był w tamtym czasie tak rozpędzony jak wcześniej w sezonie. Pod koniec marca i w kwietniu dopadło go przemęczenie. Zapłacił za te tygodnie, gdy był stachanowcem Bayernu, gdy więcej minut od niego przepracował tylko bramkarz Manuel Neuer.

Poza kryzysem pod koniec marca i w kwietniu strzelał jak maszyna. Wreszcie to on dostawał podania w najdogodniejszych sytuacjach, w czym bardzo pomogli sprowadzeni latem skrzydłowi Douglas Costa i Kingsley Coman. Stał się na długie tygodnie twarzą Bayernu w kampaniach promocyjnych. Granicę 25 goli w Bundeslidze, do której nigdy wcześniej nie dotarł (jego najlepszy wynik to były 24 gole w sezonie 2012/2013), przekroczył już 19 marca. W pierwszych meczach wiosny strzelał dla Bayernu tylko on.

Mathias Sammer zapytany o Lewandowskiego rzucił mi wtedy krótko: „A o czym tu mówić? Jest najlepszy". Robert zebrał w całym sezonie 30 goli, został królem strzelców, na jakiego liga niemiecka czekała prawie 40 lat. Poprzednim, który potrafił uzbierać w sezonie co najmniej 30 goli, był w 1977 roku Dieter Müller. A obcokrajowcowi udało się to w Bundeslidze pierwszy raz (poprzedni rekord, Klaasa-Jana Huntelaara, to 29 goli).

U boku Roberta Thomas Müller miał strzelecki sezon życia. Nigdy wcześniej nie zdobył więcej niż 13 bramek w lidze, a teraz zebrał 20. Bayern nie miał takich strzelców od czasów Ulego Hoeneßa i Gerda Müllera.

Robert i Thomas grali ze sobą na pamięć, tworząc niezwyczajną parę: cichych killerów, bez choćby jednego tatuażu, z fryzurami jak do pierwszej komunii. Żaden z nich nie jest specjalistą od solowych popisów, slalomów z piłką. Oni nie pracują w branży oczarowywania, tylko w branży pokonywania bramkarzy.

– Od początku mojej gry w Bayernie mieliśmy taktykę, żeby grać na skrzydłowych, ale ich nam zabrakło w pierwszym sezonie – mówi Robert. – Ribéry miał kontuzję, Robben złapał kontuzję, gdy był w świetnej formie. Jesteśmy przyzwyczajeni, że to boczni pomocnicy wypracowują nam przewagę podczas sezonu. A nagle ich zabrakło. W drugim sezonie też mieliśmy problemy kadrowe, ale w obronie, a tam jednak łatwiej załatać dziury, niż wymyślić coś nowego w ataku.

Latem 2014 Robert wchodził do drużyny, w której było sześciu mistrzów świata. W styczniu 2016 to on z tej drużyny był najwyżej w plebiscycie Złotej Piłki, na czwartym miejscu, za Lionelem Messim, Cristiano Ronaldo i Neymarem. Nie przyjął do wiadomości, że Guardiola pożera napastników. Trenera, który szukał do ataku piłkarzy nietypowych, który z Messiego zrobił fałszywą dziewiątkę, Lewandowski, jak to ujęło „Corriere della Sera", treningami „nawrócił na prawdziwą dziewiątkę".

Nie tylko treningami. To feralne zderzenie z Langerakiem okazało się jednym z kluczowych momentów. Przez grę w masce uciekło Robertowi kilka goli. Ale coś też dzięki tej sytuacji zyskał.

– Pep Guardiola daje sto procent siebie. Ale chce też dostać sto procent od piłkarza. Z każdym treningiem i tygodniem ja coś brałem od niego, a on coś wyciągał ze mnie – mówi Robert. Na zdjęciu świętują z trenerem wygraną w Augsburgu w sezonie 2015/2016.

ROZDZIAŁ 14

Ile poety jest w Guardioli

- Mister...
- ?
- Ja zagram z Barceloną.

Koniec czerwca 2015 roku, monachijski Dom Literatury. Instytut Goethego i jego kataloński odpowiednik, Instytut Rajmunda Llulla, zapraszają na wieczorek z poezją. Wiersze Miguela Martí i Pola czyta Pep Guardiola. Zmarły w 2003 roku kataloński poeta jeden z tomików wierszy dedykował Pepowi i jego wieloletniej towarzyszce życia Cristinie. Był przyjacielem Guardiolów, Pep czytał jego wiersze piłkarzom Barcelony, gdy ich trenował. Przyjaźni się też z innymi poetami i bardami, w Barcelonie wplatał ich strofy w konferencje prasowe. A teraz w Domu Literatury czyta ze sceny wiersze Martí i Pola z tomików wydanych w Niemczech. On – oryginalne wersje, niemiecki aktor – tłumaczenie. Jest dostojnie i wzniośle, aż szkoda to psuć jakimś banalnym pytaniem. Ale dziennikarze też są na sali.

– Panie trenerze, w jaki sposób poezja i futbol są do siebie podobne?

– W żaden.

•••

Świat sobie zakłamał Pepa Guardiolę. Z tego trochę poety, a trochę sierżanta, który w cztery lata zdobył z Barceloną 14 trofeów, przetrwało tylko wspomnienie poety. Tego Guardioli, którego w Katalonii, jeszcze gdy był piłkarzem Barçy, nazywali „Mitem". Jedni z nabożną czcią, inni z przekąsem, bo ktoś, kto aż tak nie pasuje do stereotypów, drażni. To był piłkarz, który czytał, mówił mądrze, chciał rozumieć, chciał bywać – również na pokazach mody. Który przyjaźnił się nie tylko z poetami, ale też z reżyserami, ekonomistami, najsłynniejszymi szefami kuchni. A potem był taki sam jako trener. I gdzieś uciekało, że ten piłkarz poeta i trenerski dalajlama najmocniej ze wszystkich rzeczy chciał jednak wygrywać.

Wszystko, co napotykał poza futbolem, nieważne, czy w rozmowach o literaturze, czy w gotowaniu, chciał jakoś wpleść w futbol. Szukał drogi do zwyciężania przez piękną grę, bo tak umiał najlepiej. Ale nie został kapitanem Barcelony dlatego, że znał najwięcej wierszy i najbardziej kochał sprawę niepodległości Katalonii, tylko dlatego, że miał charakter do wygrywania. Jego treningi w Barcelonie były orką do upadłego. Żeby potem na boisku gra wyglądała jak balet, na co dzień piłkarzy trzymał krótko. Bywało, że nawet wynajmował detektywów, żeby sprawdzali, jak zawodnicy się prowadzą. Za zamkniętymi drzwiami ośrodka Barcelony nie było magii, tylko kult pracy i dobrych pomysłów taktycznych, a Guardiola potrafił wlepiać kary za spóźnienie nawet w następny poranek po zdobyciu jakiegoś trofeum.

– Czego nie trenujesz, to zapominasz – powtarzał i gonił do pracy.

W Hiszpanii o tym wiedzieli, w świecie to się czasem gubiło przy wyliczaniu trofeów i zachwytach nad piękną grą. I stało się ciężarem dla Guardioli, gdy po rocznej przerwie od trenowania, spędzonej w Nowym Jorku, przyjechał latem 2013 do Bayernu.

Jego przyjście ogłoszono pół roku wcześniej. Przez te pół roku Bayern odfrunął: wygrał mistrzostwo, Puchar Niemiec i Ligę Mistrzów. A potem się okazało, że wiadomość o przyjściu Guardioli lepiej podziałała na drużynę niż samo przyjście.

Martí Perarnau, dziennikarz i przyjaciel dopuszczony przez Guardiolę do tajemnic szatni, autor książki „Herr Guardiola" o pierwszym roku Katalończyka w Monachium, wspomina, jak Pep miotał się czasem, widząc piłkarzy spiętych tym, że stał przed nimi człowiek uważany za trenerskiego Supermana. Co o nich pomyśli? Pochwali? Zgani? Bali się, że coś zrobią nie tak. Chcieli mu sprawiać przyjemność próbami odtwarzania tego, co, jak im się wydawało, podobało mu się w grze jego Barcelony. Ale on tego od nich nie oczekiwał. I bardzo go stresowało, że trema, jaką przed nim czuli, wpływała na ich zdolność uczenia się. Utrudniała przyswajanie tego, co dla nich przygotował. Więc czasem w Monachium wyjaskrawiał wszystko w drugą stronę, żeby się uwolnić od tych etykietek. „Nie płacą nam za ładną grę, tylko za bieganie". „Nienawidzę tiki-taki" (tak świat nazwał kiedyś grę Barcelony, choć ona sama tego tak nie nazywała), „Gówniana tiki-taka".

I wreszcie ten dialog, opisany przez „Der Spiegel". „– W jaki sposób poezja i futbol są do siebie podobne? – W żaden".

•••

Może dobrze się dla Roberta złożyło, że przyszedł do Monachium rok później, niż planował. Rok po przyjściu Guardioli, gdy wszyscy się lepiej poznali, skończył się cielęcy zachwyt. Gdy się nawet pojawiły pierwsze spory i żale, że trener nie dla wszystkich jest taki cudowny. Że z tymi, których mniej ceni, również mniej rozmawia. Że jest w stanie pójść na wojnę z opisywanym tu już doktorem Hansem-Wilhelmem Müllerem-Wohlfahrtem, bo nie podoba mu się, jak Bayern zajmuje się kontuzjowanymi piłkarzami. Że potrafi być zgryźliwy na konferencjach prasowych (to jego jedyna forma rozmowy z dziennikarzami, już w Barcelonie nie udzielał wywiadów, wyjątek robił tylko wtedy, gdy wywiad był związany z jakąś akcją sponsorów). Że traktuje piłkarzy – skarżyli się ci odrzuceni przez niego – jak pionki w szachach, nie buduje z nimi więzi.

Pierwszy sezon to był czas testowania. Guardiola uczył Roberta swojego stylu gry, rzucał go w różne miejsca na boisku. Czuł niedosyt, że Lewandowski za rzadko wychodzi z roli typowego napastnika. A widział już, że stać go na to, by wyjść poza tę rolę.

Guardiola do nierównego traktowania piłkarzy przyznał się już dawno temu, w długim telewizyjnym wywiadzie udzielonym swojemu przyjacielowi, reżyserowi Fernando Truebie (wywiad był częścią projektu sponsorskiego jednego z banków). Opowiadał w nim o tragikomedii ludzkiej, która rozgrywa się na każdym treningu: o sztuce uwodzenia piłkarzy przez trenerów, robienia z nich swoich żołnierzy. Bo nawet trener z innej galaktyki jest zdany na łaskę i niełaskę piłkarzy, gdy zacznie się mecz.

– Musisz każdego z nich na inny sposób przeciągnąć na swoje terytorium – mówił Guardiola w rozmowie z Fernando Truebą.

Argentyński napastnik Gabriel Batistuta nazwał to kiedyś po swojemu: trener zawsze musi utrzymywać piłkarzy w równowadze między strachem a zachwytem. A Guardiola przytaczał lekcję, którą dostał od specjalisty z innego sportu – od Argentyńczyka Julio Velasco, jednego z najlepszych trenerów siatkówki. On tłumaczył Guardioli, że jedną z największych bzdur trenerskiego świata jest przeświadczenie o pożytkach z traktowania wszystkich jednakowo.

•••

Robert czuł tremę, to oczywiste. Ale nie pozwolił, by go sparaliżowała.

– Szedłem pod skrzydła Guardioli, nie oczekując niczego poza tym, że się czegoś nauczę. I już po kilku tygodniach zauważyłem, że się uczę czegoś nowego. Na każdym treningu. Że coś jeszcze ze mnie wyciągnie. I wyciągnął – mówi Robert. – Wiedziałem, co zrobił w Barcelonie, ale dopiero w szatni poznajesz trenera. Jego techniki. Guardiola daje sto procent siebie. Ale chce też dostać sto procent od piłkarza. Z każdym treningiem i tygodniem ja coś brałem od niego, a on coś wyciągał ze mnie. Raz świadomie, raz nieświadomie. Przygotowywał mnie, bym postawił kolejny krok do przodu. Przez pierwsze pół roku wielu rzeczy musiałem się uczyć bardzo szybko, to było stresujące. Ale warto było. Jest tak, jak się spodziewałem – stałem się lepszym piłkarzem. Pep to obsesjonat, zawsze szuka czegoś do poprawy w technice i taktyce. To trener, który otwiera ci oczy. Chodzi o drobiazgi, ale kluczowe. Czasem nawet się z nim nie zgadzasz. Ale robisz, co każe, i widzisz, że miał rację.

Guardiola pilnował Roberta, żeby przed każdym podaniem piłki już miał obmyślone, jak i do której akcji podłączy się w następnej chwili. Zwracał mu uwagę na przyjmowanie piłki.

– Mówił, że gdy przyjmuję bokiem lub tyłem do bramki, powinienem to robić lewą nogą, a prawą już zabierać piłkę do kolejnej akcji.

– Guardiola bardzo dużo z Robertem rozmawia – mówi Cezary Kucharski. – Zanim go kiedyś posadził na ławce, rozmawiał z nim o tej decyzji pół godziny. Poza tym Robert już przestał być dla trenerów niewiadomą, Guardiola nie musiał robić wywiadu środowiskowego jak kiedyś Jürgen Klopp.

Zdaniem Kucharskiego to nieprawda, że Guardiola nie dba o dobre relacje ze wszystkimi w szatni. On po prostu w pewnym momencie przestaje ponawiać propozycje budowania więzi, jeśli widzi, że piłkarz woli robić po swojemu, a nie tak, jak on prosi.

– Jest perfekcjonistą. Nie może znieść tego, że ktoś nie chce dbać o szczegóły albo gra po swojemu i psuje pracę reszcie. Wtedy bywa bardzo oschły. Wytyka, krytykuje. A my, piłkarze, byli i obecni, i w ogóle osoby publiczne, potrzebujemy, żeby nas ktoś co chwila pochwalił, poklepał po plecach, połechtał to ego, które się przyzwyczaiło do głaskania. Cały czas tęsknimy za tym, żeby nas ktoś utwierdził w poczuciu własnej wartości – tłumaczy Kucharski.

– Tak, piłkarze są właśnie tacy. Trzeba ich ciągle głaskać, chwalić. Są trochę jak dzieciaki. Ze wszystkimi tego dobrymi i złymi stronami. Ale tych dobrych jest więcej, świetnie się z nimi pracuje. Zwłaszcza z młodymi – mówi Ania Lewandowska.

To była najbardziej uderzająca różnica w porównaniu z Jürgenem Kloppem. Klopp to niemiecki Latynos, temperament południowca. A Guardiola okazał się raczej hiszpańskojęzycznym Niemcem. Ten pierwszy był dla piłkarzy raz szefem, raz kumplem. Guardiola woli zawsze pozostać szefem. Klopp krzyczał czasem do Polaków z szatni po polsku: „Rusz dupę!", i sam się z tego śmiał. Guardiola takich granic nie przekracza.

– Klopp potrafił iść na żywioł. Czasem, gdy nam nie szło, odwoływał się do naszych serc i sam podchodził do gry sercem: ruszajcie na nich, co ma być, to będzie. Niech nawet będzie chaos, ale zróbcie swoje. Tak samo Klopp robi w Liverpoolu, dowodem choćby rewanż z Borussią Dortmund w Lidze Europy (w kwietniu 2016 roku Liverpool Kloppa awansował do półfinału po szalonym meczu, strzelając gola na 4:3 tuż przed końcem – P.W.). A Guardiola zawsze podchodzi taktycznie. On musi wszystko kontrolować – mówi Robert. – Klopp był kumpelski. Choć potrafił też być jak ojciec, gdy się do niego przyszło porozmawiać.

– Cygaro się z nim wypaliło, wina napiło – dodaje Ania.

– Przytulił, powiedział, że mama Roberta jest the best – wspomina Iwona Lewandowska.

Guardiola, jak mówi Robert, i w codzienności, i w świętowaniu jest inny. – Trzyma dystans. To nie jest ani lepsze, ani gorsze, po prostu inne. Nie wiem, z czego to wynika. Może coś go zraniło wcześniej w Barcelonie i nie chce znowu tego doświadczyć? Nawet jeśli po meczach bywa rozluźniony, to nigdy nie chce przekroczyć pewnej granicy – tłumaczy Robert.

Guardiola przyznał kiedyś, że pozostanie na czwarty rok w Barcelonie było błędem. Nie potrafił już dotrzeć do piłkarzy, niektórzy go zawiedli. W Monachium nie został na czwarty rok, już trzy miesiące przed końcem sezonu 2015/2016 był trenerem odchodzącym, już wtedy przyznał, że po trzech latach skończy tu pracę i w przerwie letniej przeniesie się do Manchesteru City.

– Może to doświadczenie z Barcelony tak na niego wpłynęło – mówi Robert. – Wiedział, że gdy się z piłkarzami zanadto spoufali, to potem trudno mu będzie podejmować decyzje. Może nie chciał przeżyć już żadnego odejścia tak mocno, jak przeżył to pierwsze.

Robert akurat ucieka od spoufaleń, więc Guardiola był dla niego fantastycznym nauczycielem.

– Rozmawialiśmy bardzo dużo. Zwłaszcza na początku, ale potem też. Gdy widzi, że coś jest nie tak, mówi: chodź, pogadajmy. A gdy z nim rozmawiasz, czujesz, że on w ciebie naprawdę wierzy, że bardzo chce ci pomóc. Ta różnica między nim a Kloppem pojawia się wtedy, gdy Pep staje przed całą drużyną. Wtedy po prostu jest inny – tłumaczy Robert. Inny, czyli bardziej obsesyjny. Pogrążony w swoim świecie taktyki, w którym każda samowola piłkarza grozi utratą kontroli.

– On żyje w transie – opowiada Ania. – Wchodzi po wygranym meczu do restauracji dla piłkarzy i rodzin i pierwsze, co robi, to szuka wzrokiem telewizora. Bo może pokazują jakiś mecz. I jeśli pokazują, to przepada. Aż się trzęsie przed telewizorem. Wszyscy klaszczą, gratulują zwycięstwa, a on: fajnie, fajnie, ale ja teraz mecz oglądam. I już coś kombinuje, gestykuluje. Łapie za rękę kogoś, kto obok niego stoi, mówi: patrz, patrz, patrz.

– Pep jest niesamowitym taktykiem. Rozbiera na drobne szczegóły każdy detal. U nas, u rywala – mówi Robert. – W Bayernie u Guardioli rozpracowanie rywala było dużo bardziej szczegółowe niż w Borussii. Taktyka to pewnie największa różnica między nim a Kloppem. Jeszcze większa niż temperament. W Borussii było tak: jest jakaś droga, którą idę jako napastnik, i mam nią iść coraz szybciej, coraz intensywniej, coraz waleczniej. W Bayernie byłem przez Guardiolę spychany z tej

drogi a to na lewo, a to na prawo, żeby nabrać wszechstronności. Być gotowym na wszystko, co się może zdarzyć na boisku.

Guardiola mówi o sobie: ciągle się uczę, przecież mam dopiero czterdzieści kilka lat. I u innych też szuka tego głodu nauki. Uczy się i chce uczyć innych. Ma cierpliwość, gdy widzi, że czegoś nie potrafią. Traci serce, gdy widzi, że nie chcą się uczyć.

Inny trenerski guru Diego Simeone, trener Atlético Madryt, które wyeliminowało Bayern w półfinale Ligi Mistrzów 2016, mówi, że jest ogromna różnica między piłkarzami, którzy na ciebie patrzą, i piłkarzami, którzy na ciebie patrzą i umieją słuchać. Że to co innego umieć grać w piłkę a umieć grać w futbol. I że w piłkarzach zawsze szuka tego czegoś, co nazywa duchem amatorstwa. Tego, co sprawia, że nawet gdy mają już miliony na koncie i mnóstwo pokus, nigdy nie jest im w futbolu wszystko jedno.

Po polsku to by pewnie brzmiało: takich, którzy umieją zatrzymać w sobie Pruszków.

Cezary Kucharski mówi, że to jest właśnie największa siła Lewandowskiego – że tak jak Guardiola nigdy nie jest do końca zadowolony z tego, co zrobił, chce się uczyć i umie to robić. Bardzo szybko chłonie wiedzę i potrafi wykonać na boisku to, czego go uczą.

– Wielu piłkarzy tego daru nie ma – przekonuje Kucharski.

– Najważniejsza rzecz, jakiej mnie nauczył Guardiola: wszystko rób na sto procent – mówi Robert. – Każde zagranie, ćwiczenie. Nieważne, czy to jest trening, czy mecz, czy rozgrzewka. Każde ćwiczenie z piłką wykonaj dobrze. Tylko tak możesz się z piłką zaprzyjaźnić.

Guardiola powtarzał im bardzo często: „Chcę, żebyście się zaprzyjaźnili z piłką".

– Robert się w Bayernie zaczął bawić piłką. Tak jak tego chciał Guardiola. Wcześniej tego nie robił, tych wszystkich trików – mówi Ania.

– Od ostatniego roku w Borussii i potem w Bayernie poczułem, jak moja technika się poprawia – mówi Robert. On nigdy nie był wirtuozem techniki. Miał świetnie wyćwiczone to, co niezbędne napastnikowi, miał fantastyczną technikę strzału i wyczucie, kiedy strzał oddać, ale nad resztą musiał ciągle pracować. – Dopiero w Bayernie zobaczyłem, jak

– Guardiola nie wymagał ode mnie goli. Wymagał jakości. Żebym w każde zagranie wkładał sto procent i żebym pokazywał się w miejscach, w których mogę dostać piłkę – mówi Robert.

on się zaczął bawić w futbol, a nie tylko w strzelanie goli. Ale do tego konieczna jest pewność siebie – mówi Artur Płatek.

Dowodem na to, że wbrew mitom o szkoleniu nad techniką warto pracować zawsze, nie tylko w młodości, jest choćby szef Roberta z Bayernu Karl-Heinz Rummenigge. Legendarny trener Bayernu Dettmar Cramer ściągnął go do Monachium z Borussii Lippstadt, widząc w nim wielki talent do wygrywania pojedynków. Ale podania i grę głową Rummenigge nazywał katastrofalnymi. Powiedział mu kiedyś: będę cię kopał w dupę tak długo, aż to wszystko poprawisz i zostaniesz reprezentantem Niemiec. I Rummenigge został: reprezentantem, mistrzem Europy, zdobywcą Złotej Piłki.

Nawet Leo Messi, obwołany geniuszem jako nastolatek, jeszcze dobiegając trzydziestki, uczy się czegoś nowego. Grając u boku Neymara i Luisa Suáreza, stał się lepszym piłkarzem. – Nigdy nie tracisz zdolności uczenia się. To jest zależne wyłącznie od tego, czy czujesz się syty, czy głodny, a nie w jakim jesteś wieku. Ja wyjechałem z Polski, mając już 26 lat, a tyle się jeszcze potem nauczyłem. Gdy kończyłem karierę, byłem dwa razy lepszym piłkarzem, niż gdy odjeżdżałem z polskiej ligi – mówi Zbigniew Boniek.

– Po przejściu do Monachium poczułem, że znów się rozwijam. Na treningach jest jeszcze więcej jakości niż w Borussii, jeszcze lepsi piłkarze. Pojawiły się inne ćwiczenia niż w Borussii, trenerzy zwracali uwagę na inne rzeczy. Normalna sprawa. Właśnie dlatego chciałem już zmiany klubu – mówi Robert. Paul Breitner tłumaczył kiedyś, że wychodząc na trening z taką drużyną jak Bayern, od razu stajesz się o 30 procent lepszym piłkarzem, bo dostajesz perfekcyjnie dograne piłki. A Thomas Müller przekonywał, że wygrać wewnętrzną grę na treningu jest im czasem trudniej, niż wygrać mecz w Bundeslidze. – Tutaj musisz być na treningach cały czas gotowy na sto procent, inaczej przepadniesz. Nie możesz myśleć: eee, dzisiaj mi nie wyszło, ale jutro wyjdzie. Trzeba doprowadzić do tego, że wyjdzie dziś. Ja też miałem kiedyś takie myślenie. Na szczęście to zmieniłem – tłumaczy Robert.

A gdy zaczynamy rozmowę o bieganiu, Robert po prostu mówi Pepem, jakbym słyszał Guardiolę:

– Biegać trzeba, ale to nie znaczy, że im więcej, tym lepiej. Dziś może jeden na dziesięć meczów wybiegasz.

Treningi u Guardioli wyciągają z piłkarzy więcej dynamiki. Nie ma tu żadnych długich biegów bez piłki. Wszystkie ćwiczenia są z piłkami.

Robert, już będąc w Borussii, mówił, że w polskim futbolu mnóstwo czasu zmarnowaliśmy na bieganie bez piłek. Guardiola nie znosi biegania dla biegania.

– Mówił do mnie kiedyś: popatrz na Messiego. Stoi w jednym miejscu. I dobrze. Niech tam stoi nawet i dziesięć minut. A jak dostanie piłkę, to będzie sam. Nie chodzi o to, żeby sobie bieganiem dawać alibi. Biegaj mądrze. Pozwól rywalom o tobie zapomnieć, to też jest umiejętność. I musisz wiedzieć, kiedy do meczu wrócić. Dobry piłkarz to ten, który przebiegnie mniej w drodze po to samo – mówi Robert.

Nauka futbolu i siebie nawzajem szła im z Guardiolą na tyle szybko, że już pod koniec pierwszego sezonu hiszpańskie gazety pisały, że Lewandowski to ta dziewiątka, ten środkowy napastnik, który najlepiej zrozumiał taktykę Pepa. Kataloński trener po przyjściu do Bayernu próbował szukać nowej fałszywej dziewiątki w typie Leo Messiego, ustawiał tak Francka Ribéry'ego, Mario Götzego. Ale skończył z duetem Lewandowski – Müller w ataku. Tak klasycznie, jak się tego nikt po nim nie spodziewał.

– Nie mógł powtórzyć tutaj Barcelony, bo nie miał piłkarzy do takiej gry. Poza tym w Bayernie była zawsze tradycja środkowego napastnika – mówi Cezary Kucharski.

– Guardiola ma przecież głowę na karku – mówi Leo Beenhakker. – Każdy trener potrzebuje łowcy bramek. Robert miał szczęście, że spędził kilka lat u Kloppa, wtedy drużyna rosła, on razem z nią i zyskiwał pewność siebie. W Bayernie było mu już łatwiej.

•••

– Pep bardzo się zmienił w Monachium – mówi Martí Perarnau, dziennikarz wybrany przez Guardiolę do opisywania jego pracy w Bayernie. Choć powiedzieć o Perarnau „dziennikarz" to nic nie powiedzieć. Był olimpijczykiem z Moskwy 1980 w skoku o tyczce, szefem biura prasowego igrzysk w Barcelonie 1992, gdzie Guardiola został złotym medalistą turnieju piłkarskiego po finałowym zwycięstwie nad Polską, z m.in. Wojciechem Kowalczykiem i Andrzejem Juskowiakiem w składzie.

Perarnau jest teraz właścicielem agencji reklamowej, ale najwięcej rozgłosu przyniosło mu opisywanie pracy Guardioli od kuchni. Trener, który nie udziela wywiadów, pozwolił obserwować się w każdym ważnym momencie prowadzenia drużyny, z jednym zastrzeżeniem: nic nie trafi do gazet, tylko do książek.

Perarnau wydał na razie reportaż o pierwszym roku Pepa w Monachium. W drugim Martí cały czas był przy drużynie, ale książką się to nie skończyło.

Czy książką skończy się trzeci sezon, nie było jeszcze jasne, gdy rozmawialiśmy. Perarnau stał się w Monachium tak rozpoznawalny, że gdy idziemy przez Marienplatz, ktoś krzyczy za nim: „Guardiola!".

– Pep oczywiście na początku próbował tego, co dało sukcesy w Barcelonie. To jest trener, który już w pierwszej swojej pracy – no dobrze, drugiej, jeśli wliczymy, że najpierw trenował rezerwy Barcelony – miał szansę zarządzać talentem chłopaka, który nazywa się Leo Messi – mówi Perarnau i tłumaczy, jak trudno było Guardioli po odejściu z Barcelony pogodzić się z tym, że już nigdy, ani w Bayernie, ani gdziekolwiek indziej, nie będzie pracował z kosmitą. Był pewny, że trafi jeszcze na wspaniałych zawodników, genialnych. Ale oni będą z tej planety, a nie z planety Messi. Już nigdy więcej nie będzie budował drużyny z jedną myślą: żeby całą energię nakierować na kogoś takiego jak Leo. Zadbać o oddanie mu piłki we właściwym momencie, a on rozwiąże problem. Nie, od teraz to zadanie będzie musiał rozłożyć na wiele osób. I potrzebował czasu, żeby się z tym oswoić i wymyślić coś nowego.

– Nic tu nie uchybia Robertowi Lewandowskiemu, Thomasowi Müllerowi czy napastnikom, których Pep spotka w Manchesterze City. Są fantastycznymi piłkarzami. Po prostu Messi jest z innej planety. Taki się trafił – mówi Perarnau.

Mariusz Lewandowski, przyjaciel Roberta, przypomina sobie odprawę przed meczem Szachtara z Barceloną w Lidze Mistrzów. Trener Mircea Lucescu mówił im: tylko pamiętajcie, Messi może pójść tutaj w prawo. Ale, pamiętajcie, może też pójść w lewo. Może strzelić stąd, ale może też strzelić stamtąd. – Pomyślałem sobie: super, to nawet jak go zatrzaśniemy pod prysznicem, to nam zrobi krzywdę. Prawda jest taka, że Messi mógłby wstać o czwartej rano po balandze i ogra cię bez problemu. Jest najlepszy, i tyle. Inni muszą dołożyć więcej pracy. Robert jest bardziej jak Cristiano Ronaldo: praca, praca, praca. Do wszystkiego doszedł ciężką pracą – mówi Mariusz Lewandowski.

•••

Gdy eksperymenty z Götzem, Ribérym czy Robbenem jako głównymi napastnikami nie wypaliły, Guardiola zrozumiał, że pora rozstać się z fałszywą dziewiątką. Spróbował z normalną. Z Mario Mandżukiciem. Wyniki były niezłe. Ale chemii między Guardiolą a piłkarzem nie było. Może Chorwat poczuł szybko, że zostanie pożegnany po sezonie, że trener czeka na przyjście Lewandowskiego i miejsce dla Polaka zrobi kosztem Mandżukicia.

– Pep czekał na Roberta, spodziewając się kolejnej typowej dziewiątki. A znalazł kogoś, kto wprawdzie nie będzie fałszywym środkowym napastnikiem w stylu Messiego, ale jest dużo lepszy niż typowa dziewiątka. Jest kimś pomiędzy. Świetnie panuje nad piłką, włącza się w rozegranie, przerzuca grę na skrzydła. To było dla Guardioli przyjemne zaskoczenie. No, powiedzmy, że półzaskoczenie – mówi Perarnau.

Guardiola mówi o sobie: ciągle się uczę, mam dopiero czterdzieści kilka lat. I u innych też szuka głodu nauki. Traci serce do piłkarza, gdy tego głodu nie widzi. Na zdjęciu z Robertem, Sebastianem Rode (po lewej) i Juanem Bernatem.

Pierwsze lody się stopiły, gdy Guardiola zobaczył otwartość Polaka na naukę, dostosowanie się do nowych wyzwań. I dbałość o drużynę. Czyli to, co nazwał wrodzoną zdolnością do tworzenia dobrych połączeń między piłkarzami.

– Kto jest dobrym piłkarzem? – pyta Zbigniew Boniek. I odpowiada: – Ten, przy którym koledzy grają lepiej. Nie ten, który jest świetny, a obok koledzy się męczą.

•••

– W pierwszym sezonie Robert musiał się wgryźć w nowy styl gry. To go wiele kosztowało. Nie jest łatwo zrozumieć, jak chce grać Pep, jak masz się ustawiać. Same instrukcje brzmią dość prosto, ale trudno jest je wykonać na boisku, jeśli nie jesteś Leo Messim, Xavim, Andrésem Iniestą, Sergio Busquetsem. Krótko mówiąc: jeśli nie wychowywałeś się do takiej gry od dzieciństwa w tej samej barcelońskiej akademii, w której dorastał Guardiola – mówi Martí Perarnau.

A ja mu nie mówię, że Robert nie wychował się w żadnej klubowej akademii.

Nauka zajęła pół pierwszego sezonu. Guardiola miał nawet poczucie, że Robert nastrzelał w pierwszym sezonie goli ponad stan. Że te 17 ligowych bramek, sześć w Lidze Mistrzów, dwie w Pucharze Niemiec to więcej, niżby wynikało z wpasowania się w pozycyjną grę Bayernu. Że nawet gdy jeszcze zrozumienie kulało, dostawa goli trwała.

– Jeśli Pep miał jakiś niedosyt związany z Robertem po pierwszym roku, to nie chodziło o gole. Tylko o to, że Robert za rzadko wychodził z roli typowego środkowego napastnika. A Pep szybko się zorientował, że on to potrafi – mówi Martí Perarnau. – W drugim sezonie strzelał gole co chwila, momentami jak szalony. Ale Guardiola bardziej go cenił właśnie za to, że wtedy już wyszedł z roli środkowego. Idealnie się wpasował w potrzeby drużyny. On cały czas myśli: czego zespół potrzebuje w danym momencie.

Perarnau przyznaje, że Guardiola, czekając na Lewandowskiego, spodziewał się spotkać innego piłkarza i człowieka. O jednym zaskoczeniu już Perarnau powiedział: o diecie, dbaniu o szczegóły, o Robercie olimpijczyku, najlepszym sportowcu, jakiego Pep spotkał w karierze. O drugim, półzaskoczeniu, też już była mowa: o tym, ile Robert potrafi zrobić z piłką, jak ją kontroluje, że jest napastnikiem z umysłem pomocnika. Guardiola go oczywiście obserwował w Borussii, ale przy jej stylu gry to nie było tak dobrze widoczne.

– Najważniejsze było jednak trzecie zaskoczenie: charakterem Roberta. Tym, że ma swoje zdanie, bardzo chce wygrywać, jest chory na gole, ale nie jest egoistą. Że rwie się do walki, ale potrafi to wszystko robić na chłodno. Mówiąc najprościej, że jest gorący w ambicjach i chłodny w wykonaniu. Dobrze wyczuwa moment meczu i dobiera odpowiednie rozwiązania. Jest wojownikiem, ale polega na umiejętnościach, a nie przepychankach. Jest twardy, ale ma też swoją miękką stronę. Właściwie jest dwóch Robertów – mówi Perarnau.

Na treningach widzi chłodnego Lewandowskiego. Tego, który niewiele mówi podczas ćwiczeń. Pożartuje czasem z Müllerem czy Alabą, ale bez wielkich wygłupów. Zimny profesjonalista. Nikt by się nie domyślił na podstawie treningów, że ma jakąś więź z Guardiolą.

– Ale uwierz, ta więź jest. Obustronna. To się narodziło wiosną 2015. Pep do końca życia nie zapomni wsparcia, które dostał od kilku chłopaków, gdy w drużynie był wielki kryzys spowodowany kontuzjami. Od Thomasa Müllera, Philippa Lahma, Xabiego Alonso, Roberta. Nie chcę nikogo pominąć – wylicza Martí Perarnau i wraca do półfinału Pucharu Niemiec z Borussią, fatalnego zderzenia z Langerakiem, nocy w szpitalu, złamanych kości twarzy, mocno zbitego obojczyka, podejrzenia wstrząśnienia mózgu.

– Robert jeszcze nie doszedł do siebie, a już stanął przed Guardiolą i powiedział: „Mister. Ja chcę zagrać z Barceloną" – wspomina Perarnau. – To był jeden z takich momentów, który dla Pepa bardzo wiele znaczy. Więcej niż to, czy masz umiejętności Messiego i Bóg wie, co jeszcze. To był ten moment, gdy oni się na siebie otworzyli. „Hej, on chce dla nas grać połamany. To jest jeden z moich piłkarzy na każdą okazję. Taki piłkarz jest na całe życie".

Wtedy, w ciągu kilku dni między zderzeniem z Langerakiem a meczem na Camp Nou, zakończył się okres poddawania Roberta próbie.

Guardiola lubi takie testowanie. Poddawał próbom wielu piłkarzy: Mandżukicia, Toniego Kroosa, Zlatana. Sprawdzał, co jest dla nich ważniejsze: oni sami czy zespół. Ile są w stanie złożyć na ołtarzu drużyny. Jak bardzo mogą zdusić chęć błyszczenia, poświęcić ego. U niego można wyrażać siebie tylko przez drużynę. Chyba że jest się Leo Messim. Ale nawet Messi się przekonał, że samowola prowadzi donikąd. On, jak zauważyli hiszpańscy komentatorzy, pod koniec kadencji

Guardioli w Barcelonie zaczął grać nieprzewidywalnie, ale drużyna stała się przez to przewidywalna. I ostatecznie on też ucierpiał.

A Thierry'ego Henry'ego Guardiola potrafił zdjąć tuż po strzelonym golu, bo ten gol był efektem samowoli – Henry nie miał zgody, żeby się z innym piłkarzem Barcelony zamienić na strony.

– Robert i Guardiola się porozumieli, bo każdy dał coś od siebie. Robert spełniał polecenia, nawet gdy się z czymś nie zgadzał. A trener pewnie sprawdzał, na ile jeszcze on jest gotowy. Czy w pewnym momencie się nie podda i nie siądzie zbuntowany na piłce jak Zlatan w Barcelonie – mówi Tomasz Zawiślak. – Gdy słyszałem, że Robert sobie w Bayernie nie poradzi, bo Guardiola skasował Ibrahimovicia, to śmiać mi się chciało. Ludzie jeszcze wtedy nie znali jego mentalności, on to pokazał światu dopiero w Bayernie. On nie odpuszcza i nie okazuje frustracji w taki sposób, że drużyna na tym cierpi. Oczywiście, że się frustruje. Nie można zajść tak wysoko i się nie frustrować. Kto szuka komfortu, ten zostaje niżej. Frustrujesz się, bo zmarnowałeś okazję, frustrujesz się, bo twoja rola w drużynie nie jest jeszcze idealna. On chce być zawsze najlepszy na świecie. Na podwórku już tak chciał. Ale gdy przyszło do najważniejszej próby, to zagrał na Camp Nou, choć wiedział, ile ryzykuje. Wszystko dla drużyny – mówi Zawiślak.

Gdy już Guardiola i Lewandowski nauczyli się siebie nawzajem, poszli o krok dalej i zaczęli budować coś wyjątkowego we trzech: z Thomasem Müllerem, któremu najtrudniej było się odnaleźć w systemie Guardioli.

– Thomas jest genialnym piłkarzem. Genialnie chaotycznym. To czasami jest jego siłą, czasem słabością. Tyle że w systemie Pepa nikomu nie wolno być chaotycznym. Każdy ma wiedzieć, co robi dla drużyny. On przez pierwsze dwa sezony Pepa indywidualnie grał dobrze. Ale cały czas coś nie przystawało do systemu – mówi Martí Perarnau.

I to się zmieniło w drugim sezonie. Robert mógł zacząć grać tak, jak mu zawsze wychodziło najlepiej: mając blisko siebie drugiego napastnika.

– Pep, Thomas i Robert podczas treningów i rozmów stworzyli wyjątkowy ekosystem. Dobry dla nich dwóch, Müllera i Lewandowskiego, ale i dla drużyny. To unikalna para. Nie sądzę, że Bayern zaczął grać lepiej, bo wystawia dwóch napastników. Tu nie chodzi o cyferkę. Gdyby Robert grał w parze z kim innym albo Müller z kim innym, nie byłoby tego efektu. Ich więź na boisku to był jeden z wielkich sukcesów Bayernu w 2015 roku – mówi Perarnau.

Nowi skrzydłowi Douglas Costa i Kingsley Coman okazali się idealnymi sąsiadami tego ekosystemu. Oni go żywili swoimi podaniami. Bayern dzięki temu mógł się uniezależnić od stanu zdrowia Francka Ribéry'ego i Arjena Robbena. Gdy Francuz i Holender są zdrowi, Bayern ma dużo więcej rodzajów broni do wyboru. A gdy grają Costa i Coman, piłkarze, którzy łatwiej pozbywają się piłki, wtedy dużo groźniejsza jest para Lewandowski – Müller, bo dostaje więcej podań.

– Wrzesień, październik, listopad 2015 roku to były ich miesiące. Najlepsze miesiące, kilkanaście najlepszych meczów ekosystemu Müller – Lewandowski – wylicza Martí Perarnau.

W środku jego wyliczanki zdarzył się ten mecz: Bayern Monachium – VfL Wolfsburg. Mistrz kontra wicemistrz Niemiec. 22 września 2015. Dziewięć minut, które wstrząsnęło nie tylko Bundesligą.

– Do przerwy przegrywaliśmy 0:1, a ja siedziałem na ławce. Noga mnie jeszcze bolała po kontuzji, ale byłem zły, że nie gram. Przed drugą połową usłyszałem od trenera to, na co czekałem: „Wchodzisz”.

ROZDZIAŁ 15

Pięć w dziewięć, czyli jak zostać kosmitą

– Kot, co ja dzisiaj zrobiłem?
– Aha.
– Gadamy o tym?
– Rano. Teraz chodźmy spać.

Oczywiście, że był zły. Jak powiedział swego czasu Pep Guardiola: czy tu, czy w Timbuktu, kto nie gra, ten jest zły i smutny. Niektórzy piłkarze nawet ukrywają kontuzje, byle tylko grać.

Robert akurat wracał po wyleczeniu kontuzji kostki. Pierwszą połowę meczu z Wolfsburgiem obejrzał z ławki rezerwowych Allianz Areny. Wiedział, że to dla jego dobra. Noga go jeszcze bolała. Ale i tak był zły.

– Złość na to, że nie grasz, bywa większą siłą niż zdrowy rozsądek – mówi.

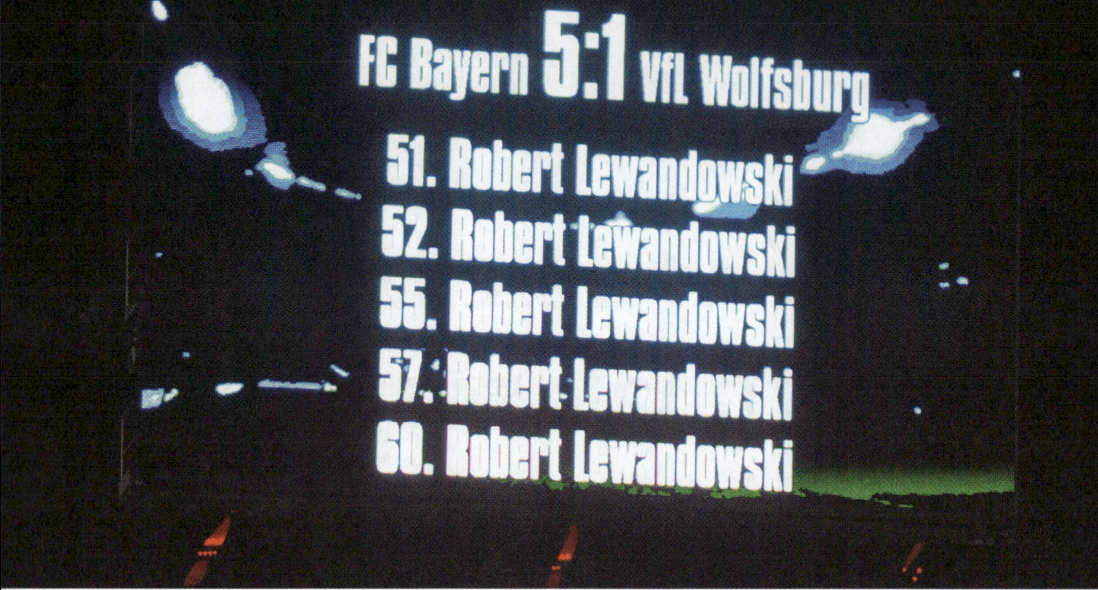

– Nie pamiętam, co się działo od pierwszej do piątej bramki. Byłem jak w transie, widziałem bezradność obrońców i chciałem kolejnych goli.

Leszek Ojrzyński przypomina sobie, jak kiedyś w Zniczu kazał Robertowi zacząć na ławce rezerwowych, i gdy go potem wzywał z tej ławki do gry, to Robert ruszył tak, że trawa poleciała spod butów. Andrzej Blacha pamięta mecz, w którym Roberta zmienił jeszcze w pierwszej połowie, bo zmarnował dużo sytuacji i grał pod siebie. Mówi się o takiej szybkiej zmianie: zrobić piłkarzowi wędkę. To jak policzek. Blacha jeszcze dziś widzi te sine usta przed sobą. Tak je wtedy Robert zagryzł ze złości.

– Gdy nie grał w Varsovii, to był obrażony na cały świat, nawet gdy wygraliśmy. Jak Cristiano: nieważne, czy Barcelona, czy Levante, on musi grać. Tak samo Robert: czy z Agrykolą, czy Celestynowem, on musiał grać – mówi Tomek Zawiślak.

Dla Zawiślaka mecz z Wolfsburgiem to wyrzut sumienia. Zawsze mu intuicja mówi, kiedy trzeba rzucać wszystko i jechać oglądać Roberta. Był przy trzech golach z Bayernem, był przy czterech z Realem, przy wszystkich innych pamiętnych meczach. A tutaj intuicja milczała. Wykazała się dopiero wtedy, gdy podpowiedziała, żeby jednak włączył telewizor przed drugą połową.

– Nie pojechałem na mecz, w którym mój przyjaciel zrobił coś, czego nikt już nie powtórzy. Jestem pewien, nie będzie już w piłce na tym poziomie pięciu goli w dziewięć minut. Ja to próbowałem zrobić w grze na konsoli, na najłatwiejszym poziomie, i mi się nie udało – mówi.

Nie tylko on sobie nie może darować. Przyjechał na ten mecz do Lewandowskich ledwie jeden znajomy Roberta, a czasem bywają ich całe wycieczki. Może gdyby to był weekend, gości byłoby więcej. Ale grali we wtorek. Niby mistrz z wicemistrzem, ale wszystkim wydawało się oczywiste – Bayern wygra, odfajkuje i zacznie przygotowania do kolejnego meczu. To początek sezonu, będą ciekawsze wyprawy do Monachium.

Nawet ten jeden znajomy ledwo zdążył na stadion. Miał jechać z Anią, która tego dnia wróciła z Polski. Ale jej przedłużała się konsultacja dietetyczna przez telefon i gdy on pokazywał: godzina do meczu, musimy jechać, dała znak, żeby wziął taksówkę, ona dotrze, jak skończy. Dotarła na drugą połowę. Bayern wychodził na boisko, Robert wchodził do gry, ona się jeszcze zatrzymała na herbatę w pomieszczeniu dla piłkarzy i ich rodzin.

Zwykle przyjeżdża długo przed meczem, żeby ich rytuał nie był zagrożony: musi mu przed meczem machnąć z trybun, dać znak: dotarłam, jestem cała.

On potrafi powiedzieć po meczu: „Nie było cię na początku, szukałem cię wzrokiem, trochę się martwiłem".

Tak samo robi Guardiola. Wychodzi i najpierw wypatruje: czy jest Cristina, czy są dzieci. Czyli patrzy w to samo miejsce co Robert, bo Cristina i dzieci siedzą obok Ani.

W tej powtarzanej bez końca scenie, gdy po piątej bramce Roberta z Wolfsburgiem Guardiola łapie się za głowę i spogląda w dal, patrzy właśnie w stronę żony i dzieci: czy wy widzicie to co ja?

– Oni przeżywają mecze jak Pep – mówi Ania.

Dzieci szaleją na trybunie, najmłodsza córka Valentina zagaduje polską sąsiadkę po angielsku. Gdy Bayern zdobywał mistrzostwo w pierwszym sezonie Roberta, Valentina wskoczyła Ani na ręce i razem zeszły na dół, na fetę na boisku. Guardiola chciał córkę przejąć na dole, ale się zaparła: Nie pójdę do ciebie, tato, bo ty jesteś cały mokry od piwa. Więc tak zostały we dwie do końca.

– Ania, ty jesteś u nas codziennie w domu – zagadnął ją kiedyś Guardiola.

Spojrzenie w niebo po czwartym golu. Miał już wtedy dwa rekordy Guinnessa: za najszybszy hat trick w Bundeslidze i najszybciej strzelone cztery gole. W całym meczu zbierze cztery rekordy.

9
14
23

– Jak to?

– No tak. Ania ugotowała, Ania ćwiczyła, moje dzieci nie wychodzą z twojego Instagrama.

Ale gdy Robert zaczynał strzelać Wolfsburgowi, ekipa Pepa była już na swoich miejscach w loży, a Ania jeszcze przy herbacie. Był tam niedaleko niej Medhi Benatia, który ma w szatni szafkę obok Roberta, a wtedy leczył kontuzję. To on krzyknął: – Ania, patrz, patrz!

– O, bramka Roberta. Zaczęłam się ubierać i iść na schody ruchome. W tym czasie on strzelił drugą. Weszłam na stadion na trzecią – wspomina. Weszła w dobrym momencie, Robert akurat między trzecią a czwartą bramką jeszcze raz przyjrzał się miejscom w loży: Ania dotarła czy zacząć się martwić?

Gdy wchodził na boisko, Bayern przegrywał 0:1. Po kwadransie Robert zmienił to w 5:1.

Po pięciu minutach i 40 sekundach od wejścia rozpętał szaleństwo. Pierwszą bramkę zdobył z bliska, po świetnym ruchu w polu karnym Thomasa Müllera. Obrońca, który próbował zatrzymać Müllera, tylko przepchnął piłkę w bok. Wystarczyło mocno dostawić nogę.

Drugi gol był minutę później. W czwartym kontakcie Roberta z piłką. Dobrze wymierzony strzał zza pola karnego.

Trzeci gol po niespełna dwóch i pół minuty. Najbardziej zwariowany: piłka wróciła, odbita przez bramkarza na słupek, Robert poprawił lewą nogą, ale bramkarz znów zdążył, więc spróbował prawą, jak za pierwszym podejściem, i przerzucił piłkę do bramki między obrońcami. Potem kolejne niespełna dwie i pół minuty, spojrzenie na trybuny, czy Ania przyszła, i za chwilę na tej trybunie kontuzjowany Arjen Robben pokazywał sąsiadowi na palcach: „Lewy" ma już cztery.

Czwartą wbił półwolejem, po sprincie w stronę piłki podskakującej po podaniu Douglasa Costy.

– Ja nie wiedziałem, co się dzieje. Od pierwszej do piątej bramki byłem w jakimś transie. Chciałem tylko kolejnych goli, pamiętam bezradność wypisaną na twarzach obrońców. Nie zdawałem sobie sprawy, że to się wszystko rozgrywa w ledwie dziewięć minut – mówi Robert.

Piątą bramkę zdobył sekundy przed tym, zanim dobiegła końca dziewiąta minuta strzelania. Ten gol był najpiękniejszy: wolejem, z półobrotu, w powietrzu. Kamery pokazały ubawionego Karla-Heinza Rummenigge.

– Nigdy nie widziałem takiej reakcji trybun na Allianz Arenie. Ludzie bili brawo, ale zaśmiewali się przy tym, bo co Robert uderzył, to była bramka. To był oczywiście rekord świata i cały świat na to patrzył. W FIFA też patrzyli – mówi Rummenigge.

•••

„W FIFA też patrzyli". Gdy rozmawialiśmy z Rummenigge, nie było jeszcze wiadomo, jaka będzie kolejność w plebiscycie „France Football" i FIFA za 2015 rok. Ale było już jasne, że pierwszy raz od czasów Kazimierza Deyny (trzeci na liście Złotej Piłki w 1974) i Zbigniewa Bońka (trzeci w 1982) Polak będzie się liczył w walce o podium albo jego najbliższe okolice.

Robert był wcześniej raz nominowany w tym plebiscycie (nominowany, czyli znalazł się na liście 23 piłkarzy, na których mogą oddawać głosy kapitanowie reprezentacji, trenerzy reprezentacji i wybrani dziennikarze ze wszystkich krajów zrzeszonych w FIFA). To było za

Piąty gol, najpiękniejszy. Zdobyty tuż przed tym, zanim upłynęła dziewiąta minuta od zdobycia pierwszej bramki.

2013 rok, za cztery gole z Realem. Zajął 13. miejsce. Rok później nie dostał nominacji. To był rok mundialowy, jego na mundialu nie było. Rok przeprowadzki z Dortmundu do Monachium, uczenia się nowego miejsca i Guardioli. Ale też rok, gdy był królem strzelców Bundesligi. Nieobecność wśród nominowanych go zabolała. Zrozumiał, że nie wystarczy być regularnym dostawcą goli, grać dobrze tydzień w tydzień. Trzeba albo wygrać coś wielkiego z klubem, albo z reprezentacją, albo mieć choć jeden wieczór w sezonie, po którym cały świat o tobie usłyszy.

Nazywamy plebiscyt „France Football" i FIFA zabawą, żeby upuścić trochę emocji, bo coroczne dyskusje: „ten zasłużył, ten nie" ciągną się tygodniami i bywają męczące. Ale to od dawna nie jest już tylko zabawa. Kto jest wysoko w plebiscycie, ten staje się cenniejszy dla sponsorów swoich i swojego klubu. Wielu piłkarzy ma w kontraktach z klubami zapisane specjalne premie, jeśli będą w czołowej trójce Złotej Piłki.

Na finałowej gali plebiscytu w Zurychu zjawiają się czasem nawet szefowie państw, ostatnio był premier Viktor Orbán. Dwa miejsca na podium Złotej Piłki od kilku lat są zarezerwowane dla dwóch piłkarzy: Messiego i Cristiano Ronaldo. Tylko oni wygrywali od 2008 roku. Od 2007 tylko raz jednego z nich nie było na podium: Cristiano w 2010. Oni nie tylko najlepiej w tym czasie grali w piłkę, ale mieli też największą marketingową siłę rażenia. Obaj są głównymi twarzami dwóch najpotężniejszych firm sprzętowych, Adidasa i Nike, i dwóch najbardziej medialnych klubów piłkarskich, Barcelony i Realu. Ich rywalizacja nakręca emocje, jeśli jesteś z Messim, to najczęściej przeciw Cristiano, albo odwrotnie. To działa na głosujących. Nawet jeśli Messiemu i Ronaldo trafi się nieco słabszy rok albo nie zdobędą żadnego tytułu z drużyną, są na podium. A to jedno wolne miejsce, które zostawiali obok siebie, zajmował w tym czasie albo piłkarz Bayernu (dwa razy, Ribéry i Neuer), albo pomocnik Messiego z Barcelony: Andrés Iniesta, Xavi i ostatnio Neymar. To on był trzeci za 2015 rok.

Robert zajął czwarte miejsce. Poza podium, ale przed Luisem Suárezem, członkiem zabójczego w 2015 roku tercetu napastników Barcelony: Messi, Suárez, Neymar. Robert wyprzedził tego, który jest dziś jego głównym rywalem do miana najlepszego środkowego napastnika na świecie. Suárez wygrał z Barceloną Ligę Mistrzów. Robert wprawdzie z Ligi Mistrzów odpadł po meczach właśnie z Barceloną, ale miał wielki rok w reprezentacji, wielką jesień w klubie. I miał te pięć goli w dziewięć minut, które wybrzmiewały przez wiele dni:

powtórki w telewizjach, zachwyty nad strzelcem w gazetach, gorączka w mediach społecznościowych.

To były mniej ważne gole niż cztery z Realem. A jednak zaprowadziły Roberta wyżej. Dlatego że to był już drugi taki jego moment szaleństwa. I dlatego, że to były gole dla klubu, który w futbolu i futbolowym biznesie znaczy więcej niż Borussia.

– My w Polsce myślimy, że Robert już stał się twarzą globalną. A z mojej perspektywy zawodowej jest na początku drogi. W dzisiejszym świecie news żyje dzień, kilka godzin. Trzeba ciągle o sobie przypominać. Pięć goli z Wolfsburgiem to było odświeżenie gorączki po czterech bramkach z Realem – mówi Mariusz Siewierski zajmujący się kontraktami sponsorskimi Roberta.

Akurat news o pięciu golach z Wolfsburgiem żył naprawdę długo. Coś cały czas o tych bramkach przypominało, choćby wręczanie certyfikatów rekordów Guinnessa. I to od razu czterech: za najwięcej goli strzelonych przez piłkarza rezerwowego, za najszybszy hat trick w historii Bundesligi (w 3 minuty 22 sekundy), najszybciej strzelone cztery gole (5 minut 52 sekundy), najszybciej strzelone pięć (w 9 minut bez jednej sekundy). A to był też rok, w którym Robert strzelił najszybszego hat tricka w historii reprezentacji Polski – trzy gole Gruzji między 89. a 93. minutą meczu w eliminacjach Euro 2016.

– Jest wielu napastników na świecie. Dobrych, wybitnych. W lidze angielskiej w każdej drużynie jest świetny napastnik. Ale żeby się przebić, trzeba zrobić coś wyjątkowego. Dzięki temu Robert jest postrzegany jako jeden z wybitnych piłkarzy. Ktoś mnie kiedyś zapytał: jaką ma pan strategię PR na karierę Roberta? A ja mam jedną: niech strzela jak najwięcej goli. I będzie się niosło po świecie. My nie mamy sztabu piarowców. Nie dlatego, że to coś złego. Nie, PR jest potrzebny. Ale najlepszym piarowcem Roberta jest on sam i zasady, jakie wyniósł z domu. Inni działają inaczej i też zdobywają popularność. Ale nam na takiej popularności nie zależy. Ona byłaby wbrew naszym temperamentom. Tu nic nie jest wymuszone. Eksces jest wbrew naturze Roberta. Poza ekscesami w strzelaniu goli – mówi Mariusz Siewierski. I tłumaczy, że choć Robert pojawia się w reklamach wielkich firm, nawet w niektórych przypadkach w tych samych co Cristiano Ronaldo i Leo Messi, to jednak pozostaje lokalną, nie globalną twarzą tych koncernów. Nike, Coca-Coli, Gillette.

– Wielkie firmy po prostu wolą zapłacić, nawet bardzo dużo, jednej gwieździe rozpoznawalnej na całym świecie. I nie chodzi tylko o gwiazdy piłkarskie. Firma Wrigley też mogła zawierać lokalne umowy, ale po co, skoro ma Antonio Banderasa, któremu świetnie płaci za żucie tej gumy, a i wszyscy na świecie wiedzą, kto to Banderas – mówi Mariusz Siewierski.

Tłumaczy, że wiele w tej grze o kontrakty reklamowe zależy od aktora, ale równie wiele od sceny, na jakiej gra. Borussia była efektowna, romantyczna, uwielbiana przez kibiców, ale w korporacyjnych rankingach znajdowała się w drugiej lidze. Dopiero Bayern jest pierwszym w karierze Roberta klubem z biznesowej ekstraklasy. A nad ekstraklasą jest jeszcze marketingowa elita elit: Barcelona i Real.

– Niemcy zdobyli mistrzostwo świata z kilkoma piłkarzami Bayernu w składzie, ale czy któryś z nich zbliżył się marketingowo do Messiego i Cristiano? – pyta Cezary Kucharski.

Cztery z Realem, pięć z Wolfsburgiem – to były dwa przełomy w budowaniu pozycji Roberta w wielkim futbolu. Po czterech golach z Realem przestało nas dziwić, że koszulki z dziewiątką i „Lewandowski" są sprzedawane nawet w najbardziej egzotycznych miejscach świata. Po pięciu z Wolfsburgiem realny stał się atak na okolice podium Złotej Piłki. Po Wolfsburgu i następnych tygodniach wielkiego strzelania Bayern zrobił Roberta swoją twarzą w mediach społecznościowych. Zaczął coraz częściej chwalić się jego sztuczkami z treningów, umieszczać go na pierwszym planie zdjęć zapowiadających mecz.

– Po czterech golach z Realem profil Roberta na Facebooku zyskał milion użytkowników. Z dnia na dzień z pół miliona zrobiło się półtora miliona śledzących, nawet nam zarzucano, że ich sobie kupiliśmy. Nie musieliśmy. Czwartą bramkę Roberta z Realem obejrzało półtora miliarda widzów – mówi Tomek Zawiślak, który od 2010 roku prowadzi razem z Robertem ten profil.

Gdy Lewandowski odchodził z Borussii do Bayernu, profil miał 4 mln użytkowników. Po dwóch latach w Bayernie – 8 mln. Każde wrzucone tam zdjęcie jest już po chwili powielane w setkach portali. Robert i Tomek piszą tam po angielsku, bo Polska jest dopiero piątym krajem w rankingu użytkowników profilu Lewandowskiego. Lista wygląda ciekawie: na pierwszym miejscu Brazylia, potem USA, Niemcy, Włochy, za nimi Polska.

W Chinach, gdzie nie działają Facebook ani Twitter, Lewandowski od dwóch lat ma profil na Weibo, tamtejszym odpowiedniku Twittera. I jest to jeden z najpopularniejszych profili sportowych, zbliża się do granicy miliona użytkowników.

– Kiedy Robert poleciał z Bayernem do Chin, władze klubu były zaskoczone, widząc, że na lotnisku wita drużynę tłum Lewandowskich, Chińczyków w koszulkach Roberta. To Tomek Zawiślak zapracował na to, że Robert jest tam tak rozpoznawalny – mówi Mariusz Siewierski.

Zawiślak znalazł w Chinach firmę specjalizującą się w zarządzaniu takimi profilami, okazało się, że w firmie pracuje Polka. – To ona trzyma pieczę nad tym, co się tam dzieje. My tylko dostarczamy treść, dostępu do konta nie możemy mieć, bo wymagany jest chiński paszport – tłumaczy Zawiślak.

Chiny to nowy wielki sponsor futbolu. Na sygnał chińskiego rządu, który chce, by w ciągu kilkunastu lat ten kraj zorganizował mundial, a potem dorobił się tak silnej reprezentacji, by mistrzostwa wygrać, chińscy potentaci zaczęli kupować udziały w europejskich klubach, podpisywać z nimi umowy sponsorskie. Popularności Roberta sprzyja to, że Bundesliga jest tam w otwartym kanale. To, że Lewandowski urodził się w Roku Smoka, a w dacie urodzenia ma trzy szczęśliwe dla Chińczyków ósemki (21.08.1988), też nie przeszło niezauważone.

– Gdy Robert podpisywał umowę sponsorską z Huawei, to nie pieniądze grały decydującą rolę. Pewnie były koncerny, które dałyby więcej. Ale wśród wielu marek telefonów ta jedna jest chińska. Nam bardzo zależało na tamtejszym rynku. To otworzyło nam drogę do innych rynków. W Skandynawii, Austrii, na Bałkanach, w Izraelu. Miło być w Wiedniu i zobaczyć Roberta w reklamie na przystankach autobusowych i tramwajowych – mówi Mariusz Siewierski.

•••

– Kot, co ja dzisiaj zrobiłem? – zapytał, gdy kładł się do łóżka po pięciu golach z Wolfsburgiem.

Kot – tak do siebie mówią z Anią. – Porozmawiajmy o tym rano – odpowiedziała.

Trochę już tego dnia przeżyli. Gdy weszli po meczu do restauracji na stadionie, powitała ich owacja. Potem mieli problem, by przejść do samochodu, bo wszyscy ich po drodze zatrzymywali i bili brawo. W domu otworzyli wino. I rozmawiali długo ze znajomym. Nie o meczu. O polskich wuefach. O tym, że dzieci są otyłe, słabo wygimnastykowane. Robert wspominał, że był w szkole żywą pomocą

BAYERN MÜNCHEN
9
LEWANDOWSKI

dydaktyczną: tata brał go na lekcje do starszych klas, żeby pokazał, jak się robi przewrót. O tym, że jego wuefy były fantastyczne, a dziś w niektórych szkołach jest już lepiej, ale w wielu ciągle źle.

Rano nie dało się spokojnie porozmawiać. Jeszcze w nocy dzwoniła Monika Rebizant, uprzedzając, że wszyscy zwariowali na punkcie tych pięciu goli. Od rana dzwoniły telefony.

Iwona Lewandowska po przespaniu dwóch godzin – „Przedrzemałam, więcej się nie dało po czymś takim" – stała już od świtu przed kamerami TVN 24.

– To ja sobie teraz pójdę na trening. A potem się razem wybierzemy na obiad, dobrze? – zapytał Robert.

On rozegrane mecze stara się z siebie wyrzucić najpóźniej na drugi dzień. Z porażkami bywa różnie, ale zwycięstwa wyrzuca szybko.

– Następny mecz po Wolfsburgu mieliśmy już w sobotę. Pamiętałem, co było po czterech z Realem. Świętowanie, świętowanie, a potem w weekend mecz i zabrakło mi tego skupienia w tygodniu. Pięć goli w dziewięć minut – to było naprawdę miłe. Ale następne bramki też są ważne i muszę ich jeszcze trochę nastrzelać. Wiedziałem, że jeszcze będę mieć czas, żeby się tym napawać. Odłożyłem sobie tę przyjemność na zakończenie rundy. Wiedziałem, że tak muszę zrobić, żeby nie ucierpieć tak jak po Realu. Gdy wtedy trwało szaleństwo, byłem jeszcze niedoświadczony, myślałem, że to samo odejdzie, tak jak samo przyszło. A teraz wiem, że samo nie odchodzi. To ja decyduję, w którym momencie powiedzieć: stop – tłumaczy.

Czym było te pięć goli, dotarło do niego dopiero w grudniu 2015 roku, przy odbieraniu nagrody na gali Audi. Wtedy obejrzał wszystko odprężony, spokojny: nie tylko bramki, ale i owacje, posłuchał, jak stadion skanduje jego nazwisko. Pozwolił sobie na chwilę słabości, łza się zakręciła. Ale Anna Lewandowska i tak pomyślała w tamtej chwili: „Jestem żoną kosmity".

– Dopiero w grudniu dotarło do mnie, co w meczu z Wolfsburgiem zrobiłem. Odłożyłem sobie tę przyjemność właśnie na czas po zakończeniu rundy. Żeby nie ucierpieć jak po czterech bramkach z Realem. Wtedy przez świętowanie zabrakło mi skupienia w następnym meczu.

Wśród kibiców podczas dnia otwartego na Allianz Arenie.

ROZDZIAŁ 16

Zabij idola

– Zawsze chciałem grać na szczycie i prawda jest taka, że nie było w czasie mojego dorastania polskiego piłkarza, którego mógłbym naśladować.

Podobno nosił kitkę jak Roberto Baggio. Wierzy na słowo. Sam już tego nie pamięta, a zdjęć żadnych nie ma. Miał sześć lat, gdy Baggio zostawał bohaterem tragicznym mistrzostw świata w USA, marnując decydującego karnego w finałowej serii z Brazylią. Ale z Baggio było tak jak potem z Andreą Pirlo – nie musiał wygrywać. Wystarczyło, że był taki, jaki był.

Innych bohaterów z dzieciństwa mógłby w rodzinnym archiwum odnaleźć: koszulkę Briana Laudrupa miał od rodziny z Danii, był Alanem Shearerem z czasów Newcastle. Chciał strzelać jak Alessandro Del Piero, przyglądał się, jak szuka goli Emmanuel Olisadebe, który 200 metrów od jego Varsovii zostawał z Polonią w 2000 roku mistrzem Polski. Najlepsi piłkarze Varsovii w nagrodę podawali piłki na meczach Polonii i Robert stał tam czasem za bramką, zagadując Macieja Szczęsnego. U Andrija Szewczenki niczego nie podpatrywał, choć podziwiał naturalność, z jaką wszystko Szewczence przychodziło. Ale wolał zawsze kocie ruchy Thierry'ego Henry'ego. Henry był z nim najdłużej. Leszek Ojrzyński wspomina, że jeszcze w Zniczu Pruszków, gdy rozmawiał ze swoimi piłkarzami o idolach, Lewandowski mówił o Henrym. Ale i jego w końcu pożegnał.

– Nigdy nie kibicowałem klubom – mówi Robert. – Chodziłem na mecze, żeby podpatrywać piłkarzy. Często było mi naprawdę wszystko jedno, która drużyna wygra. Patrzyłem na zawodników, ale też bez ślepego naśladowania. Wybierałem sobie konkretne rzeczy. To, co mi było potrzebne. Na przykład jak się rozgrzewają. Mnie trudno do czegokolwiek przekonać, biorę to, co chcę, a nie to, na co mnie namawiają. Zawsze chciałem grać na szczycie i prawda jest taka, że nie było w czasie mojego dorastania polskiego piłkarza, którego mógłbym naśladować. Pamiętam Jerzego Dudka wygrywającego Ligę Mistrzów dla Liverpoolu, przechodzącego do Realu, ale to jednak bramkarz. Więc zawsze patrzyłem na to, co się działo poza polskim kręgiem. Podglądałem, dowiadywałem się, wyciągałem wnioski. I tak od każdego brałem po kawałku. Od piłkarzy, od trenerów, bo nawet ci gorsi mieli coś, co warto było podpatrzeć. Umieli zwrócić uwagę na coś, co przeoczyłem. Nie zawsze trener ma rację. Ale moja w tym głowa, żeby wybrać to, w czym się nie mylił.

– Robert nigdy nie był w nikogo tak naprawdę wpatrzony. Nie rozumiał fenomenu autografów. Co to za radość, że ktoś ci się podpisał? Nigdy nie prosił piłkarzy o autografy. Gdy przyjechał do Polski David Beckham, ja stałem do niego w kolejce. Robert nie – mówi Tomasz Zawiślak.

– Do dziś do niego nie dociera, że może być czyimś idolem. Nie lubi być w centrum zainteresowania, nie rozumie, dlaczego ludzie chcą sobie z nim zrobić zdjęcie. Wzdycha na widok sterty koszulek i zdjęć do podpisu – dodaje Zawiślak, a mnie przypomina się scena z Monachium, gdy kończy się trening Bayernu przy Säbener Straße. I przez przejście, w którym parkuje klubowy autobus, wjeżdża do ośrodka wózek pełen toreb z kartami do podpisu.

– Tłumaczę mu: ciesz się tym. To jest element twojego sukcesu – mówi Zawiślak.

Robert stara się tym cieszyć, ale swoje wie. – Nie lubię nachalności. Bardzo sobie cenię w Monachium to połączenie serdeczności z wycofaniem. Czujesz, że jesteś rozpoznawany, ale ludzie się pięć razy

Francuz Thierry Henry, największy idol Roberta Lewandowskiego, w koszulce Arsenalu, klubu, w którym grał najdłużej.

zastanowią, zanim podejdą po autograf. Mówię o tych sytuacjach, gdy jesteśmy prywatnie. Gdy służbowo, autograf jest czymś naturalnym, wpisanym w ten zawód.

•••

Od Cezarego Kucharskiego słyszał: pożegnaj idoli. Nie kopiuj. Bo nie skopiujesz. Rozwijaj swoje mocne strony. Inspiruj się, ale pozostań sobą. Nie ma powszechnego wzoru kariery. Gdyby był, to Kucharski, który do 14. roku życia nie miał trenera, bo grał w piłkę tylko w podwórkowych drużynach w Łukowie, nie zagrałby w Lidze Mistrzów ani na mundialu.

W pewnym momencie wszyscy chcieli kopiować Barcelonę, a w Katalonii mogli tylko zacierać ręce, bo nie da się tego zrobić, nie mając Andrésa Iniesty, Messiego czy Sergio Busquetsa i wieloletniej tradycji takiej gry. Tak jak nie sposób kopiować kolegi Roberta z Bayernu Manuela Neuera i jego szaleńczych wycieczek z bramki, gdy się nie ma tego daru przewidywania.

– Nie da się też kopiować Roberta. Można go co najwyżej podglądać. Reżim dbania o siebie, z którego Robert słynie, to nie sekret sukcesu. To jest podstawa sukcesu – mówi Kucharski.

– Słyszę czasem głosy: a ja trenowałem i grałem z Robertem, mogłem też tam być. Ale nie wiesz, co jeszcze robił Robert, gdy ty z nim trenowałeś – mówi Mariusz Lewandowski.

Andrzej Blacha, pierwszy trener Lewandowskiego w Zniczu Pruszków, powtarzał piłkarzom: – Nie nakładaj sobie żadnych ograniczeń, gdzie dojść. I nie daj z siebie zrobić kogoś innego, niż jesteś. Jeśli jesteś wyrobnikiem, zostań najlepszym wyrobnikiem świata. A nie próbuj stawać się drugim Messim. Lepiej być mistrzem świata wyrobników niż Messim dla ubogich – tłumaczy.

– W szkoleniu czasami zabijamy się schematami. Młodzi trenerzy wyjmują z komputera gotowe wzory ćwiczeń i tak mordują kreatywność. Jedno ćwiczenie nie jest dobre dla wszystkich – mówi Radosław Mroczkowski, trener juniorskich reprezentacji Polski w czasach, gdy Lewandowski bywał tam powoływany na konsultacje.

– W Polsce często zabijamy finezję u zawodników. Tępimy nieszablonowe zagrania. Narzucamy, że X ma grać tak i tak. A trzeba szukać nieszablonowości. Odkryć w piłkarzu to, co unikalne, i to właśnie rozwijać. A nie wtłaczać w jeden wzór. Zastanawiam się czasem: czy w Polsce miałby szansę Sergio Busquets? Czy raczej zostałby odstawiony na bok, bo nie wyróżnia się na pierwszy rzut oka, nie pasuje do schematu? My ciągle w Polsce w szkoleniu młodzieży bardziej myślimy o wynikach, a nie o uczeniu – mówi Lewandowski.

Jego trener z Varsovii Marek Krzywicki, choć uważa, że w szkoleniu młodzieży Polska zrobiła wielki skok, to w tym przyznaje Robertowi rację: kult wyniku trudno wytępić.

– Na Zachodzie mecz dzieci i młodzieży w weekend jest po to, żeby sprawdzić, kto się czego nauczył w tygodniu. A u nas często to jest mecz o jakiś awans. Trener, który chciałby uczyć, a nie wygrywać, ryzykuje, że straci pracę. Jeśli nie awansujemy, to dzieciaki od nas odejdą gdzie indziej. A walka o wynik bardzo przeszkadza w szkoleniu, w uczeniu nawyków. W Polsce się dzieci trenuje, a nie uczy gry w piłkę. I to jest problem. Taktykę robi się pod przeciwnika, po to, żeby wygrać. Dobre szkolenie to takie, w którym każde dziecko jest projektem. U nas częściej projektem jest drużyna. Drużyna ma wygrywać. Zapomina się o jednostkach. A tylko jednostki się przebiją – mówi Krzywicki.

Robert mówi, że blokujemy piłkarzy niepasujących do wzoru, nie umiemy wychwycić u nich jakości, tego, co unikalne, i tak dostosować gry, by drużyna na tym skorzystała. Nie, to oni mają zrezygnować z tego, co u nich wyjątkowe, żeby nie burzyć całości. Przestają próbować odważnych rozwiązań, bo mogą za to oberwać.

– Gdy patrzę, że Stefan Majewski jest szefem szkolenia w PZPN, to czuję pewien niepokój – mówi Robert. – Miałem z nim do czynienia przez dwa tygodnie, gdy był krótko trenerem reprezentacji. I nie chciałbym więcej. Trener Majewski mówił na przykład, że gdy obrońca stoi w polu karnym szeroko na nogach i rozkłada ręce, trzeba próbować go trafić w rękę, to będzie karny. Ja dziękuję. Nie znam Stefana Majewskiego jako człowieka, chodzi mi o sprawy typowo piłkarskie. I naprawdę dziękuję.

Dennis Bergkamp we wspomnianej już wcześniej autobiografii pisze o pułapce wzorów i schematów. Również o pułapce akademii piłkarskich, w których wszystko jest podane pod nos, rozpisane, wyuczone. Ale niech tylko dzieje się na boisku coś nieprzewidzianego, piłkarze wpadają w popłoch. „Bądź szczególny – pisze Bergkamp. – Tę wyjątkowość musisz znaleźć sam w sobie".

Ryszard Kapuściński powtarzał, że ten wygra, kto stworzy swój świat. I to tak samo pasuje do futbolu, jak i do każdej innej dziedziny życia. Żeby to zrobić, trzeba zaryzykować, ale jak mówił Juanma Lillo, nieco zapomniany trener, którego Pep Guardiola uważa za jednego ze swoich mistrzów, „nie ma nic bardziej ryzykownego niż niepodejmowanie ryzyka".

Bergkamp podaje za przykład Luisa Suáreza, który grał w Ajaxie. Jego to, co nieprzewidziane, nie paraliżowało, on wtedy był najlepszy. Stworzył swój świat. Świat genialnego zbója. Takiego, jakiego w jego części świata nazywa się *picaro* – awanturnikiem o miękkim sercu. Światem Lewandowskiego okazało się ciało jak u cyrkowca, łatwość uczenia się, głowa nastawiona na sukces i nerwy na wodzy. Grają na tej samej pozycji, a są tak różni. Jednego już trzy razy dyskwalifikowali za gryzienie na boisku, drugi pierwszą żółtą kartkę w ligowym meczu Bayernu dostał dopiero po półtora roku gry. Ale łączy ich ten sam głód sukcesu.

Czekanie na ostatni grupowy mecz Polski w Euro 2012, z Czechami we Wrocławiu. Polska przegrała 0:1 i odpadła z turnieju.

LEWAN
GO
4
NYMBU

TYLKO
L
SKI!!

•••

– Robert ma zdrowie, wiarę w sukces i umie pomagać szczęściu. Samo dobre prowadzenie się nie wystarczy. Wszyscy piłkarze... – tu Mariusz Lewandowski lekko się mityguje – ...no, dobrze, nie wszyscy piłkarze dobrze się prowadzą. Ale połowa robi to co Robert, a tak daleko nie zaszła. Musisz być indywidualnością. Wiele osób wzoruje się na kimś, wpadając w błędne koło. Każdy miał idola. Ale trzeba się skupiać na drużynie, w której jesteś. Na swoim miejscu w tej drużynie. Dlatego nie możesz być taki jak ktoś inny. Gdy naśladujesz, przytępiasz swoje mocne strony, a możesz nie dorównać w mocnych idolowi. To jest największa sztuka: odkryć jak najszybciej, co jest twoją mocną stroną. I krzesać, krzesać. Robert sobie zadawał pytania: z kim mam problemy? Mam problemy z samym sobą – żeby wyciągnąć z siebie maksimum. I krzesał dalej. Czasem jesteś w sytuacji patowej, tracisz wpływ na swoją karierę. Trzeba wtedy zagryźć zęby na jakiś czas. Ale nie można pozwolić, by to trwało dłużej. Nie możesz dać się nieść rzeczywistości. Trzeba ją kreować. Wiem, to brzmi jak pogadanka z jakiegoś pseudoporadnika. Ale to jest przerażające, jak wielu piłkarzy nie zadaje sobie w ogóle pytania: jak ja chciałbym grać? Gdzie dojść? Czym się wyróżniam? Za co mogę siebie polubić? Tylko płyną razem z grupą. I z czasem możesz zacząć siebie samego nie znosić, bo dałeś sobie włożyć jakąś maskę. Robert sobie maski nie dał włożyć. Ludzie patrzą na efekt finalny – na Roberta, Anię. I myślą, że droga jest już ustalona. A nie jest. Szukaj swojej.

– Polscy piłkarze często nie wierzą, że mogą być dobrzy i pracą dojść do czegoś. Oczywiście powtarzają takie frazesy, bo wiedzą, że wypada. Ale nie wierzą. Polski piłkarz ma kompleks wobec Zachodu, a otoczenie go w tym kompleksie utwierdza. Sami siebie nie szanujemy. Zawsze gdy rozmawiałem z Serbami, miałem wrażenie, że oni są mistrzami we wszystkim. Są ósmym cudem świata. Wszystko im się udaje, każdy ich piłkarz to mistrz, każdy trener jest znakomity. Nam tej przebojowości i solidarności brakuje, tracimy czas na krytykanctwo. I boimy się być pazerni na sukcesy. Jak mówią nasi piłkarze? „Moja przygoda z piłką". Boją się powiedzieć: „moja kariera". Różnica jest taka, że to przygoda kieruje tobą. A karierą kierujesz ty – mówi Cezary Kucharski.

To była może największa siła Lewandowskiego – że nie chciał żadnej przygody z piłką. Chciał kariery i dawał to odczuć. Nie bał się powiedzieć: „Nie mierzę polską skalą". Wliczył to w koszty, że się w ten sposób może komuś narazić, może usłyszeć, że młody się sadzi, że w głowie się poprzewracało. I że jeszcze dużo później usłyszy: znaj swoje miejsce w szyku i nie odchodź z Borussii, bo Jürgen Klopp cię za karę odeśle na ławkę, a potem w Monachium z tej ławki nie wstaniesz. Ale on miał taką wizję siebie i nie odpuścił. Szkoda czasu, żeby mierzyć za nisko. Jak się zajmować kosmosem, to w NASA. Jak grać w piłkę, to w Bayernach, Manchesterach czy Realach. Dla jego pokolenia to było już coś normalnego, że Polak może grać w hokeja w NHL, a w koszykówkę w NBA. Zresztą ten pierwszy Polak w NBA, Cezary Trybański, wystartował za ocean z Bemowa, przez które Robert przejeżdżał codziennie w drodze na treningi i z powrotem.

•••

Jürgen Klopp akurat za karierowiczostwo na pewno by nikomu głowy nie zmył. Jako młody trener przyszedł pewnego dnia z prawnikiem do swojego dzisiejszego menedżera Marka Kosicke, który wtedy pracował dla Nike, i powiedział: chciałbym mieć umowę reklamową z tą firmą. Nie po to, żeby się obłowić, tylko dać sygnał innym – patrzcie, taka firma na mnie zwróciła uwagę, walczcie o mnie. A potem zapracował sobie na miejsce w telewizyjnym studiu jako ekspert i stamtąd go początkowo znały całe Niemcy. Dopiero potem został trenerską gwiazdą.

– Moja pazerność na karierę zaczęła się, gdy poszedłem do Lecha. Tam zrozumiałem: tak, mogę to zrobić. Chcę tu zdobyć wszystko, co się da, a potem szybko wyjechać. Chcę sukcesu – mówi Robert.

– On tam zobaczył, że doszedł do takiego momentu, w którym może żyć tylko z piłki. Poświęcić się tylko temu. Wcześniej sam nie wiedział, jaki potencjał w nim drzemie. A teraz pograł chwilę w Lechu i już był w kadrze Leo Beenhakkera. Jeszcze niegotowy, żeby odgrywać kluczowe role. Ale już dotykał wielkiego futbolu. Już się nim zaczynała interesować Borussia – mówi Cezary Kucharski.

Ale trener Marek Krzywicki przekonuje, że Robert już w Varsovii był jednym z tych, którzy dobrze wiedzieli, czego chcą: – Widać było, że on sobie poradzi. Gdziekolwiek potem poszedł, zaczynał od strzelania bramek.

Stadion w Monachium, mecz z Hannoverem 96 jesienią 2014. Selfie Roberta z przyjaciółmi, którzy od lat przyjeżdżają na jego mecze: w Zniczu, Lechu, Borussii, Bayernie. W czapeczce Tomasz Zawiślak, najbliższy przyjaciel.

– W drużynach ze starszych roczników już się zaczynało jakieś popalanie na boku i inne uciechy, ale on nie. Tylko piłka, piłka. „Ja kiedyś będę w kadrze Polski" – wspomina trener Krzysztof Sikorski.

Robert mówi, że różnica między poziomami bywa tak naprawdę drobna. On jednego lata przeskoczył z drugiej ligi do reprezentacji. Kuba Błaszczykowski – z czwartej ligi do pierwszej: – Trzeba tylko odnaleźć to przejście w górę. Problem w tym, że piłkarze go często nie widzą. Gorzej, trenerzy go często nie widzą. Dlatego nie możesz się tylko oglądać na trenera. Widzę, że dziś młodzi piłkarze to rozumieją. Chcą robić karierę. Wszyscy mają dostęp do nowinek i z tego korzystają.

– Nie wiem, jakie jest młode polskie pokolenie. Ale to, z którym pracowałem, miało problem z parciem na karierę – wspomina Leo Beenhakker. – Była w nich jakaś nieśmiałość, opór przed powiedzeniem tego głośno: jestem w futbolu, żeby zostać człowiekiem sukcesu. Trzeba ich było upewniać, że mogą, przekonywać, że się urodzili tak samo zdolni do wielkich rzeczy jak Holender czy Hiszpan. Czasami to była naprawdę wyczerpująca praca.

– To się zmienia. Widzę to po młodszych kolegach z klubu. Sukces stał się namacalny, na wyciągnięcie ręki. Patrzę na moją najlepszą dekadę kariery, na ich dekadę i to jest ogromna różnica – mówi Sebastian Mila, starszy od Roberta o sześć lat, ale opowiadający o „ich dekadzie", jakby to był inny świat. – Dziś chowamy piłkarzy świadomych. Dostali w karierach „Lewego" czy Grześka Krychowiaka punkt zaczepienia. Mojemu pokoleniu się wydawało, że dla Polaków jest w piłce szklany sufit, że go nie przebijemy. Że choćbyśmy mieli nie wiadomo jaki talent, wyżej nie podskoczymy. A „Lewy" tego nie chciał przyjąć do wiadomości. Nie, Polak może, sufitu nie ma. Czasem dyskutujemy, co to znaczy w sporcie być geniuszem. Dla niektórych futbolowy geniusz to wyczynianie cudów z piłką. Ale geniusz polega też na tym, że potrafisz sobie wyobrazić siebie w wielkim futbolu i dojść do tego, co sobie wyobraziłeś. To łatwo powiedzieć. Ale Robert miał na drodze do tego sto razy więcej przeszkód niż np. Messi. Bo Messi szedł przetartą drogą. Dla ludzi jest oczywiste, że Argentyńczyk to dobry materiał na geniusza. A Polak? Nie. Argentyńczyk dostaje kredyt na wejście. Polak nie. Argentyńczyk w futbolu funkcjonuje z wykrzyknikiem. A Polak – ze znakiem zapytania. Przecież nawet nam, Polakom, z trudem się mieściło w głowie, że Polak mógłby być najlepszym napastnikiem świata. A co dopiero światu – mówi Mila.

– To było straszne, ile wysiłku kosztowało przełamywanie tych stereotypów. Gdy sobie przypomnę, jak patrzyli na polskich piłkarzy, gdy pierwszy raz wyjechałem za granicę, i jak patrzą teraz, to jest przepaść. Chciałbym być na miejscu tych młodych chłopaków, którzy teraz wyjeżdżają do zagranicznych lig. Oni inaczej patrzą na świat. Świat inaczej patrzy na nich. Ile razy ja potem słyszałem: Robert, teraz już się nikt nie będzie targował o pół miliona czy milion, gdy kupuje Polaka, bo nikt nie chce przegapić drugiego Lewandowskiego. Gdy ja wyjeżdżałem, to oglądali każde euro. Między pierwszymi rozmowami z Borussią Dortmund a późniejszymi rozmowami o kontraktach z innymi klubami była przepaść. A przecież Borussia to był jeden z tych klubów w Niemczech, które i tak lubiły Polaków, zatrudniały ich. Ale nie ma co ukrywać, ci Polacy mieli być od czarnej roboty, a nie od tego, żeby ich rozpieszczać wysokim kontraktem. A ja nie mam kompleksów, chciałem lepszego kontraktu, wysokich podwyżek, uważam, że mi się należały – mówi Robert.

W końcu gwiazdorski kontrakt w Dortmundzie dostał, potem przeszedł do Bayernu. Ani go na ławce nie posadził Klopp, ani go ławka nie czekała w Monachium. I mimo że idoli Robert pożegnał dawno temu i czasem różnych stron swojej popularności nie rozumie, to przyznaje, że akurat ten moment był przyjemny i do zapamiętania – gdy już grał w Bayernie i to Thierry Henry jego poprosił o koszulkę.

Maj 2015 roku, półfinał Ligi Mistrzów z Barceloną na Camp Nou. Pierwszy mecz Roberta w masce, która podczas ostatnich tygodni sezonu ochraniała złamane kości twarzy.

ROZDZIAŁ 17

Ludzie widzą tylko niedziele

– Szukam rozmów o czymś innym niż piłka. Nie mogę siedzieć i dyskutować o tym, jak to świetnie zagrałem, jak uderzyłem w tej czy tamtej minucie.

Długo się zastanawiali, czy się nie zdenerwuje. Nawet do niego, luzaka, lepiej się nie zbliżać po przegranych meczach – kilku reporterów niemieckiej telewizji już się o tym przekonało. Ale poszli.

To jest ten dzień, gdy „Lewy" żegna się z Borussią, dziś więcej wolno. Żegna się wprawdzie przegranym 0:2 finałem Pucharu Niemiec z Bayernem, do którego zaraz odchodzi, ale co robić, nie będzie lepszej okazji.

Odnaleźli na pomeczowym bankiecie Borussii Jürgena Kloppa.

– Trenerze, przyszedł pański syn – pokazali na Tomka Zawiślaka, z którego się śmieją, że w okularach i z kilkudniowym zarostem wygląda jak młodsza kopia Kloppa. Chcieli zrobić sobie pożegnalne zdjęcie. Myśleli, że trener, o ile ich nie pogoni, najwyżej kurtuazyjnie się uśmiechnie i miło się rozstaną. Ale Kloppowi humor dopisywał. Zaczął się śmiać, a potem trochę się zasiedzieli, wymieniając się z Tomkiem okularami, robiąc dziwne miny, częstując tym, co mieli pod ręką, i wspominając, że po jednym mistrzostwie Borussii Klopp ich doprosił do triumfalnego palenia cygar.

Ich, czyli klan wyjazdowy. Grupę wsparcia.

Klan istnieje już od czasów Znicza Pruszków, scementował się w czasach Lecha Poznań i wypłynął na szerokie wody w Borussii i Bayernie. Jest ich dziewięciu, niektórzy są kibicami Legii (choć akurat Tomek Zawiślak to polonista z dziada pradziada) i bywało zabawnie, gdy jeździli za Robertem do Poznania i kibicowali w sektorach Lecha. A z klatki dla kibiców Legii kolega z osiedla wołał do któregoś z nich: co ty robisz po tamtej stronie?

Klan się od tamtych czasów nie zmienił, zmieniły się tylko okoliczności. Nie jeżdżą już na drugą ligę ani na Legię, tylko na Real, Barcelonę, Borussię. Na meczach wyjazdowych siedzą z kibicami Bayernu w klatce. Na Camp Nou, gdy Robert w półfinale Ligi Mistrzów z Barceloną musiał grać w masce, oni też założyli maski. W Borussii, gdy byli jeszcze nieustatkowani, potrafili przyjechać w odwiedziny na dwa, trzy tygodnie. Teraz mają żony, dzieci, biznesy. Rzadko wszyscy mogą się zebrać razem. Ale się starają.

– W piłkę grałem z Robertem tylko ja. Inni w koszykówkę, ktoś w tenisa. Ta dziewiątka to nasi przyjaciele z czasów liceum Andersa oraz przyjaciele przyjaciół z liceum. Najbliższe, najbardziej zżyte towarzystwo – mówi Tomek Zawiślak i tłumaczy, jak to pączkowało. Dwóch ich przyjaciół z liceum przyjaźniło się z dwoma braćmi, dziś właścicielami agencji ochrony. Bracia grali na uniwersytecie w koszykówkę i wciągnęli do ich grupy innych koszykarzy. Bliźniaków, którzy też studiowali prawo. Jeden z nich, Kamil, partner w jednej z kancelarii, jest teraz osobistym prawnikiem Roberta.

Oprócz prawników i właścicieli agencji ochrony jest też właściciel galerii sztuki. Marcin, jeden z dziewięciu, jest często ochroniarzem Roberta albo Ani.

– Właściwie to my się z niego śmiejemy, że jest ochroniarzem. To raczej towarzysz, z nim Robert czuje się komfortowo. Ta ochrona nie

– Nie było łatwo odejść z Poznania, kibice prosili, żebym został, traciłem szansę walki o Ligę Mistrzów. W Lechu byli przyjaciele, była przygoda. Ale musiałem zrobić krok do przodu – wspomina Robert. Na transparencie razem z nim jeden z jego najbliższych przyjaciół z boiska Sławomir Peszko.

polega na tym, że trzeba chronić Roberta przed jakimś zagrożeniem dla zdrowia czy życia. Marcin jest tam raczej na wypadek, że znów się zdarzy ktoś, kto będzie się starał wyprowadzić Roberta z równowagi, żeby zarobić na sprzedaniu sensacji do mediów – mówi Zawiślak.

Tak się zdarzyło kiedyś w Dortmundzie, w ostatnich miesiącach gry Roberta w Borussii. Obrażany przez grupę nastolatków Robert wysiadł z samochodu, wdał się w spór. Jeden z chłopaków oskarżył go o napaść, później oskarżenie wycofał i przeprosił, ale było z tego wielkie zamieszanie.

– Marcin pilnuje, żeby Robertowi w takich sytuacjach nie puściły nerwy. Czyli jednak ochroniarz: ochroniarz zachowań Roberta – mówi Zawiślak.

Oni, dwaj przyjaciele z boiska, obrośli w ludzi, którzy, jak mówią, ciągną ich w górę. Robert imponuje im, oni imponują Robertowi tym, że też zrobili w swoich specjalnościach kariery. Oni są jego przewodnikami po tym życiu, którego sam nie ma czasu poznać. Czeka, aż od nich usłyszy coś, co go zaintryguje. Aż mu podrzucą jakiś pomysł, otworzą oczy. Jak zainwestować, czym się zainteresować. On sobie potem sam to sprawdzi i wrócą do tematu.

– Szukam rozmów o czymś innym niż piłka. Nie mogę siedzieć i dyskutować o tym, jak to świetnie zagrałem, jak uderzyłem w tej czy tamtej minucie. Nie lubię, jak ktoś się podlizuje, jak kadzi. Na przykład Czarek Kucharski potrafił mi zawsze powiedzieć prawdę prosto w oczy. I często się nie zgadzałem, może czasem zabolało. Ale to było potrzebne. Pewnie, że kadzenie jest miłe. Ale ja się czuję zakłopotany. Nie lubię mówić o sobie. Wolę zapytać, co u kogoś słychać – mówi Robert.

– On się naprawdę interesuje życiem znajomych – przekonuje Zawiślak.

O Robercie mówi: – Dwadzieścia parę lat z nim jakoś wytrzymałem. On twierdzi, że jakoś wytrzymał ze mną. Na nikogo się tak łatwo nie złości i z nikim tak nie kłóci jak ze mną.

– Najbliższe grono przyjaciół Roberta to ci sami ludzie od lat. Robert ich potrzebuje i bardzo pilnuje, żeby mogli z nim być – mówi Iwona Lewandowska.

•••

– Umiejętność słuchania i dobierania sobie znajomych to jest jego siła. Ma intuicję do otaczania się ludźmi, którzy go nie zranią. On nie znosi lanserów i bajkopisarzy. A jest wielu ludzi, którzy by się chcieli w ten światek dostać. Ale tak się zaufania nie zdobywa. Otaczanie się samymi sportowcami czy celebrytami do niczego nie prowadzi. W piłkę gra się jakiś czas, a przyjaźnie zostają na zawsze. Mamy pewność, że jeden drugiego nie zrani. Pomagamy sobie w problemach, wysłuchujemy się nawzajem. Robert to jest bratnia dusza – mówi Mariusz Lewandowski, jeden z przyjaciół z boiska. Jest ich niewielu.

Z Wojtkiem Szczęsnym Robert zna się jeszcze z Legii. Dziś mają dobry kontakt, wspólnych znajomych, spotykają się w wakacje. Ale jeździ też na urlopy z innymi piłkarzami kadry. A największa grupa przyjaciół z boiska to klan z czasów gry w Lechu. Sławomir Peszko, Darek Dudka, Grzegorz Wojtkowiak, Sylwester Gancarczyk. Do dziś Robert i Ania wspominają poznańskie wieczorki towarzyskie, wspólne sylwestry, czas, gdy się rodziły przyjaźnie i wszystko przeżywało się intensywnie.

Do przyjaciół z piłki dołączali ci z innych sportów. Marcin Gortat, jak o nim mówią: wielki bro zza oceanu. Piłkarz ręczny Grzegorz

Tkaczyk, którego poznali kiedyś na wakacjach. To od Tkaczyków zarazili się miłością do Mazur. Siatkarz Andrzej Wrona. Tyczkarka Monika Pyrek, jedna z dawnych idolek Ani.

W następnych klubach po Lechu Robert już nowej grupy wsparcia w szatni nie szukał, wolał starą. Najwyżej dobierał do grona przyjaciół pojedyncze osoby. Może to jest też jedno z wyjaśnień, dlaczego nie stworzyli z Kubą i Łukaszem polskiego klanu.

Lubili się z Mario Götzem i Marco Reusem, z Matsem Hummelsem. Zaprzyjaźnili się z Mitchellem Langerakiem i jego narzeczoną, dziś już żoną, Rihanon. Nadal się odwiedzają, uspokajali Langeraka, gdy był cały roztrzęsiony po znokautowaniu Roberta w meczu Pucharu Niemiec. To on mu wtedy w zderzeniu w powietrzu połamał kości twarzy, które potem musiała chronić maska. Nie mógł sobie tego wybaczyć.

– W Borussii była młoda drużyna. Życie towarzyskie kwitło. Też mieliśmy swoje wieczorki, spotkania. Wspólne wyjazdy na Ligę Mistrzów. W Bayernie ich nie ma, bo dla Borussii Liga Mistrzów to było wielkie przeżycie. A tutaj to norma. W Bayernie jest super, ale inaczej: wielu piłkarzy ma już dzieci, jest sporo osób z zagranicy – mówi Ania.

Mariusz Lewandowski jako kapitan kadry Leo Beenhakkera wprowadzał do drużyny debiutującego w reprezentacji Roberta. Tak się zaczęła przyjaźń, która trwa do dziś.

– Więź bardzo zależy od tego, gdzie kto mieszka. My mieszkamy kilkaset metrów od Philippa Lahma, dwie ulice dalej. Mamy dobry kontakt, czasem podwozimy się na treningi albo przywozimy po meczach. Tak samo jest z Manuelem Neuerem. A większość piłkarzy Bayernu mieszka po drugiej stronie miasta – mówi Robert.

Mario Götze wpadł w Bayernie w pomundialowy dołek i trzyma się bardziej na osobności niż w Borussii. Robert i Bastian Schweinsteiger bardzo się lubili, ale Schweinsteiger wyjechał do Manchesteru. Mają dobry kontakt z Rafinhą. Z Franckiem Ribérym, a jak z Ribérym, to i z Davidem Alabą. Z Thomasem Müllerem, bo z nim nie sposób nie mieć dobrego kontaktu. – On cały czas mówi i jest dużo śmiechu. Wygaduje tak głupie rzeczy, że tylko superinteligentny gość może na to wpaść. To jest nasz klaun. Jeśli przyjdzie ci do głowy najgłupsza rzecz z możliwych, to licz się z tym, że Thomasowi też przyszła i zaraz ją zrobi – mówi Robert. I puszcza oko: Z Robbenem kontakt jest trochę gorszy. Ale Arjen z nikim nie ma bardzo bliskiego kontaktu, on jest bardzo rodzinny – dodaje.

Największy boiskowy egoista w Bayernie to jeden z najsympatyczniejszych piłkarzy. Wyjścia Robbena ze stadionu po meczach to całe przedstawienie. Kino familijne: Arjen z trójką swoich rozkrzyczanych dzieci. Jeden z synów jest zresztą fanem Roberta.

David Villa, hiszpański król strzelców Euro 2008, były napastnik Barcelony, który też kiedyś prowadził po meczach taką trzódkę, powiedział, że dzięki dzieciom nie zwariował w futbolu. Nie ugiął się pod presją, jaka przyszła razem z sukcesami i sławą. „Dzięki nim mogłem choć przez chwilę pomyśleć o czymś innym".

•••

Jedzie przez miasto. Mija wielki plakat. Widzi na nim siebie. Wchodzi do kiosku, patrzy na okładki: tu jest on, tu jego żona.

– Na początku się cieszysz. To miłe, bo widzisz, gdzie się wspiąłeś. Potem się śmiejesz, bo za jednym rogiem czaisz się ty, za drugim Ania. A potem to się wychyla w drugą stronę. Już przed tym sobą z plakatów i okładek zaczynasz uciekać – mówi Robert.

Tęsknią za Polską, za Warszawą, on, gdy wraca do Warszawy, lubi wyjść na taras i popatrzeć na miasto, jak się ładnie zmieniło. Ale też właśnie gdy są w Polsce, czują, że to szaleństwo wokół nich już czasem przekracza ludzką miarę.

Hiszpański trener Pepe Mel mawia, że ludzie w futbolu widzą tylko niedzielę. Widzą tylko efekt, nie widzą drogi do niego. Im większą robisz karierę, tym bardziej jesteś postrzegany jak ktoś odrealniony, jak postać z kreskówki. Ludzie widzą bohatera, nie widzą rozterek. I wszyscy są pewni, że dobrze cię poznali. Choć nie wiedzą nawet, bo skąd, że miałeś ostatnio taki czas w życiu, gdy mecze bez gola obchodziły cię średnio, bo ktoś ci najbliższy przez rok walczył z poważną chorobą. I ty musiałeś nadrabiać miną. Mówiłeś: nie przejmuj się, ja się twoją chorobą zajmę i cię wyleczymy. A na zewnątrz zachowywałeś maskę, żeby nikt nie dopytywał, nie robił sensacji. Dopiero gdy się skończyło, powiedzieliście sobie, że jesteście o rok życia mądrzejsi. I tego nie zmarnujecie. Ludzie tego nie wiedzą, nie słyszą też tego, co ty słyszysz od twojej mamy: że znów ktoś jej wytknął, po co jest taka aktywna, skoro syn tyle zarabia i mogłaby nic nie robić. Wszyscy są pewni, że od bogactwa już straciłeś kontakt z rzeczywistością, a tobie jakoś wstyd opowiadać o akcjach charytatywnych, jesteś zażenowany, gdy mają się podczas wizyt w szpitalu pojawić kamery. Przyjeżdżasz stęskniony za krajem, ale też właśnie wtedy będziesz miał najwięcej obowiązków, każdą minutę wyliczoną dla sponsorów, fundacji, mediów, będziesz ciągnąć za sobą ogon paparazzi.

Jedna oznaka zniecierpliwienia i już będzie przesądzone: tak, woda sodowa.

Ania bierze oddech. – Tego jeszcze nie mówiłam... To ja chorowałam. Miałam jeden rok w życiu bardzo słaby. Poważna choroba. Zwykle to ja w takich sytuacjach doradzam, zachęcam do walki. A teraz musiałam walczyć sama. I było bardzo trudno tę chorobę pokonać. Wtedy Robert powiedział: „Ty się, Aniu, nie przejmuj. Ja się twoją chorobą zajmę i cię wyleczymy". Gdy się skończyło, powiedzieliśmy sobie, że jesteśmy o rok życia mądrzejsi. I tego nie zmarnujemy.

– Ludzie widzą ułamki życia. Kończy się mecz, strzelił albo nie strzelił, jeden ponarzeka, drugi opisze, jeden wraca do domu, drugi zamyka laptop. Po robocie. A u niego się dopiero zaczyna – opowiada Tomek Zawiślak. Mówi, że Robert jest pod ogromną presją ciągłego udowadniania swojej wartości, rywalizacji. – Słucham jego analiz, co mógł zrobić lepiej, co zrobił źle... Nigdy go nie widziałem naprawdę zadowolonego z siebie. Żeby usiadł, uśmiechnął się i powiedział: „Ale super". On dźwiga tę presję. Daje radę. Ale to po nim nie spływa. Tyle że on

Borussia świętuje awans do finału Pucharu Niemiec 2014. Robert obok swojego przyjaciela z Borussii Mitchella Langeraka (z lewej) i dobrego kolegi Matsa Hummelsa (z prawej). Od sezonu 2016/2017 Lewandowski i Hummels będą znów grali w jednej drużynie. Obrońca Borussii, tak jak wcześniej Robert i Mario Götze, przeszedł do Bayernu.

to rozładowuje w dobry sposób. Z czego się biorą problemy piłkarzy? Właśnie z tej presji. Z tego, że ją rozładowują w destrukcyjny sposób. A on szuka wyciszenia. Potrzebuje Ani, bliskich. Czasem trudno do niego dotrzeć, zamyka się tak, że trzeba z niego każdą informację wyciskać siłą. Nie pozwala, żeby ludzie wiedzieli o jego rozterkach. Ale stara się nie zamykać, gdy jest w zaufanym gronie. Bo wie, że jak się zamknie, to nie będzie szedł do przodu.

•••

„Elitaryzm z samej definicji nie jest normalny. Tak jak nie jest normalne kopanie piłki tysiąc razy dziennie" – pisał kiedyś David James, były bramkarz reprezentacji Anglii i felietonista „Guardiana". Ten felieton dotyczył akurat piłkarzy pracoholików, presji, jaką sami na siebie nakładają, ceny, jaką za to płacą. Jesteś tak dobry jak twój ostatni mecz? James przyznawał, że swoje poczucie wartości budował nawet nie na ostatnim meczu, ale na ostatniej interwencji. Znał piłkarzy, którzy nie zeszli z treningu, póki kopnięta przez nich piłka nie poleciała idealnie tak, jak chcieli.

David Beckham opowiadał, że jego trans perfekcjonizmu zaczynał się już od sprzątania w domu, gdzie wszystkie ubrania musiały być złożone w jeden sposób, rzeczy w lodówce musiały stać zawsze odwrócone etykietą w jedną stronę, a butelek z napojami musiała być parzysta liczba.

Pep Guardiola przyznał kiedyś: „Oczywiście, że dbanie o wszystkie szczegóły aż tak obsesyjnie nie jest konieczne, są trenerzy, którzy potrafią więcej spraw puścić na żywioł i też wygrywają". Ale on tak nie potrafi.

Ronaldinho, piłkarz uśmiech, opowiadał, że miał takie momenty, gdy chciało mu się wymiotować na myśl o kolejnym meczu, kolejnej podróży i o tym, że ktoś znów będzie czegoś od niego wymagał.

Leo Messi zasłynął ze zdania: „Ostatni raz odczuwałem presję, gdy miałem osiem lat. Od tego czasu gram dla przyjemności". Kto chce, niech wierzy, że to możliwe.

Manel Estiarte, Messi basenu, opowiadał piłkarzom Bayernu, że od czasu gdy zakończył karierę, ani razu już nie wszedł do basenu. Przez 25 lat grał w piłkę wodną, a po zakończeniu kariery – ani razu. Nawet jemu, artyście piłki wodnej, miejsce pracy kojarzyło się z tyloma wyrzeczeniami, że na myśl o zwykłym pływaniu go odrzucało.

•••

Robert przed presją ucieka do świata, który sobie z Anią zbudowali. Tam, gdzie futbolu jest już bardzo mało. W domu starają się nie rozmawiać o piłce.

– O sporcie często, o meczach rzadko – mówi Ania.

– On meczów praktycznie w ogóle nie ogląda – mówi Tomek Zawiślak.

– Oni z Anią są w takiej sytuacji, że mogą poznać każdego, każdy zabiega o ich uwagę. I dlatego są podwójnie albo i potrójnie ostrożni – mówi Cezary Kucharski. – Wzmacniają te więzi, które już mają. Chcą być wśród ludzi, wśród których mogą być sobą. Zrobić coś głupiego. Zatańczyć. Jeśli nie widziałeś nigdy, jak Robert tańczy z Anią, to znaczy, że nie widziałeś go nigdy prawdziwie wyluzowanego. Czasem myślę, czy to nie jest przypadkiem jedyny moment, w którym on się tak naprawdę odpręża. Dom to ich enklawa. Wstęp ma tu rodzina i kilkanaście osób.

Dom leży w Bogenhausen, dzielnicy wybieranej przez bardziej dyskretną finansową elitę miasta. Ci głośniejsi wybierają raczej Grünwald, po wspomnianej przez Roberta drugiej stronie miasta, tam mieszka większość piłkarzy Bayernu.

W Bogenhausen ma swój monachijski dom Uli Hoeneß i użyczał go Juppowi Heynckesowi, gdy ten był tutaj trenerem. W tej dzielnicy mieszkał przez 20 lat Tomasz Mann.

Gdy w lutym 2013 roku, przed ćwierćfinałem Pucharu Niemiec z Bayernem, dyrektor Borussii Michael Zorc pierwszy raz przyznał, że Lewandowski nie przedłuży kontraktu, i gdy przybywało plotek o negocjacjach z Bayernem, Borussia akurat zatrzymała się przed meczem w hotelu w Bogenhausen. Ulice były jeszcze zasypane śniegiem. – Powiedziałem „Lewemu": jak już tu będziesz mieszkał, to weź zadbaj, żeby lepiej odśnieżali chodniki, bo strasznie sobie ubłociliśmy buty na spacerze – żartował Jürgen Klopp na konferencji prasowej.

Z Bogenhausen jest blisko na Allianz Arenę, blisko do ośrodka treningowego przy Säbener Straße, ale przede wszystkim blisko na lotnisko.

– Jechać z Grünwald na lotnisko to godzina przy dobrych wiatrach. A my mamy 15-20 minut, gdy trzeba odebrać przylatujących znajomych albo podrzucić ich na lot. W Bogenhausen jest miasto w mieście – mówi Robert.

Do Englischer Garten, miejskiego parku większego niż Central Park, mają z domu sto metrów. Jak z rodzinnego domu do Kampinosu. Można pobiegać, pojeździć na rowerze. A centrum jest tak blisko, że czasem, gdy przedłuży im się przejażdżka na rowerze, lądują w wielkim mieście. Ale rzadko ich tam ciągnie. W Dortmundzie ich ciągnęło, może dlatego, że tam nie za bardzo było gdzie wyjść. Do lokali i na zakupy jeździło się do Düsseldorfu.

– Przy naszym trybie życia, ciągłych wyjazdach coraz mniej lubimy jakieś dalsze wyjścia. Lepiej nam w domu i okolicy. To tutaj przychodzą przyjaciele, tu się zamykamy – mówi Ania.

Najlepsza para napastników Bundesligi: Robert i uwielbiany przez kibiców wychowanek Bayernu Thomas Müller. Obaj w sezonie 2015/2016 dotarli do granicy co najmniej 20 ligowych goli, co wcześniej udało się w historii Bundesligi tylko dwóm duetom napastników jednej drużyny.

●●●

Dom nie może być pusty.

– Robert nienawidzi powrotów do pustego domu – mówi Ania.

– Nie wyobrażam sobie, jak można znieść presję w pustym domu. Albo w zimnym domu, w którym ktoś wprawdzie jest, ale rozmowa wam się nie układa. Jeśli zbudujesz życie poza piłką nożną, to będzie ci dużo łatwiej – mówi Robert.

– Gdy muszę gdzieś wyjechać, on od razu umawia przyjazd któregoś z przyjaciół. Za wszelką cenę stara się nie dopuścić do tego, że będzie sam – mówi Ania.

– Tak, jeśli Ania wyjeżdża na dłużej, to ktoś z nas jedzie w jej miejsce pełnić wartę. Samolot z Anią ląduje, a już podrywa się samolot w drugą stronę. Z mamą, siostrą, z którymś z nas. Dla mnie to zupełnie normalne: jesteś sam w wielkim domu, nie możesz tam znaleźć emocji, których szukasz. To jest bardzo krzepiące, że on cały czas potrzebuje kogoś, na kogo się może otworzyć – mówi Tomek Zawiślak.

Tak dziś często funkcjonuje wielki futbol: piłkarz, a wokół niego grupa wsparcia. Rodzina i przyjaciele. Również gdy jest w pracy. Dlatego w wielkiej piłce nikt nie dyskutuje o biletach na mecze dla rodziny i przyjaciół. One muszą być: miejsce na trybunie, miejsce przy stole po meczu. Rodzina piłkarza jest święta. Zadowolona rodzina to czysta głowa piłkarza.

– W Borussii strefa dla rodzin i przyjaciół piłkarzy była dość mała, odgrodzona kwiatami, zwykle każdy mógł wprowadzić cztery osoby – wspomina Iwona Lewandowska. – W Bayernie jest osobny wielki pokój, odizolowany od innych. Dla każdego z zawodników jest tam wielki stół, na kilkanaście osób.

Najlepsi piłkarze żyją właśnie w takich kokonach, otoczeni rodziną i przyjaciółmi. Starają się odtworzyć normalny świat z samych zaufanych ludzi. Szukają ludzi, którzy ich nie zranią, nie będą nachalni, nie odciągną od przygotowań, nie będą ciągle przeżywać: jesteś wielkim piłkarzem. Nie ulegną pokusom, gdy tabloidy proponują wielkie pieniądze za jakiś przeciek z prywatnego życia. Pomogą zbudować świat, w którym można spokojnie odreagować.

O Leo Messim jeden z hiszpańskich dziennikarzy napisał kiedyś, że „on tylko trenuje w Barcelonie, a żyje ciągle w Rosario. Wszystko, co go otacza, jest absolutnie argentyńskie i nic w jego domu nie przypomni ci, że nie jesteś w Argentynie". Cristiano Ronaldo musi mieć blisko siebie mamę i siostry. Neymar – ojca. Pep Guardiola zabiera ze sobą do kolejnych klubów nie tylko żonę i dzieci, sztab zaufanych fachowców, ale też przyjaciela Manela Estiarte, a sprawy swoich kontraktów powierza bratu menedżerowi i jeszcze jednemu menedżerowi z kręgu przyjaciół. Z czołowej czwórki plebiscytu „France Football" za 2015 rok tylko Robert od dawna nie mieszka z którymś z rodziców.

– Znam go od dziecka – mówi Tomek Zawiślak. – A nadal nie jestem w stanie sobie wyobrazić, co dzieje się w głowie piłkarza z wielkiej drużyny, który stoi w tunelu i zaraz usłyszy np. hymn Ligi Mistrzów. I on wie, że jest wielki, że drużyna jest wielka i nie będzie się gdzie schować przed odpowiedzialnością. To jest jedyna rzecz, której Robertowi zazdroszczę. Że dane mu jest przechodzić taką próbę. Chciałbym być w jego skórze, przez trzy minuty poczuć, jak to jest, gdy cały świat patrzy na ciebie, wyczekując, co się zaraz zdarzy. Jak wielka to jest adrenalina, widać dopiero po meczu. Robert nie zaśnie przed drugą, trzecią w nocy. Błąka się po domu, gdy już nie ma z kim pogadać, bo wszyscy padli ze zmęczenia. Świeci nam światłami w oczy, budzi. Nie wiadomo, o co chodzi. A to jest rozładowywanie napięcia. Tego, które narastało w nim od rana, od chwili gdy się obudził w dniu meczu.

Wszyscy znajomi, którzy przyjeżdżają do Monachium, wiedzą, że wchodzą do domu, w którym wszystko jest podporządkowane sportowi, i oni też tym nawykom muszą się podporządkować. Guardiola pozwala piłkarzom zostawać na noc przed meczem w domu. I to jest dla wszystkich gości w willi w Bogenhausen podwójna odpowiedzialność. W Borussii piłkarze spali przed meczami w hotelu, a grupa wsparcia przeżywała przygotowania po swojemu, w domu. Teraz już nie ma w przeddzień głośnej muzyki, nie ma krzyków. Nawet gdy jest z wizytą kilkanaście osób. Choć, jak mówi Ania, nie ma też przesadzania w drugą stronę i chodzenia na palcach.

– O 22.30 Robert mówi: no to na razie. I jeszcze prosi, żeby ktoś go rano odwiózł do ośrodka na Säbener Straße, na zbiórkę przed meczem – opowiada Tomek Zawiślak.

I mówi też, że tego odwożenia w dniu ważnego meczu nie da się pomylić z żadną inną jazdą z Robertem. Niby ci jeszcze odpowiada po drodze. Ale już odpływa w swój świat.

Opaska kapitana go odmieniła. Początkowo jej nie chciał. – Teraz wiem, że potrzebowałem już dodatkowej odpowiedzialności. Ale inni dostrzegli to przede mną – mówi. Na zdjęciu w decydującym o awansie do Euro 2016 meczu z Irlandią, październik 2015 roku.

ROZDZIAŁ 18

Od Gdańska do Gdańska

– Żeby każdy poczuł się tu ważny i równy. I pewny siebie. Żeby nikt nie przyjeżdżał tylko potrenować. Niech każdy się wypowiada na temat reprezentacji.

Do meczu zostały minuty. Cała szatnia dudni. Krzyki, przekleństwa, dodawanie sobie odwagi, łomotanie korków o posadzkę. – K...! Na nich! – Kiełbasy w górę! Golimy frajerów – jak mawiał jeden polski trener motywator. Potem jeszcze tylko wytrzymać w tunelu próbę spojrzeń z rywalami. I już boisko. A tam się okaże, kto jest samcem alfa. Trzeba się nakręcić, to jest jak wojna, musimy...

Stop. Wróć. Nie trzeba się nakręcać, nie musi być tak głośno.

Szatnie coraz rzadziej dziś dudnią. Kiedyś dudniły częściej, ale czy to rzeczywiście pomagało, pewności nie ma. Było rytuałem do odprawienia. Rytuały są ważne. Ten pasował do swoich czasów, ale do obecnych pasuje już mniej.

– Czas głośnych trenerów motywatorów się skończył. Na najwyższym poziomie już się niczego w ten sposób nie załatwi. Dziś właściwie każdy ma dostęp do taktycznych nowości. Coraz trudniej jest znaleźć zespół, który puszcza grę na żywioł. Liczy się pomysł, plan i jakość – mówi Robert.

Jakość – to jest jego obsesja. Jakość i luz. To są dwa słowa, których w rozmowie o piłce używa najczęściej. Czego wymaga od ciebie Pep Guardiola? – Jakości. Jakości. Jakości. Nie strzelania bramek. Tylko tego, żebym dał jakość.

– Czyli co?

– Żebym dopieszczał każde zagranie. I żebym pokazywał się w miejscach, w których mogę dostać piłkę – mówi.

O luzie też może rozprawiać bez końca.

Łukasz Wiśniowski, reporter PZPN-owskiego kanału Łączy nas Piłka, pokazującego kadrę od kulis, mówi, że gdy kiedyś Robert usłyszał, że rozmowa do kamery ma być o luzie, z miejsca był gotowy do wykładu. Ma swoją teorię, że piłkarzowi aż do wyjścia na boisko nie wolno się dodatkowo mobilizować, nakręcać meczem. Bo to tylko męczy, utrudnia trenowanie. Rozluźnione mięśnie lepiej przyjmują bodźce. Futbol wymaga coraz większej finezji. A nie możesz być finezyjny, jeśli jesteś spięty.

– W podstawówce i gimnazjum startowałem w biegach przełajowych. I wygrałem wszystko, co się da: mistrzostwa powiatowe, międzypowiatowe, warszawskie, Mazowsza. Czasem wygrywałem z taką przewagą, że zdążyłem się ubrać, a dopiero przybiegał drugi. Ale ja się strasznie stresowałem. Nie potrafiłem podejść do tego z uśmiechem na twarzy. Uciec od strachu przed porażką. Marzyłem, żeby zawody się skończyły. I w liceum już mnie nikt na bieganie nie namówił. Zrozumiałem, że nigdy nie znajdę tam takiej wewnętrznej równowagi, jaką udało mi się znaleźć w futbolu – mówi Robert.

Jego piłkarskie postanowienie z 2015 roku dotyczyło właśnie dalszego poszukiwania równowagi. Słyszałem o tych postanowieniach od ludzi, którzy go znają. Przede wszystkim o noworocznych. Ale od Roberta słyszę w odpowiedzi: – Postanowienie noworoczne? Nic nie wiem. – A ja wiem – wtrąca Ania. – Przecież zawsze masz jakieś piłkarskie. Chciałeś się skupić na koncentracji i wyciszeniu.

– Tak, ale to sprzed sezonu, z lata. Te z lata są ważniejsze od noworocznych.

Dalej już nie trzeba z niego wyciągać. Sam się rozpędza.

– Treningi fizyczne są ważne, ale psychologiczne też. Właśnie praca nad koncentracją, budowanie w sobie równowagi. Robię zestawy ćwiczeń z psychologii sportowej. Na spostrzegawczość, wyciszenie, skupienie. Z komputerem i bez. Zacząłem ćwiczyć niedawno. Są pozycje na boisku, na których to nie jest tak ważne. Ale na mojej jest. Wyczucie przestrzeni, czas reakcji. Każdy niuans się liczy. Żywienie, ćwiczenie, regeneracja plus równowaga wewnętrzna. O wszystko to trzeba dbać. Dla mnie każdy sukces jest przeszłością. Nie mogę dać się wytrącić z dobrego rytmu. Wielu piłkarzy myśli, że samo się ułoży. Że jak idzie, to idzie. I potem nie mogą się pozbierać, bo mały niuans zaburza wszystko. Starszych sportowców trudno już zmienić. Dlatego staram się nauczyć jak najwięcej jak najwcześniej. Poznawać coś nowego, nie tylko od piłkarskiej strony. Zacząłem też próbować jogi, tych ćwiczeń, przy których można się rozciągnąć i jednocześnie wyciszyć.

– Ma nagraną swoją sesję i sobie odtwarza, na wyciszenie – mówi o ćwiczeniach psychologicznych Iwona Lewandowska.

– Ale jego najlepszy sposób na wyciszenie to nie czytać o sobie w internecie. Nic – dodaje Ania.

– Kiedyś zauważyłem, że nieważne, czy napiszą o mnie dobrze, czy źle, zostaje we mnie ślad. Gdy dostajesz po głowie, to jest oczywiste, że ślad zostaje. Gdy w Borussii marnowałem sytuacje i czytałem, że jestem Lewandoofski, to wchodziło pod skórę. A mam grubą. Ale pochwały też zostawiają po sobie coś, co może być obciążeniem. Gdy przestałem to śledzić, poczułem, że w głowie zrobiło się tyle miejsca na inne sprawy. Nie czytam niczego o sobie co najmniej od połowy 2015 roku. Gdy widzę swoje nazwisko, omijam.

Robert nie jest oderwany od internetu. Ania mówi, że na Instagramie potrafi przepaść na całe godziny, nawet na kontach z męską modą. Potrafi chłopaków z PZPN dopytywać na zgrupowaniu, dlaczego tak mało zdjęć wrzucili tego dnia na Instagram. „Ludzie chcą więcej". Swoim Instagramem zarządza sam. Na Facebooku jest już bardzo wspierany przez Tomka Zawiślaka. Mariusz Lewandowski mówi o Robercie, że jest człowiekiem ery przedfejsbukowej. A do Twittera w ogóle nie może się przekonać, choć ma konto, prowadzi je Zawiślak.

Jeśli chodzi o artykuły o sobie, a zwłaszcza komentarze pod nimi, które zachwiały niejedną karierą młodego sportowca, tu nie ma żadnych kompromisów. Wyrzucił to z życia.

– Nie przeczytałem ani jednego artykułu o pięciu bramkach z Wolfsburgiem. Obejrzałem sobie tylko same gole. Komentarze na forach? Cenne jest tylko to, co mi ktoś ma odwagę powiedzieć w oczy – mówi.

•••

Przeżywanie meczu ponad miarę burzyłoby tę równowagę.

– Trzeba się mądrze mobilizować. Nie możesz się skupiać już 24 godziny przed meczem. Musisz rozładowywać napięcie jak najdłużej. Ale potem żarty mają umilknąć w chwili, gdy zaczyna się praca – wtóruje mu Grzegorz Krychowiak, którego z Lewandowskim łączy to, że są pierwsi i do pracy, i do wygłupu. A najlepszego kompana do tych dwóch żywiołów znajdują w Wojciechu Szczęsnym. Wyjścia kadrowiczów z hotelu na treningi wyglądały pod koniec eliminacji Euro 2016 tak, że Lewandowski ze Szczęsnym zamykali pochód, niosąc

– Są dwa typy kapitanów. Tacy, którzy rządzą twardą ręką, i tacy, którzy rządzą postawą. Robert jest tym drugim – mówi dyrektor reprezentacji Polski Tomasz Iwan (odwrócony tyłem, obok od lewej Wojciech Szczęsny, Grzegorz Krychowiak, Robert i Arkadiusz Milik). Trening przed meczem ze Szkocją w Glasgow w eliminacjach Euro 2016.

boombox włączony na pełny regulator. A w sztabie kadry śmiali się wtedy, że tak wychodzi do pracy pierwsze w polskim futbolu pokolenie gimbusów. Tak wychodził do pracy kapitan polskiej kadry. Gdyby jemu, Szczęsnemu, Krychowiakowi i większości piłkarzy reprezentacji dać trenera motywatora w starym stylu, padliby ze śmiechu.

Futbol już coraz mniej przypomina grę koszarową, coraz trudniej tu o sukcesy kapralom. Trener musi piłkarzom zaimponować i pociągnąć ich za sobą, a nie straszyć. Alex Ferguson, najsłynniejszy trener ostatniego ćwierćwiecza, u szczytu kariery wrzeszczał piłkarzom w twarz, kopał w nich butami, rzucał filiżankami. Ale pod koniec pracy już przyznawał, że to bez sensu. Piłkarze się przez te lata zmienili i niektórzy płakali, gdy ich tak próbował zmobilizować. Ręce mu opadały, ale się dostosowywał.

– Zauważyłem, że im więcej mieliśmy w kadrze nakazów i zakazów, tym gorsze były wyniki. Wielu osobom się wydaje, że nie wolno się śmiać przed meczem, że muzyka w szatni szkodzi i lepiej być jak zakonnik. Ale luz jest dobry. Wielkie mecze wystarczająco cię nakręcają. Nie musisz już nic dodawać. Jeśli się za mocno nakręcisz, stracisz luz. I nie zrobisz tego, co zaplanowałeś. Niektórzy lubią długo siedzieć w szatni. Ja nie. Potrzebuję tylko wejść, przebrać się i wyjść. Czasami byliśmy w szatni nawet dwie godziny przed meczem. I co tam robić? Ja wolę przyjść godzinę przed – mówi Robert.

Guardiola im powtarza: każdą sekundę pracy wykorzystuj na sto procent. Ale nie umartwiaj się bez potrzeby. Diego Simeone mówi piłkarzom w Atlético Madryt: wolę od was dostać 20 minut świetnej pracy niż 90 byle jakiej.

W Bayernie Guardioli ostatni dzień przed meczem rozgrywanym w Monachium piłkarze spędzają z rodzinami, a nie na zgrupowaniu w hotelu.

– I czasami wtedy gdzieś wychodzę, bo ja tak odpoczywam. Ludzie patrzą na to z zewnątrz i wydaje im się, że jak jest mecz, to dzień przed nim trzeba siedzieć w domu. Ale mnie siedzenie na kanapie męczy. Pokutuje mit koncentracji. A dla nas jest ważne, żeby przed meczem robić to, co na co dzień. Jeden się lubi zamknąć w pokoju i gapić w telewizor, jego prawo. Ja nie lubię, muszę się ruszyć. Pep chciał, żebyśmy jak najdłużej przed meczem byli prywatnie. Gdyby lotnisko w Monachium było bliżej miasta, to pewnie i na spotkania wyjazdowe wyruszalibyśmy w dniu meczu. Nawet tego Guardiola próbował, ale ryzyko korków było za duże – mówi Robert.

Adam Nawałka, kiedy już lepiej poznał swoich piłkarzy w kadrze, też potrafił znaleźć równowagę między pracą i odprężeniem. Dla Nawałki nie ma meczów towarzyskich i o punkty, zawsze musi być w jego sztabie trenerskim taka sama mobilizacja, analizy, mało snu. Ale piłkarzom trener pozwala na dużo luzu poza boiskiem, jeśli na boisku nie zmarnują jego zaufania.

– Ułańska fantazja też musi być. A tu paru ułanów mam. Ale to grupa bardzo świadoma, wiedzą, co chcą osiągnąć razem. Są bardzo ukierunkowani na karierę – mówi Nawałka.

Prezes Boniek mówił po poprzednich eliminacjach, że najważniejsze jest, by kadrowicze nauczyli się znowu być razem, że musi być jakiś sposób, by się zżyli tak, jak w jego czasach robiło się to, grając w karty i dyskutując w zadymionych papierosami pokojach. Że nie da się nauczyć bycia razem, jeśli każdy po meczu patrzy tylko w ekran swojego smartfona, a potem zamyka się w pokoju hotelowym, żeby pograć w coś w samotności albo odpisywać na maile.

I okazało się, że można ich nauczyć wspólnego spędzania czasu. Że to pokolenie gimbusów czy millennialsów też umie być razem i też umie się poświęcać dla kadry. Tylko potrzebowało to zrobić po swojemu, bez wielkich słów, wyżywając się w dowcipach i działaniu.

– Nie wszyscy są przyjaciółmi. Ale większość tak. Oni przyjeżdżają na kadrę stęsknieni. Wiedzą, kiedy mogą sobie pozwolić na więcej luzu, kiedy nie – mówi Nawałka.

•••

Wygłupy się kończą, gdy piłka idzie w ruch na treningu. Wtedy nie ma przebacz. A gdy coś się nie układa, wtedy czasem można usłyszeć też Roberta: „Panowie! To jest proste ćwiczenie. Skoncentrujmy się". Nie znosi niechlujstwa i rozlazłości. A gdy są ćwiczenia z elementem rywalizacji, to coś w niego wstępuje. Dostaje jakiegoś dodatkowego napędu. Żeby jego grupa wygrała.

– Nawet gdy gramy w dziadka na treningu, to gdy jest zadanie, żeby zrobić 20 podań, to musi być 20 podań. Dla niego nie ma, że zabawa, że rozgrzewka. Ma być 20 podań. On chce wygrać wszystko. Nie sam – chce, żeby jego drużyna to wygrała. Dla mnie to było coś niewiarygodnego, gdy na pierwszym wspólnym treningu zobaczyłem, jak to jest u niego silne: wygrać wszystko. I razem – mówi Sebastian Mila.

– On bardzo przeżywał ostatnie lata w kadrze. Euro 2012 zostało mu na długo w głowie. Mówił mi czasami, czego mu brakuje: podejścia do gry w piłkę. Nie chodziło o brak profesjonalizmu. Tylko o podejście do samej gry, treningu. Opowiadał, jak w Bundeslidze nawet w dziadka grają, jeżdżąc wślizgami na tyłkach. I to się zmieniło w kadrze. Zabawa w dziadka zmieniła się w grę w dziadka. W walkę w dziadka – mówi Tomasz Zawiślak.

Można powiedzieć: pokaż mi, jak gracie w dziadka, a powiem ci, jaką macie drużynę. Dziadka – podawanie sobie piłki między zawodnikami ustawionymi w kole, tak żeby jej nie przejęli piłkarze biegający w środku koła – rozsławił Johan Cruyff za czasów Barcelony. Mówił, że to ćwiczenie, podczas którego można wytrenować właściwie wszystko poza strzałem. Andrés Iniesta o dziadku mówi: matecznik gry na posiadanie piłki. Barcelona czy Bayern Guardioli zamieniały niektóre z tych treningowych gierek w małe dzieła sztuki. Robert mówi, że jeśli w Bayernie wyjdziesz na trening zmobilizowany na 90 procent, to się ze środka koła w dziadku nigdy nie wydostaniesz.

– Niby proste ćwiczenie. Ale zawodnicy potrafią je zmienić w fascynujące. Szkoleniowo jest świetne, nasza krakowska piłka z tego słynęła – mówi Adam Nawałka. Gdy był piłkarzem Wisły i grali w dziadka, to, jak wspomina, była młócka. Teraz widzi to samo w kadrze.

Między luzem, o którym Robert tyle mówi, a presją, pod którą żyje, i tą pazernością na rywalizację nie ma żadnej sprzeczności. Ten luz to nie jest tumiwisizm. To raczej rodzaj transu, który trzeba sobie wyćwiczyć. To luz, na który się haruje. Na treningach z piłką, treningach w siłowni, podczas ćwiczenia koncentracji. Pracujesz na przyjemną świadomość, że jesteś w pełni przygotowany do zadania. Wyzwanie jest na miarę twoich umiejętności. Bo jeśli jest ponad możliwości, nie ma luzu. A jeśli jest poniżej, grozi ci ten zły rodzaj rozluźnienia. Szukasz równowagi, która najlepiej ochroni cię przed presją.

– Gdyby nie było presji, każdy mógłby zostać świetnym piłkarzem – mówi Robert.

Trening przed towarzyskim meczem ze Szwajcarią, jesień 2014. Z Robertem ćwiczą (od lewej): Grzegorz Krychowiak, Tomasz Iwan (tyłem) i Krzysztof Mączyński. Mecz ze Szwajcarią, czwarty kolejny mecz bez gola w reprezentacji, to był jeden z trudniejszych momentów Roberta w kadrze za kadencji trenera Adama Nawałki.

nas piłka

Łączy nas piłka

– Kontrolowany luz to jest sztuka. Bo przecież Robert lubi pobrylować, podokazywać. Ale zawsze ma wszystko w równowadze – mówi Adam Nawałka.

– W Polsce nie potrafiłem złapać takiego luzu. Wyćwiczyłem to dopiero w Borussii Dortmund. W Polsce rozgrzewki były długie i na spięciu, potem w meczu potrzebowałem pół godziny, żeby to odkręcić. Wychodziłem tak spięty, że piłka mi odskakiwała. Byłem przemotywowany. Na rozgrzewce trzeba się skupiać na jakości wykonania. Nie na pobudzeniu.

•••

Nie jest kapitanem krzyczącym.

Przed wyjściem na mecz powtarza: „Dokładnie. Panowie, podawajmy sobie dokładnie". A jeśli już coś krzyknie, to zwykle: „Blisko siebie!".

Blisko. Żeby nie wróciły jego upiory z przeszłości, gdy bywał w kadrze odłączony od reszty drużyny.

Kadra ma swój okrzyk przed wyjściem na boisko. Gdy Robert został kapitanem, poprosił, żeby to nie był tylko jego obowiązek. Chciał, by wyznaczać do tego różne osoby. Niech każdy poczuje odpowiedzialność. Tak samo jest z konferencjami prasowymi. On idzie na pierwszą, na początek zgrupowania, a kolejne należą do innych.

– Żeby każdy poczuł się tu ważny i równy. I pewny siebie. Żeby nikt nie przyjeżdżał tylko potrenować. Niech każdy się wypowiada na temat reprezentacji – mówi.

•••

Szatnia tuż przed meczem. W jednym rogu ktoś się wycisza, w drugim ktoś sobie dodaje animuszu. Ktoś mówi głośno, ktoś cicho, a obydwaj walczą z tą samą tremą. Ktoś sobie w głowie układa plan meczu: zacznę mocno, dołożę trochę przed przerwą, żeby zejść z dobrym wrażeniem, w międzyczasie się na trochę schowam, bo nie wytrzymam takiego szarpania przez cały mecz. Ktoś inny w ogóle sobie nie chce wyobrażać meczu, żeby go to nie ograniczało.

– A Robert potrafi sobie w tym momencie przypomnieć, że jeszcze nie pokazał komuś tego filmu na YouTubie, o którym tyle mówił. I z tą swoją flegmatycznością szuka strony w telefonie. Podczas dnia też nie przeżywa meczu: co to będzie, jak się ułoży – mówi jedna z osób ze sztabu kadry.

Nie przeżywa, a raczej nie pokazuje, że przeżywa. Nawet przed Irlandią, przed finałem eliminacji, nie dał nic poznać po sobie. A przeżywał bardzo. Ale potrafił nad tym zapanować. Tak jak zmarnowane sytuacje się w nim odkładają i przychodzi moment, gdy musi się z tym zmierzyć, ale jego siłą jest to, że potrafi to wszystko odsunąć na później, żeby nie psuło szyków, póki mecz trwa.

– Wielkie emocje go nie paraliżują. Przeciwnie. Gdy jest wieczór z wielkim ładunkiem emocjonalnym, w Roberta wstępują nowe siły. To jest też jedna z różnic między nim a wieloma innymi piłkarzami – mówi Cezary Kucharski.

– Są dwa typy kapitanów. Tacy, którzy rządzą twardą ręką, i tacy, którzy rządzą postawą. Robert jest tym drugim. Nie krzyczy, nie wymachuje rękami ponad miarę. Tylko pokazuje sam, jak się wraca sprintem do obrony i walczy o każdą piłkę. To działa lepiej niż puste słowa – mówi dyrektor reprezentacji Tomasz Iwan.

– „Lewy" wie, jak wielka presja na nim spoczywa, i rozdziela ten ciężar na całą drużynę. Chce być przywódcą. Ale nie podnosi głosu. Dowodzi przez mowę ciała – mówi Sebastian Mila. – My wiemy, jak dobrym jest piłkarzem, on wie, jak jest dobry. I nie ma co wracać do tego tematu, tylko działać. On się tym, że jest najlepszy z nas, nie napawa. Za to czuje ciągłą potrzebę potwierdzania swojej klasy na boisku. I pamięta, że nawet najlepszy piłkarz potrzebuje wsparcia innych. Dba o nas, żebyśmy weszli na najwyższy poziom, bo wtedy z niego wyjdzie geniusz. Niektórzy ludzie traktują futbol trochę jak magię. Ale tu się nic nie dzieje na pstryknięcie palców. Na moment magii trzeba się napracować – kończy Mila.

Lewandowski ma w kadrze obsesję wspólności. Ale wie też, że ma się z kim podzielić odpowiedzialnością. Jest kapitanem wielu kapitanów. Kamil Glik to szef drużyny w Torino, Grzegorz Krychowiak zakładał opaskę w Sevilli. Kuba Błaszczykowski przez kilka lat był kapitanem kadry, aż do kontuzji, od której nie mógł uwolnić się tak długo, że opaska na stałe trafiła do Roberta. Nie bez zamieszania. Ale o tym za chwilę.

•••

Początkowo nie chciał tej opaski.

– Widziałem, że sceptycznie do tego podchodził. Że to tylko kawałek szmatki na rękawie. Ale z czasem do niego dotarło, że z tym się wiąże naprawdę wiele spraw, że to on za nie odpowiada, on jest głosem chłopaków w rozmowach z nami. Zaczął się przejmować, odpowiedzialność mu posłużyła. Polubił to. Stał się tym kapitanem, z którym Polska pierwszy raz pokonała Niemcy. Widać, jak się zmieniał od momentu, gdy opaska trafiła do niego, aż do tej chwili, gdy na Narodowym po meczu z Irlandią i awansie wziął mikrofon do ręki, a nas wszystkich ciarki przeszły – mówi Tomasz Iwan.

Robert przyznaje, że miał dużo wątpliwości. Za wyniki kadry i tak już mu się obrywało. Więc po co mu jeszcze dodatkowe obowiązki kapitana. Tak myślał, póki opaski nie założył po raz pierwszy za kadencji Adama Nawałki (był kapitanem u Waldemara Fornalika, w meczu z San Marino, ale to było tylko krótkie zastępstwo). To było przeciwko Litwie w towarzyskim spotkaniu w Gdańsku. Na tym samym stadionie, na którym go niecały rok wcześniej dopadły różne demony w meczu z Danią.

– Wtedy to poczułem. Od pierwszego momentu. „A może jednak?". Może dojrzałem do tego, żeby mieć opaskę? Teraz wiem, że potrzebowałem już dodatkowej odpowiedzialności. Ale inni dostrzegli to przede mną. To poruszyło we mnie jakąś strunę. Wcześniej opaska byłaby u mnie nienaturalna. Teraz nie – wspomina.

To było pierwsze zgrupowanie, na które przyjechał już jako piłkarz Bayernu. Rozdział „Borussia" zamknął chwilę wcześniej, tytułem króla strzelców Bundesligi. Spotkali się, on i kadra, wreszcie gotowi na siebie.

– U mnie się pojawiał temat, czy Robert nie powinien być kapitanem. Ale on wtedy jeszcze nie zdradzał żadnych cech przywódcy. Nie widziałem powodu, dla którego Kuba Błaszczykowski miałby przestać nosić opaskę. W Robercie widziałem człowieka, który wie, czego chce, profesjonalistę. Ale przywódczych zapędów nie widziałem. On był wtedy bardziej skupiony na sobie – mówi Waldemar Fornalik.

U Adama Nawałki Robert zaczął się poczuwać do odpowiedzialności za atmosferę, za wprowadzanie młodych, podpowiadanie im, jak się zachować, jak odżywiać. Zainwestował siebie w tę kadrę. Wreszcie wiedział, jak to zrobić. Blokada się zwolniła.

– Widziałem, że trzeba parę rzeczy zmienić. Bo nie było różowo, choć mogłoby być. Każdy musiał się poczuć ważny. Nie może być tak, że przychodzi nowy zawodnik i przemyka cicho pod ścianami. Musi się poczuć równy nam. Nie chcę być tu wodzem. Chcę pomagać. Wiedziałem, że atmosfera musi się poprawić. Bo niby była, ale trochę sztuczna – mówi Robert.

•••

W kadrze nie tworzy żadnego klanu. To Krychowiak i Szczęsny są papużkami nierozłączkami. Kamil Grosicki z Kamilem Glikiem. Kuba Błaszczykowski z Łukaszem Piszczkiem. On krąży między różnymi grupami. Ma dobry kontakt z tymi, którzy się nazwali „Fusami". Czyli piłkarzami powoływanymi z polskiej ligi i słabszych zagranicznych lig. Bo sam był kiedyś „Fusem", odrzutkiem z Legii. Na tym swoim ostatnim legijnym zgrupowaniu we Wronkach, tym, które mu tak namieszało w głowie i narobiło nadziei, był m.in. z Arturem Jędrzejczykiem, dziś dumnym „Fusem".

– Nie lubiłem nigdy zamkniętych kręgów. Trzymania się cały czas w wąskiej grupie. Szkoda okazji do poznawania innych – mówi.

– Widzę go z bliska w kadrze od czterech lat i niebywale się w tym czasie rozwinął. Fizycznie, technicznie, mentalnie. Opaska kapitana go zmieniła. Z piłkarza, który myślał o strzelaniu goli, o sobie, co jest normalne, taki jest instynkt napastnika, zaczął myśleć o całej drużynie – mówi Zbigniew Boniek. – Na początku widziałem, że jest trochę na mnie najeżony. Zimny. Może dlatego, że wszystkim się zdawało oczywiste: Boniek musi być zazdrosny o Lewandowskiego i odwrotnie. Ale ten chłód zniknął. Mamy relację starszego kolegi z młodszym. Robert jest opiekuńczy dla młodych piłkarzy, rozmowny dla nas, jego starszych kolegów z władz PZPN.

– On bierze na siebie odpowiedzialność, ale nie zawłaszcza gry. Pracuje dla drużyny, daje sygnał. W kadrze dorzuca jeszcze 20, 30 procent do tego, co robi w klubie. Wie, jaką wagę mają jego słowa. To go dodatkowo motywuje – mówi Adam Nawałka.

– Te gwizdy na meczach kadry i porównania z Borussią bardzo go bolały. Opaska była gestem: ktoś dostrzegł, że chociaż on goli nie strzelał, to walczył, rozgrywał, starał się. Dla niego dostrzeżenie tego wiele znaczyło – mówi Jakub Kwiatkowski, rzecznik PZPN, który rzecznikiem był również wówczas, gdy Robert wchodził do drużyny Leo Beenhakkera i był tak onieśmielony, że, jak wspomina Kwiatkowski, trudno było podtrzymać z nim rozmowę.

– On dzisiaj jest dość introwertyczny. A wtedy był kompletnie zamknięty w sobie. Nie podejmował żadnego wątku. I na pewno nie dlatego, że był zarozumiały – wspomina rzecznik PZPN.

Za czasów Beenhakkera Robert był młodym zdolnym. Wchodził do drużyny, w której się skończyła sielanka, zaczęła z kadry uciekać dobra energia, ciągła wymiana ognia między ekipą Grzegorza Laty a Beenhakkerem wyniszczała wszystkich wokół. Za Franciszka Smudy był ulubieńcem trenera, ale jeszcze niegotowym do tego, co pokazuje dziś. Za Waldemara Fornalika po prostu w tej kadrze był. U Nawałki dojrzał do tego, by liderem być również poza boiskiem. Tomasz Iwan mówi, że podczas eliminacji rósł na ich oczach, ze zgrupowania na zgrupowanie. Bayern dał mu niesamowitą pewność siebie, a to go ośmieliło, żeby reprezentację nasączyć tym samym. Z pięciu najlepszych piłkarzy w plebiscycie Złotej Piłki za 2015 rok to Robert był tym, który najwięcej w tym czasie swojej kadrze dał i najwięcej z niej wziął.

– Robert jest jedną z największych cegiełek, ale siłą kadry w drodze do Euro 2016 była cała budowla – mówi Mariusz Lewandowski, kiedyś też kapitan. „Lewi", jak mówi, mają do kapitanowania talent, nie ma co ukrywać. – W tej kadrze się mówi o problemach, a nie szepcze za plecami. W kadrze Franciszka Smudy się nie rozmawiało, i nie mówię tego dlatego, że mnie nie chciał (Smuda grę Mariusza Lewandowskiego nazwał „siła razy gwałt" i nie wysyłał powołań). U Waldemara Fornalika był moment przejściowy. Gdy przyjechałem po latach przerwy na zgrupowanie przed meczami z Ukrainą i Anglią i zobaczyłem, jak funkcjonuje kadra, powiedziałem lekko zrezygnowany: nastał czas pokolenia iPadów. Każdy siedzi sam. Moje pokolenie nie miało Facebooka i Instagrama, więc co nam zostało? Siedzieliśmy w pokojach i rozmawialiśmy. Rozmowa jest bardzo ważna. Kadra zaczęła rozmawiać u Nawałki i co się okazało? Generacja iPadów też to lubi! Nawałka zmienił podejście, a Robert był gotowy, by to podchwycić.

•••

O jednym jednak, przyznajmy, mówi się w tej kadrze niewiele. O tym, jak opaska kapitana przeszła od Kuby Błaszczykowskiego do Roberta. Kuba, Robert, sztab – nikt już nie chce tam wracać. Żeby nie rozdrapywać ran.

Moment był rzeczywiście jak beczka prochu: Kuba leczył kontuzję, a to jest czas, gdy każdy piłkarz czuje się tak sfrustrowany i bezbronny jak nigdy. Do tego Kuba właśnie wtedy pisał książkę o sobie z Małgorzatą Domagalik. A Robert robił kolejny skok w karierze. W kadrze przeszedł w niecały rok drogę od Gdańska z meczu z Danią do Gdańska z meczu z Litwą. Z pierwszego Gdańska, tego z gwizdami kibiców, uciekał jak najdalej przez siebie, z drugiego Gdańska nikomu się nie spieszyło odjeżdżać, choć był już czas wakacji. To tam Robert pierwszy raz zapraszał, za zgodą trenera, na wspólne wyjście w miasto, na wieczorek integracyjny. Tylko w gronie piłkarzy.

– Rzadko się wcześniej zdarzało, że większość piłkarzy szła razem w jedno miejsce. Raczej były grupki – mówi jeden z działaczy.

Robert dał znak, że chce coś zmienić, a nie tylko podtrzymywać to, co jest, do czasu powrotu Kuby do gry.

Adam Nawałka początkowo przyjął zasadę, że kapitanem jest ten, kto ma najwięcej występów w kadrze. Ale zmienił zdanie, gdy poznał kadrę lepiej. Uznał, że Lewandowski powinien być kapitanem nie tylko na czas nieobecności Kuby, ale na stałe. Wychwycił ten moment zmiany hierarchii w grupie. Ale informacja o zmianie wyciekła do prasy, napisał o niej „Przegląd Sportowy" i trener postanowił poczekać z ogłaszaniem, by nie potwierdzać przecieku. Zmianę zasad ogłosił dopiero pół roku później, najpierw mówiąc o tym Błaszczykowskiemu, podczas wizyty w Dortmundzie. Ale piłkarz i tak tamten czerwiec w Gdańsku (Błaszczykowski był kontuzjowany, ale przyjechał na zgrupowanie), gdy informacja wyciekła do „Przeglądu", opisał w swojej książce „Kuba" jako czas zdrady, cios w plecy. Musiało minąć dużo czasu, zanim emocje opadły.

A Robert, który wcześniej po prostu przyjął opaskę, docenił ją właśnie wtedy, gdy zaczęła być kwestionowana. Poczuł wówczas, że nie dostał jej za darmo.

•••

– Nie mogliśmy czekać na Kubę. Na wiosnę 2014 Robert zaczął być innym piłkarzem. Widać było, jak się zmienia hierarchia w grupie. Że Lewandowski, Krychowiak, Szczęsny, Glik zaczynają tu nadawać ton. I Adam poczuł, że nie może dalej decydować liczba występów.

Pomocnik Sevilli Grzegorz Krychowiak i Robert Lewandowski, strzelcy obu goli w spotkaniu z Irlandią, które dało awans do Euro 2016, dwaj Polacy, którzy w ostatnich sezonach zrobili największą karierę w światowej piłce.

Kapitanem będzie „Lewy", bo to działa. My to wszyscy widzieliśmy. Może gdyby Kuba był, to byłoby inaczej. Ale leczył kontuzję bardzo długo. Nie może mieć pretensji, a już zwłaszcza do Roberta – mówi Zbigniew Boniek.

Kuba Błaszczykowski ani o dortmundzkich czasach, ani o sprawie kapitana rozmawiać nie chciał. Zresztą i w swojej książce o Robercie tylko napomknął. Że drogi się rozeszły.

– Odmawiam nie dlatego, że nie chcę w ogóle o tym rozmawiać. Nie dlatego, że miałbym powiedzieć coś złego. Po prostu nie chcę już kolejnego serialu na ten temat – tłumaczył, gdy dyskutowaliśmy podczas zgrupowania kadry w Poznaniu, przed meczem z Serbią w marcu 2016.

Przyjaciółmi nie są, to żadna tajemnica. Ale zawsze mieli nawzajem dużo szacunku dla swoich umiejętności. I wiedzieli, że na boisku siebie potrzebują. Podobnie było z Robertem Lewandowskim i Łukaszem Piszczkiem, przyjacielem Kuby.

– Na pewno rodziny ta dortmundzka trójka w kadrze nie tworzyła. Ale jeśli ktoś mówi, że to wpływało na ich grę, to zapraszam, pokażę ich akcje. Skończmy z tymi bzdurami – mówi Waldemar Fornalik.

– Kiedyś zapytałem: coś jest między wami? Mówili: eee tam, trenerze. I na treningach była harmonia, jeden drugiego motywował. A prywatnie to mnie nie interesowało. Grali ze sobą super. Nikt mnie nie przekona, że na boisku dostrzegł, jak między nimi iskrzy. Przecież to Kuba dośrodkował do Roberta w meczu z Grecją na otwarcie Euro – mówi Franciszek Smuda.

– Tak czasem jest w męskim świecie. Bywa, że taki konflikt nawet dobrze robi. A jakie to ma znaczenie, że oni sobie ostatecznie nie przypadli do gustu i o co im poszło? Może inaczej lubili spędzić wolny czas? Może jeden jest bardziej refleksyjny, a drugi mniej? Michel Platini w Juventusie przez trzy lata z dwoma zawodnikami nawet się nie witał. A jak na boisku strzelali bramki, to jeden do drugiego przybiegał jako pierwszy – mówi Boniek. – Ja w momencie największej medialnej burzy rozmawiałem i z jednym, i z drugim, i obaj mówili o tym z absolutną troską o reprezentację. Też byłem kiedyś w reprezentacji z piłkarzami, z którymi bym na piwo nie poszedł. A znakomicie mi się z nimi grało.

Kuba wrócił, w eliminacyjnym meczu z Gruzją podawał przy golu Roberta i przy świętowaniu tej bramki też się bez problemu na boisku odnaleźli. A potem w spotkaniu z Gibraltarem Kuba strzelił pierwszego od dwóch lat gola dla reprezentacji po tym, jak Lewandowski był faulowany w polu karnym.

Robert był wyznaczony do strzelania karnego, ale gdy Kamil Grosicki zaproponował, żeby oddać piłkę Kubie, od razu się zgodził.

To była klamra, która zamknęła tę historię. W tej jej części, która dotyczy boiska. Co poza boiskiem, to już sprawa między nimi. I ich najbliższymi.

– Ja za tym czasem, gdy się trzymaliśmy bliżej w Dortmundzie, bardzo tęsknię i zawsze będziemy Kubie i Łukaszowi wdzięczni za te pierwsze lata – mówi Anna Lewandowska. – Kto wie, może sobie jeszcze kiedyś wszystko wyjaśnimy?

Eliminacyjny mecz z Gibraltarem. Polska wygrała aż 8:1, ale jeden gol był wyjątkowy. Robert Lewandowski wywalczył karnego, a Kamil Grosicki (z lewej) poprosił, by z 11 metrów strzelał poprzedni kapitan kadry, wracający po długim leczeniu kontuzji Kuba Błaszczykowski.

11

LEWANDOWSKI
9
16
16

Dreszczowiec na Hampden Park zaczął się przyjemnie: od gola Roberta już w pierwszych minutach.

ROZDZIAŁ 19

Wodzirej

– Panie sędzio, ile do końca?
– 20 sekund.
– Trenerze, to jak?
– Dawaj! Do przodu. Na ten moment czekaliśmy.

Hampden Park to brytyjski stadion w starym stylu. Nie ma tu ławek rezerwowych, piłkarze i sztaby siedzą na trybunie, przed widzami. Ale w polskim sztabie i wśród rezerwowych mało kto teraz siedzi. Zaczęła się ostatnia minuta meczu w Glasgow. Przedostatniego meczu eliminacji mistrzostw Europy we Francji. Jest 2:1 dla Szkotów.

W drodze do Euro 2016 Polska właśnie wpadła w poślizg i jest nerwowo. A tak dobrze szło. Była pierwsza w historii wygrana z Niemcami. Wygrane z Gruzją, która innym rywalom potrafiła zabrać punkty.

Robert ratuje remis 2:2 w czwartej minucie doliczonego czasu. – Gdyby wtedy trzeba było wepchnąć z piłką do bramki nie obrońcę, ale jakiś samochód, to też by wepchnął – mówi Tomasz Zawiślak.

Ładny futbol, mnóstwo bramek, dramatyczne, ale jednak podtrzymujące dobre miejsce Polaków remisy w pierwszych meczach ze Szkocją i Irlandią. Były tłumy na meczach kadry, na którą znów zrobiła się moda. To ma się wszystko teraz zmarnować? Zamiast kolejnego kroku

do bezpośredniego awansu będzie potknięcie i nerwy w barażach? Albo nawet nerwy o baraże?

Jeszcze kilkadziesiąt minut temu było wesoło. Polska prowadziła od trzeciej minuty. Najlepszy asystent europejskich eliminacji Arkadiusz Milik podał do Roberta Lewandowskiego, a on, najlepszy strzelec europejskich eliminacji, pokonał bramkarza.

A potem, jak wspomina Zbigniew Boniek, Polacy zaczęli się bawić w Bayern. Albo w Hiszpanię.

– Bardziej nas interesowało utrzymywanie się przy piłce niż strzelenie drugiej bramki. Było pięknie, ale za pewnie się poczuliśmy, tak dobrze szło. Szkoci się nie bawili. Dwa razy strzelili na bramkę i gotowe – mówi Boniek.

Z tych dwóch strzałów były dwa gole. Jeden tuż przed przerwą, drugi w 62. minucie. Od 0:1 do 2:1, tak było też ze Szkotami w Warszawie. Ale wtedy udało się wyrównać już kwadrans przed końcem i były potem szanse na zwycięskiego gola. A tutaj jest 94., ostatnia minuta, ciągle 1:2. I rzut wolny dla Polski.

Trener Adam Nawałka stał już od dłuższego czasu przy linii.

– My zeszliśmy ze swoich miejsc, stanęliśmy przed trybuną i przy tym wolnym obejmowaliśmy się tak jak drużyna przy serii karnych – mówi Jakub Kwiatkowski, rzecznik PZPN.

– Stoję przy linii i mija mnie Łukasz Fabiański. Wybiegł ze swojej bramki i biegnie pod szkocką. Grzesiek Krychowiak krzyczy: „Gdzieee? Uciekaj do siebie!" – wspomina Adam Nawałka. – Zapytałem: „Panie sędzio, ile zostało do końca?". „20 sekund". Łukasz patrzy na mnie: „Trenerze, to jak?". „Dawaj! Do przodu". Na ten moment czekaliśmy. Nie robiłem po stracie goli ryzykownych zmian, bo to nie miało sensu, mogło się najwyżej skończyć na 3:1. Ale teraz już koniec kalkulacji. Wszyscy wierzą. Znamy atuty Roberta i innych. Kamil Glik już jest z przodu, to na nim był faul na rzut wolny. Kamil Grosicki ustawia piłkę.

Sam rzut wolny trener zapamiętał tak: „Grosikowi" piłka trochę zeszła, „Fabian" przepchnął jednego, „Gliku" drugiego, piłka się odbiła od jednego słupka w stronę przeciwnego słupka. Robert wjechał z nią i jednym z rywali do bramki. 2:2.

– Touchdown – śmieje się Adam Nawałka.

– Amok totalny – mówi Jakub Kwiatkowski.

– W tamtym momencie tylko Lewandowski mógł zrobić coś takiego. Żaden inny piłkarz. Miał dalej do piłki niż inni. Ale ruszył do niej najszybciej. Wjechałby do bramki ze wszystkim, co napotkał po drodze. Ja do dziś nie jestem pewien, czy to on kopnął piłkę, czy próbujący go zatrzymać rywal – mówi Zbigniew Boniek.

– Bywało, że poprzednie reprezentacje zostawiały Roberta samemu sobie pod bramką. U Adama Nawałki tak nie jest – mówi prezes PZPN Zbigniew Boniek.

VIVE
LA
POLOGNE
2016

Na Euro 2008 nie zdążył, walkę o mundial 2010 przegrał, grę w Euro 2012 on i reprezentacja dostali bez walki, jako gospodarze, na mundial 2014 nie awansował. W eliminacjach Euro 2016 wreszcie było co świętować. Kadra awansowała, Robert został królem strzelców.

– Gdy oglądam tę akcję, to sobie myślę, że gdyby trzeba było wtedy razem z piłką wepchnąć do bramki jakiś samochód, to też by wepchnął. W miejscu, gdzie stała ta piłka, już się skończył sport. Tam weszła po prostu siła. Siła mięśni i siła woli. On wierzył i wiedział jak – mówi Tomasz Zawiślak.

– A najlepsze było potem. Chłopcy ruszyli do niego świętować, a on ucieka. Bierze piłkę i biegnie na środek. „Jeszcze jedną strzelmy, może się uda" – mówi Nawałka.

Już się nie udało, sędzia skończył mecz tuż po golu, Michał Pazdan zawisł w ramionach Roberta w kole środkowym. Remis, uratowani. Już wiadomo, że Polska zagra co najmniej w barażach. Więcej i tak nie można było tego wieczoru ugrać, zwycięstwo nie zapewniłoby awansu, bo w tym samym czasie Irlandczycy niespodziewanie pokonali Niemców. I w finale eliminacji trzeba będzie albo z Irlandią wygrać, albo zremisować nie wyżej niż 1:1.

Za to dla Szkotów ten remis oznaczał koniec walki o Euro. Wychodzili ze stadionu jak ogłuszeni. W Warszawie ich piłkarze skopali

Lewandowskiego tak, że ledwo doczłapał do końca meczu, a do autobusu przeszedł z szatni z wielkim lodowym okładem na nodze. W Glasgow, po tym jak wspomniał na konferencji przed meczem, że teraz przydałoby się większe wyczulenie sędziego na takie sytuacje, miejscowe tabloidy przywitały go jako pierwszego płaczka. Na jednej z okładek, gdyby je oglądał, mógł siebie zobaczyć w beciku i ze smoczkiem. A potem ten płaczek z becika przepchnął ich, jak chciał, i w ostatniej akcji zabrał im Euro. On zaczął, on skończył.

Był wtedy w twórczym szale. To były te jesienne tygodnie 2015 roku, gdy mógł się poczuć najlepszym strzelcem na świecie. Pięć goli z Wolfsburgiem, dwa z Mainz, trzy w Lidze Mistrzów z Dinamem Zagrzeb, dwa z Borussią Dortmund i teraz dwa ze Szkocją.

14 goli w kilkanaście dni.

Leo Messi leczył kontuzję, Cristiano miał zablokowaną broń, a Lewandowski strzelał gola za golem. I chciał następnych.

– Podszedłem mu pogratulować na boisku, a on mówi: „Ale Szkocja nie ma już znaczenia, musimy wygrać z Irlandią" – wspomina Jakub Kwiatkowski. Po zwycięstwie nad Niemcami też usłyszał od Roberta: „Ale to już nie ma znaczenia, spokojnie, musimy wygrywać następne mecze".

– A z Gibraltarem, na początek eliminacji, w jego pierwszym meczu o punkty jako kapitana? Prowadziliśmy już 4:0, 5:0, a jemu ciągle było mało. Rywale już leżeli, a on: jeszcze, jeszcze strzelamy – opowiada Adam Nawałka.

– Trafiła nam się grupa głodnych, dobrych przywódców. Wesołych chłopaków, którzy wiedzieli, jak dobrymi są piłkarzami, jak niewiele jeszcze wygrali z reprezentacją i jak im czas ucieka. Nie wystarczała im już tylko dobra gra w klubie i patrzenie, jak puchnie konto. Chcieli mieć wspomnienia, poczucie, że czegoś razem dokonali. Dostali trenera, który im podpasował. Nie zmarnowali tego – mówi Zbigniew Boniek.

Adam Nawałka na początku pracy z kadrą mocno przykręcił śrubę, krzyczał, popędzał. Zbigniew Boniek dostawał esemesy od zaprzyjaźnionych dziennikarzy, że „to się nie uda, gwiazdy się zbuntują, przecież tu nawet nie ma czasu do łazienki wyjść". Ale się nie zbuntowały. Śruba była przykręcona po to, żeby potem było z czego poluzować. Wszyscy się siebie uczyli nawzajem.

Na pierwszym zgrupowaniu w Grodzisku wszyscy trenowali w ochraniaczach, jak trener przykazał. Na następnym w Abu Zabi też. A na marcowym zgrupowaniu już nie wszyscy. Po pierwszych meczach towarzyskich wszyscy od razu zbiegali na przerwę, jak w Górniku

Zabrze za czasów Nawałki. A potem już aż tak obsesyjnie tego nie pilnowali. Jak mówi Kamil Glik: – Pewne rzeczy sobie wytłumaczyliśmy.

– Doszliśmy do porozumienia: niech każdy ma większą swobodę w zarządzaniu swoim czasem wolnym, bo na pewno nie zrobi w nim niczego przeciw drużynie. A trener umie słuchać. Jego sztab jest zawsze przygotowany. My chcemy odpowiadać tym samym – mówi Robert.

Z Nawałką dużo rozmawiają. Kawa, spacer. Trener potrafił do piłkarzy dotrzeć, dzwoni, dopytuje o ich zdanie.

– Nie tylko do nich dzwoni, do nas, żon, też – mówi Ania Lewandowska.

Zbigniew Boniek mówi, że gdy wtedy w Glasgow patrzył na drużynę, to widział ten wspominany już Gdańsk z lata 2014, mecz z Litwą, ten, od którego Robert zaczął noszenie opaski. – Niektórzy mogliby już wtedy być na wakacjach, a nie byli, woleli przyjechać na zgrupowanie. Graliśmy po raz pierwszy dwójką napastników. Graliśmy dobrze, powinniśmy strzelać gola za golem. Ale strzelił rywal. My odpowiedzieliśmy dwiema bramkami. Wygrywamy, a po meczu Robert zaprasza wszystkich na imprezę. I tam się urodził zespół. Gdy jechaliśmy na Gibraltar rozpoczynać eliminacje, to było widać, że to jedzie inna drużyna. Gdyby nie było Litwy, gdyby nie było Gibraltaru, to nie byłoby zwycięstwa nad Niemcami. I mecz w Glasgow to było przedłużenie tego. Narodził się zespół. Robert dobrze mówi, że to jest zespół nieobliczalny. Ja powiem jeszcze: niebezpieczny. Dla innych, ale i dla siebie. On musi cały czas pamiętać, skąd przychodzi i gdzie idzie.

•••

– A dlaczego nie liczycie mi asyst? – tak zniecierpliwiony Robert odpowiadał na pytanie, skąd jego kłopoty ze strzelaniem goli w kadrze, gdy się umówiliśmy na wywiad dwa lata przed Glasgow. Podczas pierwszego zgrupowania Adama Nawałki. Jeszcze w Grodzisku, a nie Warszawie, która się stanie wkrótce domem kadry.

– Nie wiem jak wy, ale ja jestem dumny z tych chłopaków. Daliśmy radę! Jedziemy do Francji! – krzyczał po meczu z Irlandią do kibiców na Stadionie Narodowym.

VIVE
LA
POLOGNE
2016
NOUS

FC BAYERN
MÜNCHEN

Gdy rozmawialiśmy o kadrze następnego lata, akurat wtedy, gdy finaliści wylatywali na mundial do Brazylii, pytanie o uciekający mu turniej życia zbył jakąś obojętną odpowiedzią. To naprawdę jest, jak powtarza Iwona Lewandowska, dobry aktor.

Musiało boleć. Przed mundialem w Brazylii czytał o sobie, ale tylko gdy opisywano największych nieobecnych mistrzostw. W głowie miał ciągle ten jedyny swój wielki turniej, nieudane Euro 2012. Tak zaczynał walkę o mistrzostwa we Francji, pierwsze eliminacje w roli kapitana. Zaczął od strzelenia czterech bramek Gibraltarowi, ale potem pracował na gole innych. Ściągał do siebie obrońców rywali, asystował, ale nie zdobywał bramek. Przez pierwszą część eliminacji to Arkadiusz Milik strzelał gole z lekkością. Robert się męczył. Z Niemcami miał asystę, ale nie gola. Szkoci w Warszawie o mało go nie połamali i wybili mu gole z głowy. Z Gruzją na wyjeździe miał świetne sytuacje, ale nie trafił. Nie strzelił gola w towarzyskim meczu ze Szwajcarią. Uzbierały się cztery spotkania z rzędu bez bramki, a będzie jeszcze piąte, z Irlandią. Ci, którzy go widzieli w szatni po Szwajcarii, mówią, że był przybity, jakby jego demony wróciły: w klubie idzie, w kadrze nie idzie. Nawet mu Zbigniew Boniek w pewnym momencie powiedział: Robert, nie chmurz się, nie niecierpliw się na boisku. My wiemy, co czujesz, ale ludzie nie zrozumieją.

– Miałem sytuacje, a nie wpadało. Niektóre po palcach bramkarza. Złość była wtedy ogromna, bo dawałem z siebie wszystko – wspomina Robert.

Przełomem był mecz z Gruzją u siebie. Na półmetku eliminacji. Do przerwy Robert był nieskuteczny, a po przerwie zdobył najszybszego hat tricka w historii reprezentacji Polski. I poszło. Do pomagania innym w strzelaniu goli zaczął od tej pory regularnie dokładać własne gole. Znakomity czas kadry zrósł się ze znakomitym czasem Roberta. Z nim jako kapitanem kadra przegrała tylko dwa mecze w dwa lata, stała się taką reprezentacją, od której więcej widzów w eliminacjach przyciągała na trybuny tylko Anglia. Robert został królem strzelców eliminacji. Z 13 golami, to rekord europejskich eliminacji, który Lewandowski dzieli z Irlandczykiem Davidem Healym (Healy strzelił 13 w walce o Euro 2008).

– Był taki okres, że Robert strzelał mało, bywało, że poprzednie reprezentacje zostawiały go samemu sobie pod bramką. A dziś

Przez sześć pierwszych sezonów gry w Niemczech Lewandowski cztery razy odbierał medale dla mistrza Bundesligi i dwa razy został królem strzelców. Na zdjęciu z armatą, tradycyjną nagrodą dla najlepszego strzelca Bundesligi.

z naszych danych wynika, że Robert jest dopiero trzeci, czwarty w drużynie pod względem liczby minut spędzonych w polu karnym przeciwnika. To się wydaje dziwne. Ale tak jest. Częściej w eliminacjach był w polu karnym Arek Milik, Kamil Grosicki – mówi Zbigniew Boniek.

– Robert wie, kiedy wyjść z gry i jak do niej wrócić, żeby było jak najgroźniej. Od początku staraliśmy się do tego jak najlepiej dopasować. Wcześniej niektórzy uważali, że to wychodzenie z gry to wada. A to jest fantastyczna umiejętność. Stwarza w ten sposób przestrzeń dla innych, a wracając do akcji, dezorganizuje rywala. Jest poza kontrolą przeciwnika. Mówię o ataku pozycyjnym. Bo jeśli chodzi o atak szybki, nigdy nie było co do Roberta wątpliwości. Jest w tym fantastyczny – mówi Adam Nawałka.

– Wcześniej byłem sam albo góra jeszcze z kimś w polu karnym. Skazany na walkę o pozycję. A teraz wbiega nas czterech, pięciu. Poza tym staliśmy się lepszymi piłkarzami. I jak się do tego dołożyło lepszy plan... Nie muszę już marnować sił na bezproduktywną walkę z obrońcami, żeby w ogóle dostać piłkę – mówi Robert.

Wszystko pięknie. Ale zostawał jeszcze ten ostatni mecz eliminacji. Trzeba było wygrać na Stadionie Narodowym z Irlandią albo zremisować 0:0 lub 1:1, żeby do Euro 2016 dotrzeć bez baraży.

•••

– Dobrze, że był remis w Glasgow. Gdybyśmy wygrali, to byłoby łatwiej o poluzowanie sobie. A jeszcze mieliśmy robotę do wykonania. Ta drużyna nie może zapomnieć, że trzeba wojować i harować – mówi Adam Nawałka.

Do ostatnich chwil eliminacji były nerwy. Grzegorz Krychowiak zdobył prowadzenie, ale Irlandczycy wyrównali już w następnej akcji, po rzucie karnym. Strachy wróciły, bo niby 1:1 dawało awans, ale to już było spacerowanie po krawędzi. Robert strzelił przed przerwą gola na 2:1, z wielką siłą trafiając w piłkę dośrodkowaną przez Krzysztofa Mączyńskiego (– Kiedyś myślałem, że Robert gorzej gra głową. Ale z Irlandią z 13 metrów tak przyłożył... – mówi Zbigniew Boniek). Rywalom wciąż wystarczał jeden gol, żeby Polskę zepchnąć do baraży. A została cała druga połowa meczu. Na trybunach rodziny piłkarzy siedziały całe w nerwach.

Ania Lewandowska mówi, że te wieczory w eliminacjach: w Glasgow, a wcześniej na Narodowym, były jak powrót do dortmundzkich czasów. Dortmund ich przyzwyczaił do dreszczowców. Że wszystko, co najlepsze, dzieje się w ostatnich minutach. Uwielbiali to. W Bayernie zwycięstwo to obowiązek, norma. A w Borussii zawsze mieli poczucie, że wygrywając, oszukali przeznaczenie. To jej przypomniały wieczory z kadrą. Tyle że już miała po Glasgow dość oszukiwania przeznaczenia jak na jeden tydzień. Z Irlandią jej się marzył spokojny wieczór. Ale widać taki urok tej drużyny.

Przypilnowali tego 2:1. Wygrali, awansowali. Tak się skończyły pierwsze udane eliminacje od czasu walki o Euro 2008. Eliminacje, podczas których udało się pierwszy raz w historii wygrać z Niemcami. Urosła nowa drużyna, z nowymi liderami, nowymi rytuałami, czasem zabawnymi. Reprezentacja starała się w eliminacjach powtarzać wszystko, co robiła w poprzednim wygranym meczu. Od koloru strojów, po listę gości na meczu i bankiecie. Prezes Boniek przed pierwszym meczem ze Szkotami dzwonił nawet do kardynała Kazimierza Nycza, pytając, co to się stało, że kardynał się tym razem nie wybiera, musi się wybrać, przy zwycięstwie nad Niemcami był.

Autobusowi kadry nie wolno było cofać, póki piłkarze siedzieli w środku. A Robert nigdy nie wychodził z drużyną na boisko na pierwsze rozpoznanie, dopiero na rozgrzewkę.

– Kiedyś był jeszcze bardziej przesądny. Przyjechałam na jakiś przegrany mecz, to gdy przed następnym usłyszał, że chcę przyjechać, już się zaczął skradać: „Mamii..." – mówi Iwona Lewandowska. – A jak wygrają, to słyszę: „Mamusiu, kiedy będziesz znowu? A może na ten mecz przyjedziesz? A może na Euro przyjedziesz?".

Gdy Robert spotkał się na murawie z Anią, przytulił ją i powiedział: „Uff, kamień spadł mi z serca". Wokół było pełno kamer, cała kadra świętowała awans w koszulkach „Vive la Pologne 2016", strzelało konfetti. Roberta wydelegowali do mikrofonu. I wodzirej Lewandowski zaczął przemowę do kibiców.

– Nie wiem jak wy, ale ja jestem dumny z tych chłopaków. Daliśmy radę! Jedziemy do Francji! We Francji znowu damy z siebie wszystko, mamy nadzieję, że będziecie nas tam wspierać. I razem zajdziemy daleko.

Iwona Lewandowska pamięta, że gdy wtedy zamknęła oczy, to przez moment jej się zdawało, że to nie Robert mówi, tylko jego tata.

Sezon 2015/2016 Robert kończył z tytułem króla strzelców i z jeszcze jednym rekordem: najskuteczniejszego obcokrajowca w jednym sezonie Bundesligi. Rekord Klaasa-Jana Huntelaara z 2012 roku, 29 goli, pobił w ostatniej kolejce. To była jego 30. bramka w sezonie i już 121. w Bundeslidze.

ZAKOŃCZENIE

Meta

**– Tak, pracuję po to,
żeby zostać zapamiętanym
jako najlepszy polski piłkarz.**

Marcowa niedziela 2016 roku. Trening Bayernu przed meczem Ligi Mistrzów. Przed horrorem z Juventusem Turyn w 1/8 finału, gdy awans uda się wyrwać dopiero po dogrywce. Pogoda jest podła, a trening właściwie już się skończył. Prawie wszyscy zeszli do szatni.

– Spójrz tam – mówi Pep Guardiola do jednego ze swoich przyjaciół. Na boisku został już tylko Robert Lewandowski i ćwiczy rzuty wolne. Ochroniarz pomógł mu przyciągnąć specjalny ruchomy mur zastępujący obrońców. Nie ma już bramkarza. Robert strzela nad tym ruchomym murem, raz za razem. I tak jeszcze przez 25 minut.

– Przyjrzyj się, bo coś mi mówi, że on zaraz będzie chciał tego spróbować również podczas meczów – mówi Guardiola.

•••

– O, właśnie. Rzuty wolne – Zbigniew Boniek znalazł to, czego szukał. – Gdybym miał znaleźć jego słabszą stronę, to będą właśnie wolne. Robert jest świetny w polu karnym, w kontrataku, może strzelić gola z 25 metrów, u niego zdolność strzelenia gola w różny sposób jest właściwie większa niż u Messiego. Kiedyś bym na pytanie o słabszy punkt powiedział: uderzenie głową. Ale po Irlandii już nie powiem. Wybieram wolne.

Trening przed rewanżowym meczem z Juventusem Turyn w 1/8 finału Ligi Mistrzów 2016. Robert trzy razy już docierał do półfinału Ligi Mistrzów, raz do finału. Do strzelenia 32 goli w LM – tyle zebrał do końca sezonu 2015/2016 – potrzebował 52 meczów, dokładnie tylu ilu kiedyś Leo Messi.

Cezary Kucharski stawia jednak na uderzanie głową. – Czasem go biorę pod włos, że głową to ja lepiej grałem. No i ciągle musi poprawiać skuteczność. Pracy nad skutecznością nigdy za wiele – mówi.

A Robert może, słuchając tego, się skrzywić, ale do listy dopisze. Gra głową, skuteczność, wolne. Koncentracja. Zawsze jest coś, z czego można zrobić nowe postanowienie. Już Klopp mu mówił, że do wolnych ma talent i powinien więcej nad tym pracować. A Guardiola – że bez pracy każdy z nas jest nikim.

Kiedyś nagrywał swoje dziecięce treningi na kamerę. Sam albo prosił o to tatę. I oglądał: co zrobił tak, jak to podejrzał w telewizji, a co nie. Ile jeszcze brakuje. Teraz mecze ogląda rzadko.

– Jeszcze jakiś czas temu wychodziłem na boisko przeciw wielkim i myślałem: ooo, ale gwiazdy. Dziś już tak nie jest. Na wielkich patrzę inaczej: co ja umiem, a co im wyszłoby gorzej. Myślę o sobie, oglądam siebie, cały czas patrzę, o ile więcej mogę jeszcze wyciągnąć z każdej sytuacji. Messi i Cristiano Ronaldo pewnie przejdą do historii jako najlepsi i dobrze jest mieć szansę z nimi powalczyć. Przez lata, patrząc na nich, wychwytywałem, ile błędów było w moim szkoleniu, ile musiałem nadrabiać. A w 2015 roku, mierząc tylko liczbą strzelanych goli, wylądowałem na ich planecie – mówi Robert. – Tak, pracuję po to, żeby zostać zapamiętanym jako najlepszy polski piłkarz. Zbigniew Boniek strzelał dużo mniej goli, ale on wygrywał Puchar Europy i zdobył medal z reprezentacją.

•••

Tomek Zawiślak wspomina czasem, jak się poznali jako kilkuletni piłkarze i jak był długo przekonany, że to on będzie wielki, nie Robert. – A dziś mam przyjaciela, który może spojrzeć bez kompleksów na kogokolwiek. W Bayernie zyskał dodatkową motywację: zapisać się w historii takiego klubu. Wie, że jego tempo pracy nad sobą wytrzymuje niewielu. Wskoczył na taki poziom, że to jego samodoskonalenie się ma już bardzo namacalny cel – widzi tę grupkę piłkarzy, którzy go wyprzedzają. A dla mnie najważniejsze, że pozostał tym samym od lat Robertem, który czasem bywa trudny i którego jestem w stanie rozsierdzić jakimś drobiazgiem. Nic się nie zmieniło. Poza tym, że wybrał zdrowe żywienie i to bywa problemem w naszych relacjach – śmieje się Zawiślak.

Ania Lewandowska też mówi, że od chwili, gdy pierwszy raz zobaczyła na Mazurach ten zachęcający uśmiech, niewiele się w Robercie zmieniło. Poza poczuciem własnej wartości. Nie przeprasza już za to, że coś osiągnął, i jej też nie pozwala przepraszać. Ale nadal trudno go zobaczyć tak szczerze zadowolonego z siebie.

– Więcej, zawsze więcej. To jest moja najważniejsza cecha. Chcę więcej, wiem swoje i umiem odmawiać – mówi Robert.

Ania wspomina te momenty, gdy stała na podium mistrzostw Europy czy świata. Czasem jako złota medalistka, grali hymn. – Myślisz sobie wtedy: „Już? To tyle?". Wymarzyłaś coś sobie, a okazało się, że droga do tego była przyjemniejsza niż meta.

•••

Adam Nawałka mówi, że środkowy napastnik nigdy nie umarł. To tylko taktyka się zmieniała, bo się akurat tacy piłkarze nie rodzili.

– Na takich jak Robert trzeba poczekać. Na napastników, którzy mają wszystko: fantastyczną szybkość, siłę, skoczność, swobodę w rozgrywaniu piłki, wyobraźnię przestrzenną, wyczucie czasu, zejście do boku, fantastyczną grę tyłem do bramki. Jego jako napastnika nie da się w żaden sposób zaszufladkować. Ma talent, pracowitość, systematyczność – wylicza Nawałka.

Okazało się, że od treningów na starej Varsovii, po których do końca dnia piach zgrzytał w zębach, też może się zacząć wielka kariera. Kariera najdrobniejszego w drużynie Bobka, który krzyczał, że urodził się do strzelania bramek i zagra w reprezentacji. Piłkarza, który wymaga bardzo dużo od siebie i od innych. Który jest i nie jest robotem. Potrafi grać tak, jakby miał odcięte nerwy. Ale potrafi też tłuc się w nocy po domu, próbując zasnąć. Nie znosi samotności, natrętów, bezczelności i niewiedzy. Jest pazerny na bramki, ale nic mu nie daje takiej radości jak wygranie czegoś razem. I tak już od podstawówki, w której mieli klasę wygrywającą z każdym, aż po reprezentację i Bayern.

Wcześnie dojrzał psychicznie, późno fizycznie. Stał się szybko dorosły we wszystkim poza grą w piłkę. W trenowaniu i grze nadal pozostał dzieckiem. Trzeba było na niego poczekać, ale może to mu wyszło na dobre. Przerobił wszystko, krok po kroku. Mógł wybierać mądrze. Z pierwszym menedżerem związał się dopiero jako 20-latek,

Gol z Juventusem w Lidze Mistrzów, jeden z dziewięciu, które Robert strzelił w ostatnim sezonie LM. Więcej bramek zdobył tylko Cristiano Ronaldo.

w czasach gdy już nastolatki sobie biorą agentów, częściej ze snobizmu niż potrzeby.

Trafił do ekstraklasy później, niż mógł. Trafił podczas wielkiego antykorupcyjnego czyszczenia, jeszcze do ligi na ruchomych piaskach, ligi tanich obcokrajowców, ale przynajmniej już bez układów, które przetrąciły niejeden kręgosłup. Późno nie zawsze znaczy gorzej. W futbolu jest mnóstwo danych, ale niewiele niepodważalnych wzorów. 20-letni Adam Nawałka wskakiwał do składu reprezentacji na mundial w Argentynie, 20-letni Grzegorz Lato jeszcze nie zagrał w kadrze. Pierwszemu karierę zniszczyły kontuzje. Drugi jeszcze długo bił rekordy.

Robert do wyścigu z najlepszymi łowcami bramek na świecie doskoczył na dobre, mając 27 lat.

Uli Hoeneß, ten, który pierwszy powiedział: musimy mieć Lewandowskiego za wszelką cenę, w wieku 27 lat kończył karierę z poważną kontuzją. Alfredo Di Stefano, mając 27 lat, dopiero przyjeżdżał do Europy czarować i zdążył jeszcze wyczarować tyle, że go dziś wspominamy jako jednego z ojców założycieli współczesnego Realu Madryt.

Nikt Roberta nie odkrył. Wiele osób mu pomogło, ale odkrył się sam. Uczepiał się każdej szansy. Albert Camus, kibic futbolu, napisał kiedyś, że piłka zawsze trafia do ciebie wtedy, kiedy się tego najmniej spodziewasz. Lewandowski starał się być zawsze na ten moment gotowy. Nie przychodził jako napastnik pierwszego wyboru ani do Znicza, ani Lecha i Borussii. A odchodził jako najlepszy. Przyjeżdżał do trzecioligowego Znicza, w którym wypłaty się zapisywało w zeszycie. Odchodził z drugoligowego, który się o włos rozminął z ekstraklasą. Przychodził do Lecha od 15 lat czekającego na mistrzostwo Polski. Odjeżdżał jako mistrz. Przychodził do Borussii piątej w Bundeslidze. Odjeżdżał po wygraniu wszystkiego poza finałem Ligi Mistrzów.

Trafiał na drużyny, które cały czas szły do góry. W których można było nabrać rozpędu i wybić się jeszcze wyżej. Wskakiwał do kolejnych przyspieszających pociągów: Znicz, Lech, Borussia, Bayern. Dojechał tak daleko, jak się polskim piłkarzom przez trzy dekady nie marzyło. Nie dlatego, że miał największy talent. Dlatego, że jako jeden z pierwszych nie dał wiary, że takie historie nie mają prawa się zdarzyć w polskiej piłce. Że Polak nie może stać się wzorem profesjonalizmu w Niemczech jak on. Albo wzorem profesjonalizmu w Hiszpanii jak Grzegorz Krychowiak.

To jest w tej opowieści najlepsze – on najszybciej zrozumiał, którędy na szczyt, on najlepiej wykorzystał szanse. Ale nie jest sam. To nie byłoby takie przyjemne, gdyby był sam. Gdyby się nie dało o nich wszystkich trzech z Borussii powiedzieć, że więcej zrobili dla wizerunku Polaków w Niemczech niż niejeden ambasador. Gdyby nie było awansu na Euro 2016 wywalczonego z drużyną pokolenia, które ruszyło za granicę bez żadnych kompleksów, nauczyło się języków, dbania o siebie, pazerności na karierę. I gdyby nie można było o Robercie powiedzieć: to jest twarz tej zmiany.

•••

Między bramkami, które mu dały tytuł króla strzelców trzeciej ligi, a bramkami, które wprowadziły jego Borussię do finału Ligi Mistrzów, minęło tylko sześć lat. Ale w polskiej piłce to było kilka lat jak dwie dekady. Lat z Euro 2012, budowaniem stadionów, z modą na akademie piłkarskie, z leśnymi dziadkami – powoli, bo powoli, ale jednak – ustępującymi miejsca w piłce ludziom młodszym i lepiej wykształconym. Lat, podczas których na miejscu jarmarku w środku stolicy znów wyrósł stadion.

Nie ma już baraków, w których się Robert przebierał na Varsovii. Nie ma ziemnego, niewymiarowego boiska, na którym się tam uczył piłki. Jest nowe, wymiarowe. Nie ma Stadionu Dziesięciolecia, na którym grał jako dziecko. Stoi tam Stadion Narodowy. Nie ma już tych trybun przy Łazienkowskiej, z których oglądał, jak Legia zdobywa mistrzostwo. Tam też stanął nowy stadion. Nie ma już rozkopanych trybun Znicza, rozkopanych trybun i boisk Lecha.

On szukał kiedyś po całej Warszawie drużyny ośmiolatków, a dziś Legia czy Lech już trzylatków przyjmują do piłkarskich przedszkoli. W Pruszkowie tam, gdzie było klepisko na tyłach hali koszykarskiej, dziś są ładne oświetlone boiska, na których do późnego wieczora trwają treningi dzieciaków ze Znicza. W Varsovii na nowym, wymiarowym boisku trenują już tylko najlepsi, a pozostali, liczeni w setkach, ćwiczą w satelickich ośrodkach. I nikogo się tutaj nie odrzuca.

Dyrektor Marek Krzywicki podnosi wzrok znad albumu ze zdjęciami małego Bobka: – Tego przecież uczy ta historia. Nikogo nie skreślaj.

– Zbigniew Boniek strzelał dużo mniej goli niż ja, ale on wygrywał Puchar Europy i zdobył medal z reprezentacją. Ciągle chcę więcej, to jest moja najważniejsza cecha.

FCB-LADIES LIPPACH
LIPPACH-OSTALB
FCB.tv
COSTA

9
LEWANDOWSKI
adidas
HALLERTAU

Kalendarium

21 sierpnia 1988 – w Szpitalu Bielańskim rodzi się Robert, drugie dziecko Iwony i Krzysztofa Lewandowskich. Siostra Milena jest od niego o trzy lata starsza. Iwona Lewandowska to była pierwszoligowa siatkarka. Krzysztof Lewandowski – były judoka, juniorski mistrz Europy. Obydwoje uczą wuefu w szkole podstawowej w Lesznie, gdzie przenieśli się z Warszawy po narodzinach Mileny.

1996 rok – Robert zaczyna treningi w dziecięcym klubie Varsovia. Jego boisko znajduje się 200 metrów od stadionu Polonii Warszawa. Przez pewien czas obydwa kluby współpracują przy szkoleniu młodzieży. Robert trafia najpierw na półtora roku do trenera Marka Siweckiego, potem na blisko sześć lat do Krzysztofa Sikorskiego i na koniec do Marka Krzywickiego.

koniec 2004 roku – Varsovia uzgadnia z Deltą Warszawa warunki przejścia Roberta do tego klubu.

marzec 2005 roku – po ciężkiej chorobie umiera Krzysztof Lewandowski. – Tata woził mnie jeszcze na pierwsze treningi w Delcie, ale pierwszego mojego meczu w nowej drużynie nie doczekał – mówi Robert.

30 kwietnia 2005 – Robert strzela swojego pierwszego gola w dorosłej piłce, bramkę na 1:1 w wygranym przez Deltę 4:1 meczu czwartej ligi z KS Łomianki (w całej książce, dla uproszczenia, obowiązują nazwy druga, trzecia i czwarta liga według hierarchii w systemie rozgrywek, a nie aktualnego nazewnictwa). Dla Delty grał tylko w rundzie rewanżowej sezonu 2004/2005, zdobył cztery gole.

czerwiec 2005 – przechodzi do trzecioligowych rezerw Legii Warszawa, podpisuje z klubem umowę na rok, z możliwością przedłużenia przez klub na kolejne sezony.

22 października 2005 – strzela pierwszego gola dla rezerw Legii w trzeciej lidze, w meczu z Mazowszem Grójec. W całym sezonie zdobędzie dwa gole, drugiego w kwietniu w meczu z Unią Skierniewice. A w styczniu 2006 w towarzyskim turnieju o Puchar Prezydenta strzeli pięć bramek w meczu z Polonią Warszawa.

19 kwietnia 2006 – jedzie do Bielska-Białej na pierwsze w karierze zgrupowanie reprezentacji Polski do lat 18. Nie zostaje jednak wybrany do kadry na zaczynający się po zgrupowaniu turniej Slovakia Cup.

26 kwietnia 2006 – w meczu z Dolcanem Ząbki wchodzi jako rezerwowy. Tylko na pięć minut – nadrywa jeden z mięśni uda i w ten sposób kończy grę w rezerwach Legii. Będzie leczyć uraz do końca sezonu.

koniec czerwca 2006 – po powrocie ze zgrupowania pierwszej drużyny we Wronkach dowiaduje się, że Legia nie przedłuży z nim umowy. Niedługo później trafia do Znicza Pruszków.

7 kwietnia 2007 – strzela pierwszego hat tricka w oficjalnym meczu seniorów – wszystkie gole dla Znicza w wygranym 3:1 meczu z Pelikanem Łowicz. Sezon kończy jako król strzelców I grupy III ligi, a Znicz awansuje do II ligi.

26 kwietnia 2007 – dokładnie rok po kontuzji w Legii gra swój pierwszy mecz w reprezentacji Polski. W drużynie do lat 19, w towarzyskim meczu z Turcją w Pruszkowie.

lato 2007 – w Waplewie podczas wyjazdu integracyjnego dla przyszłych studentów Wyższej Szkoły Edukacja w Sporcie poznaje Annę Stachurską, reprezentantkę Polski w karate. Oświadcza się jej w czerwcu 2011 roku. Biorą ślub dwa lata później.

grudzień 2007 – Cezary Kucharski proponuje mu opiekę menedżerską, po kilkunastu tygodniach zaczynają współpracować. Wspólnikami są do dziś.

24 maja 2008 – Znicz przegrywa z Podbeskidziem w Bielsku-Białej 0:1 i nie awansuje do ekstraklasy. Robert zostaje królem strzelców drugiej ligi i odchodzi do Lecha Poznań za mniej więcej 1,5 mln złotych. Dla Znicza w dwóch sezonach ligowych strzelił łącznie 36 goli.

1 czerwca 2008 – debiut w reprezentacji młodzieżowej w meczu z Białorusią.

17 lipca 2008 – debiut w europejskich pucharach. Lech gra na wyjeździe z azerskim Chazarem Lenkoran w eliminacjach Pucharu UEFA, Robert strzela jedynego gola meczu.

8 sierpnia 2008 – debiut w ekstraklasie z GKS Bełchatów. Strzela piętą pięknego gola. Na 2:1 dla Lecha, ale to GKS wygrał ten mecz 3:2.

10 września 2008 – debiut w reprezentacji Polski. Drużyna Leo Beenhakkera wygrywa 2:0 w San Marino w eliminacjach mundialu 2010, Lewandowski jako rezerwowy strzela drugą bramkę.

grudzień 2008 – tygodnik „Piłka Nożna" uznaje go za odkrycie roku w polskiej piłce.

maj 2009 – zdobywa z Lechem swoje pierwsze trofeum w seniorskiej piłce: Puchar Polski (po finale z Ruchem Chorzów).

maj 2010 – po emocjonującym finiszu sezonu Lech zostaje mistrzem Polski, a Lewandowski królem strzelców ekstraklasy. Odchodzi po sezonie do Borussii Dortmund za 4,5 mln euro. W Lechu w 82 meczach strzelił 41 goli, zdobył mistrzostwo, Puchar Polski i Superpuchar Polski.

19 września 2012 – strzela pierwszego gola w Bundeslidze. W Gelsenkirchen, w meczu z największym rywalem Borussii – Schalke 04. Borussia wygrała wówczas 3:1, Lewandowski jako rezerwowy trafił na 3:0. Pierwszego gola dla Bayernu w oficjalnym meczu również strzeli Schalke w Gelsenkirchen, 30 sierpnia 2014 roku (mecz skończył się remisem 1:1).

maj 2011 – zostaje pierwszy raz mistrzem Bundesligi, strzela w pierwszym sezonie w Borussii osiem bramek.

13 września 2011 – debiutuje w Lidze Mistrzów w meczu z Arsenalem. Dziś jest najskuteczniejszym polskim piłkarzem w historii rozgrywek pucharowych UEFA (39 goli, stan na maj 2016, rekord 31 goli należał od lat 70. do Włodzimierza Lubańskiego), Polakiem, który rozegrał najwięcej meczów w Lidze Mistrzów (52, poprzedni rekord należał do Jerzego Dudka, 47 meczów) i strzelił w nich najwięcej goli (32). Trzy razy grał w półfinale Ligi Mistrzów (i zawsze strzelał w nim co najmniej jedną bramkę), raz w finale.

1 października 2011 – pierwszy hat trick w Bundeslidze, w meczu z Augsburgiem.

19 października 2011 – pierwszy gol w Lidze Mistrzów, w przegranym 1:3 meczu z Olympiakosem Pireus.

marzec 2012 – pierwsze rozmowy menedżerów Roberta z Bayernem Monachium.

maj 2012 – zdobywając 22 gole w sezonie, bije polski rekord strzelecki w Bundeslidze (20 goli Jana Furtoka w sezonie 1990/1991), a w finale Pucharu Niemiec strzela trzy gole w wygranym 5:2 meczu z Bayernem. Zostaje piłkarzem sezonu Bundesligi.

8 czerwca 2012 – debiut w wielkim turnieju. Na otwarcie Euro 2012 Polska remisuje z Grecją 1:1, Lewandowski daje drużynie prowadzenie w 17. minucie meczu.

24 października 2012 – pierwszy raz gra przeciw Cristiano Ronaldo. W Dortmundzie w meczu grupowym Ligi Mistrzów obaj strzelają po golu, a Borussia wygrywa 2:1 dzięki bramce Marcela Schmelzera.

26 marca 2013 – mecz eliminacji MŚ z San Marino w Warszawie. Robert Lewandowski pierwszy raz gra jako kapitan kadry, zastępując w tej roli kontuzjowanego Jakuba Błaszczykowskiego. Strzela dwa gole z rzutów karnych (Polska wygrała 5:0). To jego pierwsze bramki w kadrze od meczu z Grecją w Euro 2012, ale i tak kibice na niego gwiżdżą, mając pretensję o brak skuteczności.

20 kwietnia 2013 – strzela gola w 12. kolejnym meczu Bundesligi. W historii tej ligi tylko jeden piłkarz był od niego lepszy pod tym względem: Gerd Müller trafiał w 16 meczach z rzędu.

25 kwietnia 2013 – jego najbardziej pamiętny mecz w klubowym futbolu: strzela cztery bramki Realowi Madryt w pierwszym półfinale Ligi Mistrzów. Borussia przegrywa rewanż 0:2, ale awansuje do finału LM w Londynie. W nim lepszy jest Bayern (2:1).

14 sierpnia 2013 – towarzyski mecz z Danią w Gdańsku. Polska wygrywa 3:2, Robert nie strzela gola, prosi o zmianę w drugiej połowie, zostaje wygwizdany przez kibiców. To po tym meczu zastanawiał się czy grać dalej w reprezentacji.

4 stycznia 2014 – podpisuje pięcioletni kontrakt z Bayernem, do którego odejdzie pół roku później jako wolny zawodnik, bez odstępnego.

10 maja 2014 – zdobywa ostatnie gole dla Borussii, dwa w spotkaniu z Herthą Berlin. Pierwszy raz zostaje królem strzelców Bundesligi (wystarczyło mu do tego 20 goli). W Borussii w 187 meczach zdobył 103 bramki, wywalczył mistrzostwa Niemiec w 2011 i 2012 roku, Puchar Niemiec w 2012 i Superpuchar Niemiec w 2013, w tym samym roku doszedł do finału Ligi Mistrzów.

7 września 2014 – strzela pierwszego hat tricka w reprezentacji, mecz z Gibraltarem (7:0) kończy z czterema golami.

grudzień 2014 – Adam Nawałka ogłasza, że Lewandowski będzie kapitanem kadry na stałe, a nie tylko w zastępstwie leczącego kontuzję Jakuba Błaszczykowskiego.

26 kwietnia 2015 – tego dnia Bayern zapewnia sobie mistrzostwo Niemiec, dla Lewandowskiego pierwsze w nowych barwach. Jest, jak w Borussii, najlepszym strzelcem drużyny. W Bundeslidze zdobył w całym sezonie 17 goli, tyle co Arjen Robben, ale częściej niż Holender trafiał w Lidze Mistrzów (sześć goli, Robben – dwa).

28 kwietnia 2015 – w dogrywce półfinału Pucharu Niemiec taranuje go bramkarz Borussii Mitchell Langerak. Robert kończy mecz ze złamanymi kośćmi twarzy i podejrzeniem wstrząśnienia mózgu. Do końca sezonu będzie grał w masce, zaczynając od pierwszego meczu po kontuzji, półfinału Ligi Mistrzów z Barceloną na Camp Nou (6 maja, to pierwszy mecz, w którym Robert zagrał przeciw Leo Messiemu, Barcelona wygrała 3:0 po dwóch golach Argentyńczyka). W masce strzeli do końca sezonu tylko dwa gole, jednego w LM, jednego w lidze. Bayern odpada w półfinale Ligi Mistrzów, Lewandowskiemu nie udaje się obronić tytułu króla strzelców Bundesligi, Alexander Meier z Eintrachtu Frankfurt wyprzedza go o dwa gole.

13 czerwca 2015 – strzela najszybszego hat tricka w historii reprezentacji Polski, w cztery minuty, w eliminacyjnym meczu z Gruzją (4:0).

22 września 2015 – w meczu ligowym z VfL Wolfsburg zdobywa jako rezerwowy pięć goli w niespełna dziewięć minut. Bayern dzięki jego bramkom wygrywa 5:1 spotkanie, w którym przegrywał po pierwszej połowie. Robert bije kilka rekordów: nigdy rezerwowy nie strzelił tylu goli w Bundeslidze, nigdy nie było w tej lidze szybciej zdobytego hat tricka ani szybciej strzelonych czterech i pięciu goli.

11 października 2015 – Polska wygrywa z Irlandią 2:1 i awansuje do Euro 2016. Robert strzela w tym meczu 13. gola w eliminacjach. Zostaje królem strzelców i rekordzistą europejskich eliminacji, razem z Irlandczykiem Davidem Healym, który strzelił tyle goli w eliminacjach Euro 2008.

11 stycznia 2016 – FIFA i „France Football" ogłaszają kolejność w plebiscycie Złotej Piłki za 2015 rok. Robert zajmuje czwarte miejsce, najwyższe miejsce Polaka od 33 lat (Zbigniew Boniek był trzeci w 1982 roku). Przed nim są tylko Leo Messi, Cristiano Ronaldo i Neymar.

7 maja 2016 – Bayern zdobywa mistrzostwo Niemiec po zwycięstwie 2:1 nad Ingolstadt. Dwa gole w tym meczu strzela Robert. W ostatniej kolejce zdobędzie jeszcze jedną bramkę i wygra klasyfikację strzelców. Zbierze 30 goli, o pięć więcej niż Pierre-Emerick Aubameyang z Borussii.

Redakcja: **Mariusz Burchart**

Konsultacja merytoryczna: **Piotr Koźmiński**

Korekta: **Marta Śliwińska**

Projekt graficzny okładki: **BOOK IN MIND**

Zdjęcie na okładce: **© Shamil Tanna/FourFourTwo/Contour by Getty Images/Gallo Images Poland (przód), Kuba Atys/Agencja Gazeta (tył)**

Fotoedycja: **Sylwia Tukendorf**

Przygotowanie zdjęć do druku: **Paweł Bajer**

Projekt graficzny makiety i skład:
Paweł Panczakiewicz/PANCZAKIEWICZ ART.DESIGN – www.panczakiewicz.pl

Źródła zdjęć: Adam Nurkiewicz/Getty Images/Gallo Images Poland s. 7; A. Hassenstein/Getty Images for FC Bayern/Gallo Images Poland s. 10; A. Pretty/Getty Images for FC Bayern/Gallo Images Poland ss. 16-17, 239, 244, 246; archiwum prywatne Roberta Lewandowskiego ss. 18, 21, 22, 24, 27, 28, 33, 35, 44; Albert Zawada/Agencja Gazeta s. 30; archiwum UKS Varsovia ss. 36, 43; Jerzy Gumowski/Agencja Gazeta ss. 46, 54-55; Alexander Hassenstein/Bongarts/Getty Images/Gallo Images Poland ss. 58, 207, 210, 214; Lars Baron/Bongarts/Getty Images/Gallo Images Poland ss. 63, 168, 204; imago sportfotodienst/East News ss. 68, 268, 302, 311; Alex Grimm/Getty Images ss. 72, 154, 222, 236-237; GASPA/ullstein bild via Getty Images/Gallo Images Poland s. 76-77; Kamil Piklikiewicz/East News s. 83; Mateusz Skwarczek/Agencja Gazeta s. 88; Kuba Atys/Agencja Gazeta ss. 90, 96; Adam Kozak/Agencja Gazeta s. 95; Piotr Guzik/FOTORZEPA/FORUM s. 99; Piotr Kowalczyk/SE/EAST NEWS s. 100; Jerzy Dudek/Forum s. 109; Mateusz Jagielski/East News s. 112; Łukasz Cynalewski/Agencja Gazeta ss. 118, 126, 129, 130-131, 261; Tomasz Kamiński/Agencja Gazeta s. 123; Team 2 Sportphoto/ullstein bild via Getty Images/Gallo Images Poland ss. 132, 176, 219, 266; Dennis Grombkowski/Bongarts/Getty Images/Gallo Images Poland s. 136; Dennis Grombkowski/DFL via Getty Images/Gallo Images Poland s. 138; Martin Rose/Bongarts/Getty Images/Gallo Images Poland s. 141; Friedemann Vogel/Bongarts/Getty Images/Gallo Images Poland s. 144-145; Niering/ullstein bild via Getty Images/Gallo Images Poland s. 148; Ronny Hartmann/Bongarts/Getty Images/Gallo Images Poland s. 152; Sputnik/East News s. 160-161; Grzegorz Celejewski/Agencja Gazeta s. 164; Afp Photo/East News s. 166; Angel Martinez/Real Madrid via Getty Images/Gallo Images Poland s. 172-173; Alexandra Beier/Bongarts/Getty Images/Gallo Images Poland s. 179; Wojciech Strożyk/Reporter s. 182; Andrzej Iwańczuk/Reporter s. 187, 190-191; Łukasz Głowala/Agencja Gazeta ss. 193, 194; Valerio Pennicino – UEFA/UEFA via Getty Images/Gallo Images Poland s. 198; A. Beier/Getty Images for FC Bayern/Gallo Images Poland ss. 201, 202, 227; Johannes Simon/Bundesliga/DFL via Getty Images/Gallo Images Poland s. 232; Lennart Preiss/Bongarts/Getty Images/Gallo Images Poland ss. 234, 256; AP Photo/East News ss. 249, 297, 298; Contrast/Oliver Behrendt/ullstein bild via Getty Images/Gallo Images Poland s. 252-253; Matthias Hangst/Bongarts/Getty Images/Gallo Images Poland s. 258; Mariusz Grzelak/SE/East News s. 263; DPPI/East News s. 272; Ian MacNicol/Getty Images/Gallo Images Poland s. 276; Tomasz Gola/SE/East News s. 280-281; Przemysław Szyszka/SE/East News s. 288; NurPhoto/East News s. 290-291; Mark Runnacles/Getty Images/Gallo Images Poland s. 292, 294-295; Piotr Bławicki/East News s. 301; Alexander Hassenstein/Bongarts/Getty Images/Gallo Images Poland s. 314-315; Lukas Barth/Anadolu Agency/Getty Images/Gallo Images Poland s. 308.

WYDAWCA
Agora SA
ul. Czerska 8/10, 00-732 Warszawa

WYDAWNICTWO KSIĄŻKOWE:
Dyrektor wydawniczy: **Małgorzata Skowrońska**
Redaktor naczelny: **Paweł Goźliński**
Koordynacja projektu: **Katarzyna Kubicka**

Warszawa 2016

ISBN: 978-83-268-2385-5

Druk
Drukarnia Perfekt